"我的教学风格"丛书 / 闫德明 蔡少霞 主编

东莞市长安镇中青年骨干教师第二期研修班成果

# 我的教学风格这样凝练

主　编　陈锦豪　丘海锋
副主编　孙佛平　麦洁仪

·广州·

## 版权所有　翻印必究

**图书在版编目（CIP）数据**

我的教学风格这样凝练 / 陈锦豪，丘海锋主编；孙佛平，麦洁仪副主编. ——广州：中山大学出版社，2025.6. ——("我的教学风格"丛书 / 闫德明，蔡少霞主编). -- ISBN 978-7-306-08451-4

Ⅰ. G635.12

中国国家版本馆 CIP 数据核字第 2025UX0764 号

WO DE JIAOXUE FENGGE ZHEYANG NINGLIAN

| 出 版 人：王天琪 |
| 策划编辑：张　蕊 |
| 责任编辑：刘奕宏 |
| 封面设计：曾　婷 |
| 责任校对：陈书坤 |
| 责任技编：靳晓虹 |
| 出版发行：中山大学出版社 |
| 电　　话：编辑部 020-84110283，84113349，84111997，84110779，84110776 |
| 　　　　　发行部 020-84111998，84111981，84111160 |
| 地　　址：广州市新港西路 135 号 |
| 邮　　编：510275　传　真：020-84036565 |
| 网　　址：http://www.zsup.com.cn　E-mail：zdcbs@mail.sysu.edu.cn |
| 印 刷 者：广州一龙印刷有限公司 |
| 规　　格：787mm×1092mm　1/16　16.25 印张　325 千字 |
| 版次印次：2025 年 6 月第 1 版　2025 年 6 月第 1 次印刷 |
| 定　　价：58.00 元 |

如发现本书因印装质量影响阅读，请与出版社发行部联系调换

# 序　教无风格，何以立教

教有风格是教师专业发展的重要标志。全国各地中小学教师职称评审明确规定，申报中小学高级教师资格应当"具有所教学科坚实的理论基础、专业知识和专业技能，教学经验丰富，形成一定的教学风格"且"具有先进的教学理念，形成独到的教学风格和精湛的教学艺术"。各级各类名师的申报条件都无一例外地要求，遴选对象必须具有"独特的教育思想和鲜明的教学风格"。因此，形成个人教学风格是申报高级教师资格必备的专业条件，也是教师走向专业成熟的重要标志。

教有风格是教师成为名师的必要条件。什么是教学风格？教学风格怎样形成？如何凝练教学风格？这些是教师专业成长绕不开且亟待破解的问题。围绕这些问题，本书期待唤醒研习者的科研意识，使之提升科研能力，从科研的角度去审视个人教学经验，认真整理和打磨自己的教学积累，提炼个人的教学理念和主张，把教学理念与教学实践结合起来，凝练成个人教学风格。名师只有对教学风格及其形成过程有清晰的认识和深入的理解，才能准确把握教育教学规律和个人成长规律，真正成为一名明白之师。

基于东莞市长安镇骨干教师群体的实地调查，我们发现一部分老师追求教学风格的意识不强，教无风格，模式化严重；还有一部分老师虽教有风格，但没有恰当提炼和表达，方法和策略比较欠缺，迫切需要有关教学风格的理论指导。有鉴于此，东莞市长安镇宣传教育文化体育旅游办公室选拔了20多名综合素养高的中青年教师，以省市级骨干教师为培养方向，用两年时间（2022年7月—2024年7月），通过名著研读、课题研究、论文写作和教学风格凝练等方式，提升其核心能力，进而引领科组成员共同进步，整体提高学校教师队伍水平。

经过两年的研磨和培育，每一位培养对象都提炼和表达了自己的教学风格，提交了结业作业"我的教学风格"案例。案例内容包括：我的教学风格——表明并简要诠释自己的教学风格；我的成长历程——讲述个人成长和教学改革的真实故事；我的教学实例——提供能够匹配自己教学风格的课堂实例；我的教学主张——结合自己的课堂教学实例，表达自己对教育教学的一些理性思考和见解；他人眼中的我——学生、同事、专家等对自己教学的评价。为了交流和展示名师培养对象的研修成果，项目组选择了20篇具有代表性的案例结集出版。

  本书是多方协作的成果。项目首席专家——广东第二师范学院闫德明教授负责项目方案策划和案例架构设计工作。如何凝练教学风格的关键词，如何撰写教学风格案例，闫德明教授深入学校听课、评课，开展读书分享，与每一位学员进行了深度交流并对其进行具体指导。作为项目负责人，东莞市长安镇宣传教育文化体育旅游办公室蔡少霞主任、陈锦豪老师统筹规划，积极协调，热心服务，为项目的顺利实施起到了很好的保障作用。各位案例作者都非常重视这次研修学习，每一篇教学风格案例都经过精心打磨、反复修改，数易其稿，为读者展示了各具特色的教学风格。

  限于水平，本书难免存在不完善之处，敬请各位同行批评指正。

编 者<br>2024年6月6日

# 目 录

趣玩·趣学·趣生活 …………………………… 蔡 蓓（幼儿园管理）1

多维度思考，聚焦性行动 ……………………… 陈锦豪（教学管理）12

追求有魔力的英语课堂 ………………………… 陈小芳（小学英语）25

用心·诚心·聚心 ……………………………… 陈学俦（小学管理）39

敬而勤，恒而精 ………………………………… 陈 英（幼儿园管理）51

热情而细致，亲和而灵动 ……………………… 方凯菡（学前教育）62

有物有则，明理明心 …………………………… 方志荣（初中物理）74

充满数学味的课堂 ……………………………… 李 峤（小学数学）86

化"有形"于"无形"，思"有限"于"无限"
　　…………………………………………… 李 闫（学前教育）101

润物无声，赏待花开 …………………………… 梁万华（学前教育）113

春风化雨，桃李芬芳 …………………………… 林春桃（班级管理）126

以戏载文，融合而通 …………………………… 林思岐（小学语文）141

道亦有道，法无定法 ………………… 丘海锋（初中道德与法治）154

追求真实的数学课堂 …………………………… 孙佛平（小学数学）165

化繁为简，绘形激趣 …………………………… 谭海媚（小学数学）177

至纯·至简·至爱 ……………………………… 谭娟娟（学前教育）191

散点激活，焦点激能，熔点生成 ……………… 谭小林（高中语文）204

触景"生"情，言之有"物" …………………… 王曼佳（初中生物）215

追求有趣的数学课堂 …………………………… 叶瑞德（小学数学）226

顺势而为，自然生长 …………………………… 张 颖（小学英语）241

# 趣玩·趣学·趣生活

东莞市长安镇实验幼儿园　蔡蓓（幼儿园管理）

**个人简介**

蔡蓓，女，东莞市长安镇实验幼儿园园长，东莞市督学，幼儿园一级教师，长安镇优秀教育工作者。所撰论文曾见刊于《广东教学报》，所执教课例曾获东莞市一等奖、广东省一等奖、全国三等奖。

## ▶我的管理风格解读

在中国古代诗学中，"趣"的概念占据着举足轻重的地位。在古汉语中，"趣"有通"趋"之义，可被理解为一种有目标、有指向的追求或奔赴。当我们将"趣"的概念进一步拓展至精神领域时，则可以将其理解为人们对精神层面"有目的奔往"的渴望与追求，而这种奔往指向的是生命的真谛、美好、善良与快乐。因此，"趣"可以被定义为一种对生命真、美、善与乐的执着追求，并进一步延伸为这种追求所带来的充满生命力的愉悦之感。

在教育领域，"趣"涵盖了多方面的含义。首先，它代表着对事物的兴趣和好奇心，以及对知识的渴望和对未知的主动探索的意愿。其次，它也代表着在追求和探索过程中所体验到的乐趣和愉悦感。最后，它还包含了个体独特的个性特点以及在学习和发展过程中追求自我实现和成长的意愿。

长安镇实验幼儿园以"我是一颗趣莲珠"为办园理念，结合自然生态教育理念开展各类教育教学活动。作为管理者，我希望在幼儿园建立良性的可持续发展的教学生态环境。在我的教学管理理念中，我倡导教师们趣玩、趣学、趣生活，这意味着他们不仅要对工作保持兴趣和热爱，还要葆有积极愉悦的生活态度，以便在工作中发挥得更出色。

### （一）趣玩——开启探索之门

趣玩以寓教于乐的方式，成为幼儿教育的核心。在幼儿成长的阶段，游戏是最为主要的活动形式，也是促进幼儿全面发展的最佳途径。一旦失去了趣味性，早期教育的效果将大大减弱，甚至可能导致幼儿对学习产生厌烦和抵触情绪。

在幼儿园教育中，趣玩需要教师具有较高的专业素养。首先，它要求教师们通过细致的观察和深入的了解，积极地为幼儿创造适宜的学习环境。其次，教师需要精心策划各种活动和游戏，充分考虑其教育价值，让幼儿在快乐的游戏中获取知识和技能。最后，在游戏实践中，教师需要与幼儿共同探索世界，观察他们的成长和进步，并及时反思和调整教育方法，让教育更加科学、有趣和有效。在教育过程中，教师还需要具备创新思维和灵活应变的能力，同时要注重培养幼儿的自主性和合作精神。

　　幼儿在知识和技能方面取得进步时，他们会感到快乐和满足，教师也会在工作中获得幸福感和成就感。教师不仅是在传授知识，更是在陪伴幼儿成长，见证幼儿进步。这种陪伴式的教学方式不仅有助于幼儿的身心发展，还能够帮助他们树立正确的价值观和人生观。

　　因此，"趣玩"不仅是幼儿园教育的核心，更应贯穿于每一个教育环节，成为推动幼儿全面发展的原动力。

### （二）趣学——实现自我成长

　　趣学不仅是教师专业成长的路径，更是推动他们不断进步和提升的重要动力。心理学研究证明：兴趣是人对客观事物的一种积极的认识倾向，它是一种复杂的个性品质，推动着人们去探索新的知识，发展新的能力。

　　作为教育工作者，学习是自我提升的重要手段，终身学习是当代教师适应职业需求和自身发展的必由之路，也是时代的呼唤和教育发展的要求。我始终鼓励教师们保持学习的热情，培养终身学习的习惯。

　　在长安镇实验幼儿园里，我通过多种方式来营造学习氛围，提升教师的学习内驱力。这包括提供各种培训和学习机会、建立合作和交流的平台、鼓励教师创新与尝试、给予肯定和表扬，以及促进实践与反思等。这些举措旨在提升教师的专业水准，促进各园更好地合作和互动，助推幼儿园的持续发展。

　　通过趣学，教师们能够不断拓展自己的知识面，提升技能，更好地适应教育职业的需求。他们将不断追求自我成长和发展，成为更具影响力和领导力的教育者。在这个过程中，教师们将不断提升自己的学习能力和适应能力，为幼儿的成长和发展创造更好的条件。

### （三）趣生活——提升生活品质

　　趣生活不仅是教师工作的目标，更是促进他们身心健康、提升幸福感的重要途径。工作是生活的一部分，认真工作也是为了更好地生活。教育行为源自教师对生活的深刻感悟和理解，它应是一种源自内心的、积极主动的行为，而不应受外在强制力所驱使。在现实生活中，教师持续地从丰富的人生体验中汲取智慧，能逐渐领悟教育的本质和真谛，从而实现自我成长。因此，教师应将"工作并快乐着"作为自己工作的目标和方向。

　　一个真正"完整"的教师，不仅应在教学上有所成就，更应在生活中充满情趣和活力。这样的教师，能够更深刻地理解教育的真正意义，将生活的美好和乐趣融入课堂，让教育焕发出生机和活力。因此，我强烈鼓励教师们积极地去体验和享受生活，让每一次的欢笑、每一次的感动都成为教育工作的动力和源泉。当教师们以更加饱满的热情和积极的心态去面对教学工作时，他们不仅能够为幼儿提供更好的教育，也能够实现个人的价值。通过趣生活，教师们能够更好地平衡工作和生活，提升自己的生活质量。他们将更加注重身心健康和幸福感，成为更具人格魅力和影响力的教育者。同时，趣生活也将为教师们带来更多的创意和灵感，为教育教学工作注入更多的活力。

## ▶ 我的成长历程

### （一）无忧无虑的有趣童年

我记忆中的童年就像一幅绚烂的画卷：在自然中自由地奔跑，充满了无尽的乐趣。我在郊区长大，父母忙于工作，没有太多时间照顾我。然而，这样的环境却让我拥有了无比快乐的童年。

每天放学后，我总是与一群小伙伴相约，在户外尽情玩耍。那时候，我们并没有什么昂贵的玩具，但是大自然却给予了我们取之不尽的快乐源泉。山丘、田野、池塘、小溪，都是我们欢乐的游乐场。我们手中的"玩具"或是泥巴、花草、树木，或是隐藏在草里的小昆虫。春天，我们拔竹笋，感受大自然的生机；夏天，我们采野花，嬉戏在田野之间；秋天，我们摘橘子，享受丰收的喜悦；冬天，我们打雪仗，沉浸在冰雪的欢乐中。父母从不介意我身上沾满泥巴，也不在意我身上有小小的擦伤或碰伤。他们更在意的是我每一天是否过得愉快，是否能在生活中找到不同的乐趣。

每到夕阳西下的时候，各家各户的炊烟袅袅升起，空气中弥漫着饭菜的香味。这时，大人们呼喊我们回家吃饭的声音会从各处传来。回到家中，我总是像个小主播一样，滔滔不绝地向父母讲述着这一天发生的事情。餐桌上，欢笑声此起彼伏，一家人其乐融融。这是至今仍深深印刻在我脑海中的关于家和童年的美好画面。

这段童年时光不仅给我留下了美好的回忆，也对我现在的教育理念产生了深远的影响。我常常思考，现在的孩子拥有如此多的玩具和外出玩耍的机会，为什么他们却难以感受到我小时候那种放肆的快乐呢？

结合我自身的经历和长安镇实验幼儿园的自然生态教育理念，我想将长安镇实验幼儿园打造成一所城市中的花园。在这里，孩子们拥有宽松自由的学习和成长环境，生命自然成长，教育自然发生。我希望孩子们可以从自然中获取能量，这不仅能构成教育元素，也是孩子们获取幸福感的源泉。在这个充满欢笑与自由的童年世界里，孩子们可以尽情探索、发现、学习和成长。他们会学

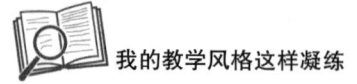

会爱护大自然，尊重每一个生命，同时也会更加珍视自己的成长过程。这将是一段美好而难忘的童年时光，希望这些孩子在未来的日子里，仍能闻到童年的芬芳，忆起那些曾经带给他们无尽快乐的时光。

### （二）影响深远的有趣老师

在我整个读书生涯中，有两位老师对我的影响很大。

中学时期的班主任谢老师是一位时尚且充满活力的女性。她年轻外向，言谈举止间流露出优雅和自信。在担任我初一、初二的班主任期间，她以独特的个人魅力赢得了学生们的喜爱和尊重。她性格开朗，热情洋溢，经常与年少的我们打成一片。她总是以鼓励和引导的方式教育我们，帮助我们树立自信心，培养我们独立思考的能力。

在课堂上，谢老师经常鼓励我们积极发言，说出自己的观点和看法。她会耐心倾听，并给予积极的反馈和指导，促使我们更加大胆和自信地表达自己。她也非常注重对我们阅读习惯的培养，引导我们学会思考和发现问题。同时，她还会通过各种活动和游戏来帮助我们巩固所学的知识，让我们在轻松愉快的氛围中学习新知识、巩固旧知识。她教导我们要有责任感和担当精神，要把认真学习作为这个年龄段的主线任务。在她的悉心指导下，大家团结友爱，共同进步，顺利度过了青春懵懂期，整个班级的氛围十分融洽。

如今，我们已经离开校园多年，但与谢老师的师生情谊依然深厚。每逢过年回老家探亲时，我们都会相约去看望谢老师，与她分享我们的生活和工作经历。谢老师也总是热情地招待我们，我们彼此之间早已如朋友一般无话不谈。谢老师的教育理念和人格魅力对我产生了很大的影响，她让我明白了教育的真谛不仅仅在于知识的传授，更在于培养学生的品格、能力和自信心。她言传身教、用心用情的教诲让我受益匪浅，成为我人生道路上宝贵的精神财富。

在大学的日子里，我有幸遇到了非常特别的文老师。她不仅是我英美文学专业课的老师，更是我人生路上的重要引路人。她总是神采奕奕，仿佛有着无穷的能量。她散发出一种迷人的魅力，让人不由自主地被吸引。

尽管我们的专业课内容非常枯燥，但文老师的课堂却充满了活力和魅力。每次上课之前，她都会花一些时间与我们分享她的故事，无论是工作上的心得体会，还是家庭生活中的趣事窘事，她总是娓娓道来，让课堂气氛变得轻松愉快。文老师的讲述风格生动有趣，总能将复杂的专业知识以简单易懂的方式呈现给我们，让我们在快乐中收获知识。她非常善于与我们互动，乐于倾听我们的故事和想法。她从不以老师的身份来评判我们的对错，而是以一个亲切的姐姐的形象给予我们关心、鼓励和指导。文老师的话语总像一盏明灯，照亮我们前进的道路，让年轻的我们在成长的路上不再迷茫。因为文老师，我深深地感受到了教育的力量,她让我对教师这个行业充满了向往。我时不时会思考,如果将来我有机会成为一名教师,我会如何去教育和影响我的学生呢?

如今,我成了一名教育管理者,我更加深刻地意识到,一个好的老师对学生的影响是无可估量的。他不仅是授业解惑者,更是扮演着传递价值观、引导人生方向的重要角色。因此,我致力于培养一批具有爱心、责任感和良好沟通技巧的老师,让他们成为幼儿成长路上的良师益友。

(三)拔节成长的趣学之路

毕业后,我追随内心,成为一名教师,并在小学和幼儿园度过了充实而富有挑战的5年。这5年里,我从一个教学新手逐渐成长为受同行和家长认可的教师,不断摸索并感悟教学的真谛。回想起读书时代,我脑海中时常闪现出那几位深得我喜爱的老师的身影。我尝试模仿他们身上独有的让学生喜爱的特质,并逐渐融入自己的教学风格中。我陪伴着幼儿成长,见证他们的进步与变化,一同分享喜悦与成功,这个过程让我感受到了教学的乐趣与挑战。这段趣学之路不仅丰富了我的人生阅历,也让我更加坚定地选择教育这条道路。在小学和幼儿园的教学与实践过程中,我深入了解了各个年龄段儿童的特征,为我日后深耕教育领域打下了坚实的基础。

在随后几年的时光里,我投身于宣传教育文化体育旅游办公室和教育管理中心,负责人事及学前教育的相关事务。从教学岗位转向行政岗位,我曾面临一些角色转变的挑战。作为学科教师,我仅需专注于完成自己的教学任务,工作内容与我的专业紧密相连。然而,作为一名行政人员,我需要对各项任务进行统筹、分解和安排,还需对学校的负责老师进行指导。工作内容很琐碎,不像教学那样能获得阶段性成就感。初涉这个领域,我曾感到些许迷茫。然而,经过一年的磨砺和适应后,我逐渐了解了行政单位的运作模式,熟悉了每一项工作的具体推进流程,并在此过程中不断提高了写作能力和协调能力。当意识到自己的行政能力和行政意识都有了显著提升时,我开始感受到在这个赛道成长的快乐和满足。

我人生中的一个重大转折点是负责筹建长安镇实验幼儿园。在此之前,我从未接触过如此大规模的项目,一切都需要从零开始,如做预算、园所设计、选材、二次装修、课程建设、团队建设以及校园文化的顶层设计等。从拿到幼儿园图纸的那一刻起,我的教育生涯似乎按下了加速键。我开始深入研究幼儿园的设计和建筑知识,重新学习《3—6岁儿童学习与发展指南》和《幼儿园教育指导纲要》。对于遇到的不清楚的问题,我会上网查找大量的资料,翻阅各种书籍,与有经验的前辈进行深入探讨等。

每天,我需要与不同部门的人对接工作,与许多人进行沟通。在最初的阶

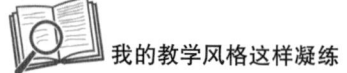

段，由于工作尚未理顺，我曾焦虑失眠。那时，我的领导蔡主任给了我很多宝贵的建议。她说："你难道要一个人完成这件事吗？要学会依托平台的资源来借力呀。""方向对了，努力才有作用。"在责任与梦想的交织下，我慢慢找到了自己的节奏，逐步推进筹备工作，每天都面临着新的挑战，每天都在学习新的东西。在那一段特别的日子里，汗水成为我前进道路上的独特印记。

终于，2022年9月，长安镇实验幼儿园顺利开园了。开园仪式结束后，我站在美丽整洁的操场上，思绪万千。回顾过去的一年，我意识到：之前我的教学和行政经历其实已经为这次筹备工作打下了基础；在管理上，我也有了学习的榜样。如今的我对教师们十分支持，并且给予他们充分的信任和良多的机会，因为当时蔡主任就是这样信任和包容我的。这一年我获得的经验颇丰，成长的速度极快。

在这一年中，另一件事也极大地推动了我前进，那就是参加长安镇明德读书会。在蔡主任搭建的平台上，在闫德明教授的悉心指导下，我与来自各所学校的骨干力量一同重拾书本，从最初无法静心翻阅到逐渐养成阅读的好习惯。我们一起分享阅读的乐趣，聆听他人的感悟，这让我在思维方式、理论学习、管理技巧等诸多方面都得到了极大的提升。非学习无以成长，过去几年的学习经历使我不断向前，也让我深刻意识到持续学习的重要性。因此，在长安镇实验幼儿园开园后，我迅速成立了幼儿园的读书班，努力营造学习的氛围，对热爱学习的教师给予鼓励，希望带动幼儿园全体员工学会学习、热爱学习。

这一路走来，我不断接受新的挑战，逐渐脱离了自己的舒适区。虽然也有过自我怀疑，但经历过这一切后，回想起来心中满是坚持后的甘甜与快乐。我为我的执着而自豪，为从中获得经验而兴奋，为自我成长而感到幸福。同时也更加坚定地相信：只有不断努力与修炼，才能获得真正的成长和进步。

### （四）努力创造的情趣生活

教师的形象、心态和情趣与他们的生活质量密切相关。一个有着广泛兴趣、高雅情调，以及积极、健康心态的教师，更能够得到幼儿的喜爱，受到同事们的欢迎。而这种积极的生活态度和方式，也会让他们的生活更加精彩。

从开始筹备长安镇实验幼儿园到现在这一两年，我和整个团队一直忙碌着，我们之所以能心无旁骛地为实现工作上的目标奋斗，是因为我们的家人给予了我们很多包容和支持。因此，我们也应该创造更稳定、更幸福的生活来回报他们。我经常思考如何创造属于我们自己的情趣生活，让学习和工作更有意义、更加丰富多彩。为了实现这个目标，我在以下几个方面进行了尝试。

首先，我给我的团队明确了"努力工作、坚持学习"的工作原则，并鼓励他们合理安排好家庭生活和工作。只有平衡好家庭和工作，才能让我们更加专注于工作，也更有能力去创造美好的生活。

其次，我定期组织一些集体社交活动，让大家放松身心，增强归属感和凝聚力。这些活动不仅可以增进同事之间的友谊和信任，还可以提高团队的合作能力。

再次，我鼓励教师们自我提升以及多培养工作以外的兴趣爱好，如运动、阅读、旅行、学习一门新技能等。这不仅可以让他们在生活中找到不同的乐趣和满足感，还可以提高他们的个人素质和生活品质。

最后，我倡导健康的生活方式，鼓励教师们在工作之余以积极乐观、勇于奋斗的精神去创造自己的美好生活。

## ▶ 我的管理实例

### （一）齐头并进的"开荒牛"

2022年暑假，幼儿园的第一批教职工团队集合到位。当时的情况是：团队人数较少，大家相互之间也需要磨合。同时，9月即将开园，前期准备工作繁杂，时间紧迫，任务繁重，要顺利完成开园，必须上下一心、全力以赴。

我分析了团队成员的情况，发现年轻教职工居多，其中"90后"占据大部分。这个年龄层的老师比较有个性，相对于"70后""80后"的理想与奉献，他们更看重感受。因此，我采取了以下措施。

首先，我对全体教职工进行了岗前培训，强调了共同的目标。在第一场培训中，我称呼大家为"战友"，表示所有人将一起为开园战斗，成为长安镇实验幼儿园发展历程中非常重要的"开荒牛"。我让每个人都清楚地了解我们的目标，激发他们的斗志，鼓励他们以战斗者的身份一起完成这场没有硝烟的战役。

其次，我组织了一些团建活动，让所有人在最短的时间内熟络起来，通过互动游戏、团队讨论等方式，加深了团队成员之间的熟悉程度，增进了彼此的了解。接着，我在大目标下，细化了整个项目流程，将大目标细分成了若干个小目标。每个小目标完成时，我们都会一起庆祝一下，为处于繁重任务之下的团队注入了动力和活力。

最后，我观察每个人的工作状态，及时给予表扬和鼓励。经过一周的熟悉，我逐渐发掘出不同人员的特长与优势，然后根据他们的特长分配相应的工作任务，并为他们提供发挥和展示的机会。这不仅增强了团队的合作精神和学习动力，也为每个人提供了展示自己才能的平台。

加班是辛苦的，但加班的氛围可以是宽松愉悦的。幼儿园做好后勤保障工作，合理安排时间，让大家有张有弛。那一段时间，我们几乎每天都会工作到凌晨12点左右，大家笑称幼儿园就是自己的第二个家，每天半夜回去睡觉，第二天再继续奋斗。这批"开荒牛"就是在这样紧迫的时间内顺利完成了开园任务。直到现在，每当回想起那段时间，大家都会感叹团队奋楫笃行的力量和美好。

### （二）信心不足的小姑娘

在我们的第一批教师中，有一个年龄最小的应届毕业生。她入职的时候，我们正处于极度忙碌的阶段，工作强度相当大。"我加入时，开局就是决战！"她后来总是这样说。在她入职后的一周左右，一天晚上我发信息询问她的感受，她说："园长，我可以说吗？其实第一天我就不想干了！可是到了第三天，当我可以做出一个完整的手工作品时，我又感觉好像还不错！"听到她的话后我乐了，觉得这个姑娘真是率真可爱。

在日常工作中，我发现她的文笔非常好，于是我将公众号管理的工作交给了她。她感到意外，但非常开心，爽快地接受了这项工作。一个月后，小姑娘走进我的办公室，满脸愁容地跟我说："园长，我干不动啦！我能不能不做这个组长了？"我放下了手头的工作，先让她一吐为快。在她叙述的过程中，我大致了解了她当时的工作状态：公众号小组成员分工不清，工作拖拉，耗费了很多下班后的时间却没有成效，小姑娘没有成就感。

我先肯定了她那一段时间的付出，然后和她一起梳理了当时的状况。其实所有的问题都在于分工不够明确，每个小组完成任务的时间节点不清晰。待她充分了解到这一点后，我让她思考要怎么做才能将这一问题解决，小姑娘马上就说出了几种解决方法。然后我又预设了几个后面可能遇到的问题，让她再想解决方法，她也说出了几种方式。在这个过程中，我并没有直接说对还是不对，但我注意到她在回答的过程中思路已经比之前清晰得多，情绪也轻松了很多。我趁热打铁，让她想想自己未来的成长计划，"要不你再试试看？"我说。"那我再试试吧。"她抿嘴一笑，一溜烟跑出去了。

接下来的一段时间，我用心观察了她的情况，但凡她有进步的地方，我都会找机会在公开场合进行表扬。平时，她一个人住在宿舍，因为性格有些内向，也不怎么与人交往，我就请同住宿舍的年长一些的姐姐们对她的生活多加照顾，让她更有归属感。慢慢地，我发现她变得松弛了，她开始主动去学习和思考，想办法提高公众号的出品质量和效率，也逐渐在团队中找到了自身的价值。与此同时，她和同事们也越发亲近，周末一起外出活动，生活更丰富多彩了，人也变得更加外向。我想，这个小姑娘的心应该是定下来了。

## ▶ 我的管理主张

### （一）趣玩童年，趣享成长

作为幼儿园教师，每天最主要的任务就是与幼儿一起游戏和学习。因此，教师需要深入了解幼儿的世界，包括他们的兴趣、爱好和需求。尊重每个幼儿的天性，顺应他们的自然发展规律，是每一位教师的重要职责。教师应该将自由、自主、愉悦和创造的游戏精神融入日常教学活动的点滴之中，通过趣味盎然的游戏，帮助幼儿探索和发现周围的世界，激发他们的好奇心和求知欲。这样，幼儿就可以在游戏中体验到探究的无穷乐趣，尽享成长的欢愉时光，而教师也会在陪伴的旅途中收获职业的成就感与满满的幸福感。

趣享成长是教师自我提升与发展的关键过程。通过孜孜不倦地学习，不断地实践、反思、总结与改进，教师可以逐步提高自身的教学水平和专业素养。同时，在观察幼儿的成长过程中，教师也汲取着无尽的灵感与智慧，丰富着自己的教育经验与人生阅历。教师的每一次成长都会对教育实践产生积极的影响，也能为幼儿的成长提供更优质的引导和支持。

作为幼儿成长的引导者，教师需怀揣一颗趣玩童年的心，通过持续的学习与提升，实现自身的趣享成长。教师要努力为幼儿树立一个积极、健康、向上的榜样，用行动告诉他们：学习是一场充满乐趣的探险之旅，成长则是一段充满惊喜与发现的奇妙旅程。

### （二）趣学于心，趣智于行

趣学于心是指每一位教师都应怀揣对学习的热爱与兴趣，将自主学习与自我提升视为职业生涯中不可或缺的能力与追求。在新时代的教育背景下，教师们需要不断更新教育理念、教育方法和知识技能，以适应新时代教育的需求。我始终坚信，教师只有自身热爱学习，保持对知识的持久热情和兴趣，才能更好地为幼儿的成长提供全面的服务。

趣智于行是指教师在教育实践中要具备智慧和判断力，能够根据每个幼儿的个性差异和需求，灵活运用知识和技能，给予个性化的指导和帮助。因此，在工作中，教师们需要具备敏锐的观察力、分析力和反思能力，能够及时地发现问题并采取有效的解决措施，能根据不同个体的不同情况来及时调整自己的活动方法和策略。与此同时，这也要求教师们有一定的创新能力和创新意识，最大限度地激发幼儿的潜能，促进他们的全面发展。

此外，我希望教师们在幼儿园里都可以趣玩趣学，最后做到知行合一，落于实践。理论的学习并不能确保教师对所学知识的完全理解和掌握，只有将所学的知识与工作实际情况相结合，形成属于自己的思维模式和认知框架，并逐步转化为自己的信念和观念，才能更好地指导工作实践。

趣学于心，趣智于行，两者相辅相成，共同构成了教师职业的核心素养。以趣为引领，用心学习，用智行动，为幼儿提供更为多元化、更丰富的学习体验，引领他们走向更加美好的未来。

### （三）趣探无限，趣绘未来

趣探无限是指教师在工作中要保持永不满足的好奇心，通过不断创新和尝试，激发幼儿的好奇心和探究精神。通过引导幼儿在探索中学习、在挑战中成长，以培养他们的创新思维和实践能力。同时，幼儿的点滴成长也会反过来促进教师的深入学习、不断探究的热情，激发自身潜能，提升专业素养。

趣绘未来是管理的崇高目标。教师的专业成长与发展是幼儿园持续发展的动力源泉。因此，我致力于建立公平、公正的评价机制，营造积极向上、互助和谐的工作氛围，让每一位教师都能在工作中感受到乐趣与成就，从而激发他们的工作热情和创造力，最终提高幼儿园的保教质量和管理水平。同时，趣绘未来也意味着展望未来，规划幼儿园的发展方向和目标，与教师们一起为共同的目标而努力。

在工作中，我倾向于使用内隐管理，相信每位教师都具备无限的潜能，给予他们充分的信任和支持。我努力为教师们构建展示特长的舞台，营造良好自由的学术氛围，形成允许犯错的工作模式，强化发展自我的成功意识。这些措施可以最大限度地发挥教师的潜能，促进园所文化发展，凝聚教职工团体意识。当教师们感受到自我价值的实现和团队的凝聚力时，他们会自然而然地萌发内在自觉而强大的内驱力，从而引发主动的创造性行为。

我相信每个人自身都具备无限的可能，只要得到充分的赏识和支持，他们就能走向成功之路。作为年轻的管理者，我非常愿意和我的团队一起成长，共同描绘未来的美好蓝图。

## ▶他人眼中的我

蔡蓓园长的聪慧、灵动、执着让我对她印象深刻。我们相识的时间算起来已8年有余，在这期间，她的角色发生过一些转变，我大致将其划分为三个时期，分别为教育系统的同事阶段、幼儿园规划时的筹备阶段、幼儿园正式开办的管理阶段。一路走来，我觉得用有"法"而行形容她十分贴切。

作为同事，她有方法。做事有条不紊，思路清晰，严谨认真，能够出色地完成各项工作任务。作为规划者，她有办法。长安镇实验幼儿园作为长安镇第一所小区配套幼儿园，在筹备时经历了很多从"无"到"有"的阶段，她能够积极应对变化，运用创新思维为工作带来想法和灵感。作为管理者，她有想法。秉承"我是一颗趣莲珠"的办园理念,在开园的两年里,在园所文化、环境构建、课程实施等多维度都凸显教育特色,她运用智慧把握团队的节奏和方向,带领大家朝着共同的目标努力前进。

(东莞市长安镇教育管理中心学前教育教研员　李闫)

她是一名新时期背景下的园长,从用户体验角度实现教育生态平衡。她以"趣玩"的方式,率领团队打造童趣、舒适的趣莲珠生活环境;她以"趣学"的态度,带领教师走上专业、可持续的职业发展道路;她以"趣生活"的追求,激发大家发现美、创造美的个人生活品质。

(东莞市长安镇实验幼儿园办公室主任　戴嘉琪)

非常幸运,我刚毕业就进入了长安镇实验幼儿园这个温暖的大家庭,遇到了一位非常有亲和力的领导——蔡蓓园长。蔡园长时刻关注我们园内师生的情况,为我们提供良好的工作环境和资源,让我们各展所长,尽情绽放光彩,我们在幼儿园一起学习,一起成长。蔡园长提倡"趣玩·趣学·趣生活",不仅为孩子们构建了一个快乐、自由、有序的成长环境,也为我们教师团队提供了明确而富有创意的工作方向。我们在"趣玩"中提升专业水平,在"趣学"中各展所长,绽放光彩,在"趣生活"中享受生活,感受幼儿园的温暖,这让我们在幼儿园的工作和生活充满了幸福感。我相信,在蔡园长的管理下,长安镇实验幼儿园将会越办越好,成为孩子们健康成长的乐园。

(东莞市长安镇实验幼儿园教师　邹玲)

【点评】

蔡蓓园长将"趣"作为关键词概括她的幼儿园管理风格,非常贴切。她有无忧无虑的有趣童年,有影响深远的有趣老师,有拔节成长的趣学之路和努力创造的情趣生活。所以,她希望孩子们在幼儿园能够:趣玩童年,趣享成长;趣学于心,趣智于行;趣探无限,趣绘未来。

(广东第二师范学院教授　闫德明博士)

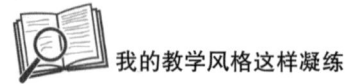

# 多维度思考，聚焦性行动

东莞市长安镇教育管理中心　陈锦豪（教学管理）

> **个人简介**
>
> 陈锦豪，男，东莞市长安镇教育管理中心中心组成员，长安镇中心小学副校长，小学数学中级教师。东莞市优秀教师，长安镇"品智教师"、优秀教育工作者、教育扩容提质千日攻坚先进个人。主持市级立项课题一项，参与市级课题两项，曾获镇教学技能比赛、教学设计一等奖。

## ▶ 我的管理风格解读

我的教管风格为"多维度思考，聚焦性行动"。

首先，"多维度思考"要求教育工作者具备全面且深入的分析能力。在行政工作上，拟定教育政策文件时，教育行政工作者需要全盘考虑学校的管理、教育教学资源的配置、教师的专业技能、学生的学习需求以及社会群众的期望等多个维度。这种思考方式有利于避免片面化和碎片化，让政策或者方案更加符合实际情况，更具实操性和持续性。在教育教学上，教师不应仅局限于传统单一的教学方式，而应通过鼓励学生从多个视角、多个方面去探索问题。此种教学模式对于学生批判性思维和创新能力的培养具有显著成效，有助于他们更深入地理解知识内涵，发现问题的本质及深层次原因。

其次，"聚焦性行动"要求教育工作者在认真思考后，坚决且有效地采取行动。在行政工作上，教育行政工作者需要将思考后的结果落地，并转化为具体的行动计划，确保计划扎实推进。在开展过程中，教育行政工作者要时刻关注计划开展的情况，及时了解各方面的信息与情况，并进行必要的优化调整。在教育教学中，教师需要根据各个教学内容，明确每次的教学目标与任务，并制订行之有效的教学计划与方案。同时，教师需将教学行动集中在每节课的重难点之上，并通过实践不断验证和完善自身的教学思考。

最后，将"多维度思考"与"聚焦性行动"相融合，能够形成一种既具有不同视野又注重执行效果的教管风格。该风格有助于教育工作者在情况多变的教育教学环境中，不仅能科学合理地制定各项教育政策或教学任务，还能保证教育政策、教学任务得到有效实施。同时，"多维度思考，聚焦性行动"的风格有利于提升教育工作者的领导力及影响力。通过多维度思考，他们可以更好地理解和把握教育工作的内在规律和外部困境；通过聚焦性行动，他们可以带领团队积极且从容地面对各种各样的困难与挑战。

## ▶ 我的成长历程

回顾我近十年的教育工作经历，虽然简单纯粹，但收获满满。在大学还没毕业时，我就拿着教师资格证开始到学校去代课。毕业后，我先做了四年的教育教学工作，随后又做了六年的教育行政工作。

### （一）魔方式生长：触类旁通的师范生

只有认真观察生活和学习这个大魔方中的每一面，不停地尝试、不断地发现规律，扭转关键环节，才能达成目标。进入大学后，我选择了学数学。可能有人会觉得枯燥乏味，但我慢慢地学会了用不同的视角、不同的维度去钻研思考数学问题。这些视角不仅让我对数学有了更深入的理解，还让我在大学生活中留下了不少美好的回忆。

发现数学之美——我特别喜欢从数学美学的视角来研究几何图形。我个人认为几何图形并不是一个个冰冷的数学符号，它们其实蕴含着独特的美学内涵。还记得在一节几何课上，老师布置了一个发散性的题目，让大家寻找使用数学方法做成爱心的方式。于是，我在网上查阅大量的资料，去图书馆翻查各类文献，终于找到了很多种可以生成爱心形状的办法，而且我还发现，通过修改参数还能调整爱心的大小与形状。这让我感受到其实数学是充满艺术感和魅力的。

探索数学之宽——我热衷于从跨学科的视角来研究数学与物理的融合。有一次，在物理课上，老师正在讲述抛物运动的知识点。我突发奇想：如果用数学的公式预测一下足球轨迹，实际情况是否和公式算出来的一样呢？于是，我找来皮尺，在教室里划出了一条简单的抛物线路径。然而事与愿违，足球并没有按照我测算的轨迹飞行，而是砸在了同学的头上。全班同学顿时哄堂大笑，老师也忍不住笑出声来，当时的我恨不得找个洞钻进去。老师看出了我的窘迫，说："理论和实际还是有点误差的哦，但是勇气可嘉，大家掌声鼓励。"在这掌声中，我也深入理解了数学与物理的紧密联系。

感受数学之趣——我对数学的发展历史充满了好奇心，经常会沉浸在历史的长河中，探寻那些古老而又深刻的数学定理和概念。看到现在的金字塔，我会想到古埃及人为了建造金字塔等宏伟建筑，需要精确的数学计算；看到神舟飞船与嫦娥探测器发射，我会想到像毕达哥拉斯这样的数学家兼哲学家如何通过数学探索宇宙与天文学的奥秘；看到博物馆的艺术作品，我会想到达·芬奇当年是如何将数学原理应用于艺术和建筑设计中的。

总的来说，四年的大学生涯让我对数学有了更深入、更全面的理解。数学

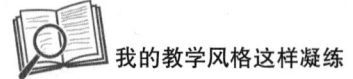

不仅丰富了我的知识体系，还激发了我的创新精神。我相信，在未来的数学教学和研究工作中，我会继续运用这些视角，探索更多的数学奥秘，为学生们带来更加丰富多彩的数学体验。

### （二）正无穷式思考：创意无限的教书匠

"道生一，一生二，二生三，三生万物……"我想，教学就像"正无穷"，我要不断地逼自己进行头脑风暴，让教学永远充满无尽的发现。四年时间转瞬即逝，我从学生转变为教师。作为一名新入职的数学教师，我深知引导学生从所知甚少到学会多维度思考是一项艰巨而重要的任务。

开启多维度思考之旅。在我刚开始教学的那段时间，我发现学生们在解决问题时往往只会从单一的角度出发，缺乏思考的灵活性和深度。为了引导他们开启多维度思考之旅，我设计了一个有趣的几何问题。我让学生们观察一个复杂的几何图形，并提问："这个图形中包含了哪些基本图形？它们之间有什么关联？"起初，学生们一脸茫然，不知道该怎么做。于是，我引导他们从大小、角度等不同维度去观察、思考、分析。慢慢地，学生们开始发现图形中的秘密，不仅能识别出基本的图形，还能分析图形与图形之间的关系。这次经历让他们体验到了多维度思考的乐趣与意义。

多维度思考助力解题。随着时间的推移，我开始加大对学生们多维度思考能力的培养力度。在一次解决数学应用题的练习中，我给出了一道看似比较复杂且难处理的题目，并鼓励学生们从不同的角度去探求解题的方法。一开始，学生们都只会用一种方法解决问题。我引导他们尝试将题目文字读熟并拆解，转换成线段图、图形形式。过了一段时间，有些学生尝试从代数的角度找到了解题的突破口，而有些学生则从几何的角度进行了思考，将问题转化为图形问题来解决。最终，每个学生都能掌握至少两种解题思路与方法。小组讨论交流时，学生们积极分享自己的解题思路和方法。经过一次次这样的经历，学生们深刻体会到了多维度思考在解题中的重要作用及必要性。

多维度思考拓展思维边界。随着学生们对多维度思考方法的逐渐掌握，我就开始引导大家，把这个方法运用到更多的地方去。还记得有一次上数学活动课，我开展了一个创意设计比赛。我告诉学生们，要用学到的数学知识来设计一个既新颖又实用的作品。大家一听，纷纷开动脑筋，从不同角度想点子，动手设计作品。有的学生利用几何图形的特性设计出了美观大方的建筑模型，有的学生则运用代数和概率的知识设计出了有趣的游戏规则。这些作品不仅展示了学生们的数学素养和创新能力，还让他们深刻体会到了多维度思考在拓展思维边界方面的巨大潜力。

### （三）拓扑式行动：三头六臂的多面手

在工作中，我慢慢学会了把每一个重要事件的关键点找出来，然后找出这

多维度思考，聚焦性行动

些点之间的关联线，进而研究这些点、线之间的连接关系，很多问题就可以迎刃而解。这不正是拓扑关系的基本原理吗？2014年，我从师范院校毕业后，入职了离家仅有500米的学校。在女性教师偏多的小学校园里，作为一名年轻的男教师，我自然而然地承担了各式各样的任务。正如清华大学附属小学窦桂梅校长说的，人的潜能都是逼出来的。正是这五年的"逼"，让我逐渐形成了自己的教学风格。

作为一名数学教师，我坚守教学岗位，用心上好每一堂课，全心全意教好每一个孩子，为他们的成长保驾护航。作为班主任，我是学生成长道路上的引路人，我关心他们的学习、生活和情感，用心倾听他们的心声，让他们感受到家的温暖。作为一名道德讲堂讲师，我引导每位学生成为道德的受益者、践行者和传播者，讲述身边好人的道德故事，分享身边好人的道德感悟。作为一名团委组长，我开展各项团活动，定期带领团员教师探望社区的孤寡老人，为他们带去关爱。作为一名科技辅导员，我带领学生参加市镇航模、车模、机器人等比赛，硕果累累。

有段时间，我同时负责学校的科技竞赛辅导和日常的课后教学辅导。某天，我得知科技竞赛辅导时间与教学辅导时间发生了冲突。由于我对两项活动的重要性都缺乏足够的认识，加上沟通不足，一开始我并没有做出恰当的处理。我试图同时兼顾两项活动，结果导致教学质量下降，科技竞赛辅导也显得力不从心。学生们在课堂上表现出困难，竞赛学生的进步也不明显。我意识到，这种分散精力的做法无法取得好的效果。为了扭转这一局面，我虚心请教科组长和同年级的教师，及时采取了聚焦性行动。首先，我深入分析了两项活动的特点和需求。我认识到，课堂教学是基础、是底线，需要保证学生的学习效果；而竞赛辅导则是针对特定学生的提升，需要更加深入和专业的指导。其次，我找了竞赛辅导团队和学生们交流想法。我把我所了解的情况和遇到的困难都跟他们讲了，同时也认真听取了他们的想法和建议。大家商量了一下，最后决定调整竞赛辅导的时间，这样就不会跟教学辅导发生冲突。最后，我也对教学辅导做了一些改进。我重新制订了教学计划，让课堂互动更多一些，学生们也能更积极地参与进来。而且，我还利用课余时间给竞赛学生"加餐"补习，确保他们不会因为时间调整而落下什么。最终，大家都能更好地学习和准备竞赛。

通过采取这些聚焦性行动，我巧妙地解决了教学活动冲突的问题。课堂教学质量得到了提升，学生们的学习积极性也有了明显的提高。竞赛学生的辅导也得以顺利进行，他们的竞赛成绩也有了很大的提高，这让我受到了极大的鼓舞。同时，这次经历也让我懂得了面对教学活动的冲突时，聚焦性行动的重要性。一开始可能会由于各种原因没有做好，陷入困境，但只要我们及时调整策略和方法，积极地去沟通和寻求解决方案，就一定能够克服重重困难，取得良好的效果。这也提醒我在未来的工作中，要更加注重分析和判断，制定合适的解决方案，以确保教学的顺利进行和学生的全面发展。

（四）数独式攻坚：系统思考的行政工作者

玩过数独游戏的朋友都知道，有时仅仅观察一行一列，是完成不了那些复杂的题目的。学会从多个角度同时进行系统性思考，才能更高效地完成艰巨的任务。2018年，我从一名教师转变成一名教育行政工作者。无论是人事工作、招生工作还是教研工作，不同的岗位让我学会了从不同的角度看待问题，也让我更善于处理各项疑难事情。

刚接触招生工作时，隔三岔五就会有家长来咨询小孩入学的事情，而且每位家长的情况都不一样。还记得有一回，一名家长拿着一沓厚厚的材料过来，咨询关于孩子入学的事情，情况相当复杂。经过整理思考，我们可以将家长反映的情况提炼成三个维度：第一，上学通勤时间长，家住镇中心，距离学校远；第二，孩子厌学，出现学习退步情况；第三，家里有生病的老人，家庭无法平衡照顾老人与小孩。综上三点，家长提出了转学申请。只有在一沓厚材料中多维度思考家长的意图，我们才能对症下药，引导家长，替家长解困。只有将问题梳理清楚了，问题的解决才能更加聚焦。于是，我们条理清晰地向家长解答：第一，针对路途遥远的情况，我们计划推出校车服务，减轻家长的忧虑与负担；第二，对于孩子的厌学情况，我们可以协助联系学校的心理咨询室，让心理教师协助处理相关情况；第三，基于该家庭的实际情况，结合目前我镇中心区公办学位的政策，我们建议学生转到镇中心的民办学校，政府会提供户籍生民办学位补贴。通过一步步解答，我们基本疏解了家长的焦虑情绪。

2023年，我再次被调整到了教研的工作岗位上，刚好这一年所有的活动扎堆开展，我的压力不言而喻。但在多个岗位积累的经验，让我多了一分从容，多了从不同角度思考及看待事情的经验。记得我统筹的第一个大型活动是"我劳动，我最潮"劳动特色月活动。一线教师的经验，让我能更好地思考学生需要的是什么；招生入学工作的经验，让我能更好地进行各组室部门的协调；人事招聘工作的经验，让我能更好地安排活动各个环节的时间节点和各项工作的分工。因为前期的准备充分，各项工作得以顺利推进，各部门责任明确，各个同事也清楚自己负责的工作。

▶ **我的教学实例**

## 长方形、正方形的周长

（一）教学目标

（1）通过观察、交流等不同形式的活动，使学生多维度经历探索长方形和正方形周长的过程，加深对周长的理解，形成计算周长的能力。

（2）使学生在学习活动中体会数学在现实生活中的应用，培养对数学的兴趣，培养自主探究的意识和合作交流的能力。

（3）鼓励学生主动投身于探索与交流等各类活动，以获取成功的情感体验，从而丰富其学习经历与人生阅历。

（二）教学过程

1. 情景引入

老师给学生展示草地图，上面有几块不同形状的草地。

师：同学们，近段时间学校的草地进入了养护期，花匠阿姨为了保护这些草地，计划将几块草地用绳子圈起来，请问每块草地至少需要绳子多少米？出示图（单位：米）。

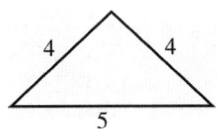 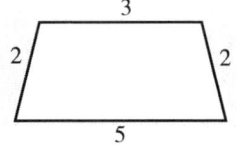 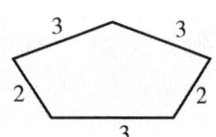

答：需要绳子（　　　）米。

（1）请算一算。

师：同学们，我们一起来帮花匠阿姨算一算每块草地都需要多少米绳子。

板书：

三角形三条边长度的和→4＋4＋5＝13（米）

四边形四条边长度的和→3＋2＋5＋2＝12（米）

五边形五条边长度的和→3＋2＋3＋2＋3＝13（米）

师：刚才所求的几条边的长度的和也就是这个图形的周长。现在老师考考大家，谁能用"周长"这个词说一说每个图形的周长分别是多少呢？

答：三角形的周长为（　　　）；四边形的周长为（　　　）；五边形的周长为（　　　）。

(2) 请指一指。

①请同学们指一指书本、黑板、桌面的周长。

②指一指一些不规则图形的周长。（多媒体上出示，请学生上台指）

师：周长在我们日常生活中的应用非常多，哪位同学能举出一个周长在生活中的应用例子？

(3) 归纳周长的概念。

师：现在哪位同学能用一句话来概括什么是周长？（围成图形一周的长度，就是这个图形的周长）

教师进行小结。

2．过渡

师：我们已经知道了什么是周长，那长方形和正方形的周长应该怎样求呢？今天我们一起来研究怎样计算长方形和正方形的周长。请大家看看黑板上的这两位小伙伴，你们还记得它们吗？（课前板书长方形、正方形）

师：请同学们说一说，它们都有什么特点呢？

预设学生答案：长方形对边相等、四个角都是直角。正方形四边相等，四个角都是直角。（老师用红笔勾出四条边，标出边长）

师：同学们，如果要求这两个图形的周长，实际就是求什么？（长方形、正方形四条边的和）

3．自主探究，归纳周长计算方法

(1) 探究长方形周长的计算方法。

示例1：用一根丝带刚好可以围成一个长4厘米、宽3厘米的长方形，这段丝带长多少厘米？

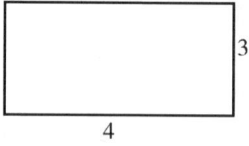

①引导学生进行思考：图中问丝带长多少厘米，其实就是问什么呢？（长方形的周长）

②比一比谁的方法最快，又最简便。

③教师巡视指导，了解学生的理解情况，观察哪种方法用得最多，哪些学生还有问题。

④预设学生大概有四种计算方法：

长＋宽＋长＋宽、长＋长＋宽＋宽、长×2＋宽×2、（长＋宽）×2

全班交流计算结果。

学生代表汇报学习结果，教师结合学生的回答，随机出示相应的解法和示意图。

第一种：4＋3＋4＋3＝14（厘米）

板书：长＋宽＋长＋宽＝14（厘米）

第二种：4×2＝8（厘米），3×2＝6（厘米），8＋6＝14（厘米）

板书：长×2＝8（厘米），宽×2＝6（厘米），长×2＋宽×2＝14（厘米）

第三种：（4＋3）×2＝14（厘米）

板书：（长＋宽）×2＝14（厘米）

不局限于传统单一的教学方式，鼓励学生从多个视角、多个方面去探索问题的解决办法。这种教学模式对于学生批判性思维和创新能力的培养具有显著作用。

师：哪位同学愿意当小老师，通过这个黑板上的图形（教师事先用红、黄色丝带把两组长和宽区分开），给大家介绍一下为什么能够这样算？

引导学生整理明白：该丝带的周长等于一条红色丝带加一条黄色丝带的长度乘以2，也就是一条长边加上一条宽边的和的2倍。

选2至3名学生上讲台解说。同桌之间互相讨论。

师：现在我们再来看看这几种方法，仔细观察一下，其实无论哪种方法，要求长方形的周长都需要知道哪两个条件？（长和宽）

师：如果我们从中选择一种最简单的方法作为计算周长的公式，你们觉得选哪种最好？（第三种）

预设：应该有同学选择其他方法，不作否定，请他们找出理由说服大家。如果争执不下，可以由教师发出指令：出三道计算长方形周长的题，通过比赛选择最快、最准确的方法。全班分成两组参与，先做完的起立，订正答案正确率高的一方获胜。

板书：长方形的周长＝（长＋宽）×2

师：用 $C$ 表示长方形的周长，用 $a$ 和 $b$ 分别表示长方形的长和宽，那么长方形公式可以怎样写呢？$C=(a+b)\times 2$

自主尝试做课本的"试一试"。

（2）探究正方形周长的计算方法。

示例2：用一根丝带刚好可以围成一个边长为3厘米的正方形，这段丝带长多少厘米？

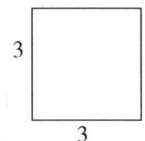

① 引导学生思考：怎样用最简便的方法计算出这个正方形的周长？（提示：想一想正方形的边长有什么特点）

② 预设学生可能给出的方法：

边长＋边长＋边长＋边长、边长×4

③ 交流：学生说出不同的办法。

3＋3＋3＋3＝12（厘米）（边长＋边长＋边长＋边长）

3×4＝12（厘米）（边长×4）

④ 请学生说出最简单的一种。

板书：正方形周长＝边长×4

师：从这里可以看出，求正方形的周长需要知道什么条件？（边长）

师：如果用 $C$ 表示正方形的周长，用 $a$ 表示正方形的边长，那么正方形的周长公式可以怎样写？$C = a \times 4$

请同学尝试做课本的"试一试"。

4．综合运用，巩固提高

请计算下列图形的周长。

（1）篮球场是一个长方形，长为 26 米，宽为 14 米。它的周长是多少米？

（2）一块正方形的布，边长为 85 厘米，四边装上花边。花边长多少厘米？

### ▶ 我的管理主张

**（一）多维度思考——高品质教学及管理的前提**

多维度思考的教管主张强调，在教学过程或者教育行政管理中，应积极引导学生或者团队从多个角度、多个维度对各种问题进行分析、思考并解决，从而培养大家的全面思考能力和创新意识。这一主张的理论依据主要来源于认知心理学、建构主义学习理论以及现代教育理念。

1. 理论背景

第一，认知心理学认为，人的思维是多维度的，具有多样性，当人们在解决各种实际问题时，需要从不同的角度和层面进行深入探究。因此，多维度思考的教管主张，就像一把万能钥匙，通过帮助学生和团队打破那种枯燥乏味的单一思考模式，引领他们勇闯多元化的思维世界。这就要鼓励大家像探险家及冒险者一样，从各个视角和层面出发，探索知识的奥秘。

第二，建构主义学习理论强调学习是一个主动而非被动的建构过程，学生与团队需要通过与外界环境的接触互动，不停地建构和重构自己的知识体系。多维度思考的教管主张鼓励学生及团队从多个维度去探究问题，有利于大家在建构知识的过程中形成更加多维且全面的理解。比如在处理事务时，不能单纯从教育人的角度，可以尝试从其他角色的角度来思考问题，从而有利于培养大家的创新精神和实践能力。

第三，现代教育理念强调培养综合素质和创新意识，从而适应日益复杂多变的社会环境。个人认为多维度思考的教管主张与这一理念不谋而合，它不仅可以帮助大家更好地理解和掌握知识，还可以培养他们的批判性思维、创新思维和解决问题的能力，为可持续发展打下坚实的基础。比如，在实施多维度思考的教育教学主张时，教师可以采用多种教学策略和方法，如设计开放性问题、组织小组讨论、开展大单元学习、设立任务群、引导学生进行跨学科学习等。通过这些活动，教师可以帮助学生拓展思维空间，激发他们的探究欲望和创新精神。

2. 实施原则

首先，教育工作者需打破传统的单一、指令式的教学（管理）模式，构建多层次、多角度、多维度的教学（管理）体系。以教学为例，教师需要明确教学目标，了解本班学生的基本学情，提出能够引发学生多维度思考的问题，设计贴近生活的教学活动，准备教学材料和辅助工具，从而使学生能够在真实情景中运用多维度思考方式去解决问题。在行政管理中也是如此，管理者应摒弃刻板的层级制度和单向命令，倡导开放、包容、互动的管理氛围。

其次，教育工作者应采用促进学生或者团队主动探究、合作共赢和反思评价的策略。在教学过程中，教师通过运用项目式学习、大单元教学、学习任务群等方式，引导学生主动探究，主动从不同维度去分析和思考问题，从而解决实际问题，培养学生的核心素养。此外，在大数据时代下，教师还可以运用大数据、AI（人工智能）等信息技术，为学生提供更加细致的学习指导。

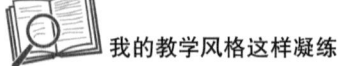

再次，教育工作者需要对学生的学习成果进行全面、深入的评价。教师可以通过鼓励学生进行观察记录、作品展示、分享汇报等多元化路径来实现对学生的评价。这既能推动教师专业素养的提升，也能促进学生学习成果的提升。

最后，教育工作者自身的专业素养和专业能力也是实现多维度思考教管主张的关键因素。教育工作者应通过不断地自我学习及培训，更新教育理念，提升教学及教育管理能力，学会运用多种教学及管理方法来引导学生和行政团队进行多维度思考。无论是校内的科组培训，还是省外的参访学习，均是能力提升的机会。同时，教育工作者还应保持多元开放的积极心态，通过与学生、同事、家长等进行交流和合作，家校协同育人，共同促进学生和团队的发展。

## （二）聚焦性行动——高效能学习及发展的保障

通过引导学生或团队针对特定问题或目标展开行动，聚焦性行动的教管主张能够促进学生或团队的有效学习和问题解决能力的提升，培养他们的实践能力和创新精神。聚焦性行动的教管主张的理论依据主要来源于认知心理学、实践主义教育理论以及目标导向学习理论。

### 1. 理论背景

第一，认知心理学为聚焦性行动的教管主张提供了理论基础。认知心理学强调学习过程中认知结构的构建和重组，通过具体的行动和实践，学生或团队能够更深入地理解和掌握知识。聚焦性行动的教管主张基于这一理论，通过引导大家针对某个教育问题或教育目标展开行动，使其在实践中构建和重组自己的认知结构，实现有效学习。

第二，实践主义教育理论为聚焦性行动的教管主张提供了有力支持。实践主义教育理论强调实践在学习过程中的重要性，认为学习是通过实践来获得的。聚焦性行动的教管主张，其实就是要我们重视个人的亲身参与和实践体验，避免纸上谈兵。该主张鼓励大家勇于通过实际行动去探索、去发现，使大家在实践过程中不仅学到知识，还能锻炼实践能力，激发创新精神。

第三，目标导向学习理论为聚焦性行动的教管主张提供了理论支撑。目标导向学习理论认为学习或者工作是一个有目的、有计划的过程，学生或者团队需要明确目标，并围绕目标展开学习活动。聚焦性行动的教管主张要求教师明确教学目标或者教育行政工作任务，引导大家针对目标展开行动，正如每一节课、每一个教学单元都有其教学目标与任务，只有明确了目标与任务，才会有显著的教学效果。

### 2. 实施原则

首先，聚焦性行动的教管主张需要精准地定位目标和问题。在教学上，教师在课前应深入分析学生的实际情况和学习需求，明确教学重点和难点，制定具有挑战性和针对性的教学目标。在行政工作上，管理者需要明确任务是什么，目标是什么，问题的本质是什么。倘若目标不明晰，后期的工作都是浪费心血，做无用功。

其次，聚焦性行动的教管主张需要注重主体性和主动性。在行政管理中，管理者应该充分激发团队每个人的潜力，调动大家的积极性。比如鼓励各学科教研员自主思考并选择合适的方案，以前可能是上级领导或者大家一起想好解决的办法，现在更多的是通过"你觉得呢""你的意见如何"，让教研员主动思考。同时，还应关注每位同事的不同闪光点，如我们的教研员团队中，既有经验丰富的名师，也有刚任教研员没多久的年轻骨干教师，需要因人而异，提供不同的帮助和支持。

再次，聚焦性行动的教管主张需要强化实操和反思。在行政工作中，管理者应努力为教研员团队，为各学校、幼儿园提供丰富的实践机会和平台，让大家可以参与实践并展现自己。比如，承办各类省市的比赛、论坛、教研活动等。同时，在每次活动结束后，团队内部除了对实践过程进行反思或者经验分享外，还应虚心听取各位校长和园长的意见反馈，并进行分析。这既能帮助团队成员个人发现问题，也能避免团队或其他人员出现同样的问题。

最后，聚焦性行动的教管主张还需要与大数据及信息技术相结合。通过利用信息化平台、大数据等手段，为学生提供更加高效的学习支持。如学生的在线学习平台、老师使用的智能教学系统、学校的智慧校园评价体系等。通过大数据与信息技术的支撑，教师可以更聚焦地了解、掌握学生的学习情况与存在的问题，及时调整教学策略和方法，从而提升教学效果。

## ▶他人眼中的我

遇见陈老师，是在我一年级时。小小的我对数学并没有什么概念，而陈老师带领着我，一步步地打开了数学殿堂的大门。

陈老师没有对成绩好的同学偏心，也不会刻意针对成绩差的同学。学生成绩不理想，陈老师还会在放学后给他们"开小灶"，以此提高他们的成绩。陈老师经常会通过各种不同的方法告诉我们怎么解决一道数学题，让我们知道解决问题是有很多种方法的。遇见陈老师，或许是我多年累积的幸运。在我的身份为学生的日子里，能遇到陈老师，足矣。

**（东莞市长安镇金沙小学2020届毕业生　麦芷荞）**

陈锦豪老师在管理上展现出了多角度审视问题、多维度思考问题的能力，他的管理风格既清晰又高效，深受团队成员敬佩和信服。

他总能在纷繁复杂的工作中迅速找到问题的核心，明确目标，然后层层分解，让每一个团队成员都能明确自己的职责和任务。这种管理风格不仅提升了

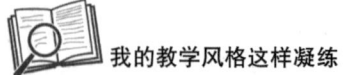

团队的执行力,也让我们在工作中更加有方向感和成就感。他的教管主张是聚焦性行动,要求在思考的基础上,明确目标,集中力量,以高效务实的态度推进工作,更展现了对团队负责、对工作负责的态度。在他的带领下,我们团队取得了一定的成绩。同时,陈老师在教学上也善于构建逻辑清晰、层次分明的教学任务框架,明确核心素养的内涵,从而去设计学生本节课的核心任务,引导学生多维度思考问题,各抒己见,使学生的学习和讨论都很高效。学生的学习投入度很高,课堂生动有趣,非常值得学习。

**(东莞市长安镇教育管理中心教育研训组组长　孙佛平)**

【点评】

陈锦豪老师把"多维度思考,聚焦性行动"作为自己教管风格的关键词,这既是他日常工作的基本特点,也是他职业生涯的发展方向。他虽然参加工作时间不长,却一直在跨越式发展:从魔方式生长——触类旁通的师范生,到正无穷式思考——创意无限的教书匠,到拓扑式行动——三头六臂的多面手,再到数独式攻坚——系统思考的行政工作者。他善于思考,持续精进,未来可期。

**(广东第二师范学院教授　闫德明博士)**

# 追求有魔力的英语课堂

东莞市长安镇实验小学　陈小芳（小学英语）

> **个人简介**
>
> 陈小芳，女，东莞市长安镇实验小学副校长。曾获首届全国中小学外语教师教学能手、东莞市小学英语学科带头人，东部卓越教师发展计划——京苏粤浙卓越教师高端研修班优秀学员，东莞市优秀教师，东莞市中小学名师、名班主任和名校长工作室优秀培养对象，长安镇名教师，长安镇"品智教师"，长安镇师德标兵，长安镇十大"最赞教师"等多项荣誉称号。执教的录像课"My favourite season"参加全国第二届小学英语教师教学基本功比赛获优秀课例一等奖及"最佳语音语调奖"。参加2011年中央电视台"希望之星"英语风采大赛获教师组一等奖。承担国家、省、市级公开课及专题讲座40余节。主持并参与5项市级课题研究。撰写的7篇教学论文获省、市级奖项。个人独立撰写的《引领孩子走进快乐英语的殿堂》一书收入"中国梦　教育情——长安教育现代化名师风采"系列丛书。

## ▶ 我的教学风格解读

为了提炼自己的教学风格，我跟不少同事和学生进行了交流。我问得最多的问题是：我的教学特色，或者说教学风格，或者说与别人的不同之处，是什么呢？他们常常脱口而出的是：挺有魔力的！挺吸引人的！反正很喜欢你的英语课。

那"魔力"是什么呢？怎么体现？为什么能够吸引人呢？

作为一名小学英语教师，我从教将近20年，英语教学的点点滴滴涌上心头。我教的第一届学生肖婷，现在也成长为一名小学英语教师。她说她犹记得读小学五年级时，在一节生动有趣的英语课上，我"魔术般"地变出了一盒从英国带回来的巧克力，在全班的欢呼声中巧妙地将赴英国学习的所见所闻与课堂教学内容结合起来。学生的回忆也把我拉回到2007年从英国学习回来后的那堂让他们津津乐道的英语课上。

仔细想来，从教以来的每一节英语课，我都是以充满仪式感的态度用心备课，全力以赴，学生开心地享受课堂，我自己也沉浸其中。如果说一定有什么"魔力"去吸引学生的喜爱的话，可能与我致力于打造富有亲和力、感染力和鲜活力的英语课堂有关。

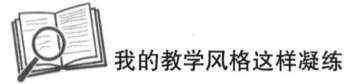

## （一）追求师生平等关系，体现亲和力

育人之道，爱心为先。教育首先是关怀备至地、深思熟虑地、小心翼翼地去触及学生的心灵。在我看来，这份心思源自对学生的关爱。也正因为这看似日常、持续的关爱，我成了孩子们心目中有亲和力的老师。

我的英语课堂首先是愉悦、有温度感的课堂。了解我的朋友都说我是一个喜欢笑的人。在课堂上，我喜欢做一个笑容可掬的老师，用笑容感染学生，为他们创设有安全感、能自由表达自己、有积极情绪体验的课堂氛围。我的英语课堂还是热情的、生机勃勃的课堂。教师每天带着饱满的激情走进教室，语言有生机，肢体动作有活力，学生的语言和思维也因此变得积极活跃，师生上课的体验是幸福的。这样的课堂谁不喜欢？

## （二）追求课堂开放样态，增强感染力

我的课堂始终是开放的课堂。在课堂中，我提倡开放的学习方式、开放的思维模式，以提升学生的素养为出发点，关注学生的必备品格与关键能力。以目标为引领、以情境为支撑、以任务为驱动、以活动为主线，让学生在丰富多样的学习情境、富有挑战性的学习任务、积极的英语交际实践活动中，发展核心素养。

在教学中，除了关注学生素养的发展，我也关注教师自身素养的传递，努力做一个有人格魅力的老师。我的语言表达、行为举止、思维方式、兴趣爱好和英语课堂始终是开放的、有感染力的，这对学生是潜移默化的影响。这也是我教学成长中从"经师"走向"人师"的必经之路。

## （三）追求课堂多元文化，迸发鲜活力

教育即生活。我的英语课堂还是关联生活、关联世界，有"文化味"、有"生活味"的。我不仅关注语言的学习，更关注语言背后的文化，努力使其与学生的真实生活产生连接。通过大到国家与民族的文化渗透，小到约定俗成的礼仪习惯培养，我的课堂旨在教会学生了解语言背后的文化习俗及礼仪行为，从而使他们成为良好的沟通者，成长为世界小公民。因此，我追求的课堂是多元的。真实的生活和广阔的世界是无尽的教材，课堂也因为有了"生活味"而更具鲜活力。

# ▶我的成长历程

## （一）少年时期的"英语教师梦"

我的英语教师梦是受初中英语启蒙老师的影响而萌发的。记得初一时第一节英语课，给我们上课的是 Amy 老师。她的英语标准且流利，上课富有激情，

从她口中说出来的英语就像是一首首美妙的曲子，让我们听得如痴如醉。Amy老师非常爱我们。也许是因为刚大学毕业的她年龄比我们大不了多少，她没有印象中老师固有的严肃。她的脸上总是挂着和善的笑容，温和细语地与我们对话、聊天。她的细心和关爱如春天的一缕缕阳光照进我们的心田。班上的同学因为Amy老师的到来而越发喜欢英语，学习兴趣倍增。在她的熏陶之下，我渐渐喜欢上了这位年轻的老师，也喜欢上了这门不一样的语言。从那时起，我立志通过学习也能够像Amy老师一样说出如此标准、地道的英语，梦想长大以后也能成为一名英语教师。

因为有了这样一个梦想，我读完初中后直接考入了当时的广东省外语师范学校，在那里进行了五年的英语专业学习。在梦想的驱使下，我苦练英语口语，系统学习教育学、心理学和英语教学理论方法。不懈的努力和进取换来的是厚积薄发，我以优异的成绩毕业，如愿成为一名光荣的人民教师，对自己的教师生涯充满了无限憧憬。

细细回味，初中英语课堂中那份师生之间流淌的爱意至今仍温暖着我，也让初为人师的我坚信：爱，是教育的开始，没有爱就没有教育。

## （二）初入教坛的"英语教学法"

我大学毕业后，来到东莞市长安镇中心小学任教。这所学校是一个能让年轻的老师充分成长和发展的地方：学校信任老师、激励老师、培养老师，让每一个老师都能大胆表现自己。这样的团队文化激励着一代又一代的老师深耕课堂，教研不止。

初入教坛第一学期，学校便推荐我上一节市级的展示课。上课的主题是"In a nature park"。为了让课堂更加贴近学生的生活，初生牛犊不怕虎的我和协助上课的计算机老师带着摄像机跑到长安郊野公园拍摄上课素材，并邀请了外教Jaris给视频配音。教学活动、课堂语言、课件设计、学生展示、板书等一脉设计，水到渠成，我很轻松地就把一节课设计好了。

第一次试讲之后，课堂效果并不理想。老师很有激情，学生却没有全情投入学习，我心中充满了挫败感。评课的时候，科组老师纷纷给我提出改进建议，沮丧的我却好像什么也听不进去。这时，温柔体贴的科组长邱宇燕老师发现了我的无助，她说："你有好的教学基本功，设计一节课也特别顺畅，感觉学生的表现都在自己的掌控之中。但是，好的基本功不等于好的课堂呈现，我们在备课的时候一定要心中有学生。学生在学习的过程中应该会呈现出什么样子？他们的困难会是什么？作为老师如何给予他们帮助？这些都是我们要思考的问题。"

我恍然大悟，那时的我眼里只有自己的设计，却把最重要的学生放在了第

我的教学风格这样凝练

二位！好在一切才刚刚开始，及时调整和改变自己的理念和设计还来得及！经过斟酌和修改后，我坚持以学生为中心，设计适合他们的学习活动和练习，增加师生间的真实交流环节。从"教"走向"学"的逻辑转变让我在展示课上表现出色，受到市教研员的表扬和同行的赞誉。

反思是为了更好地前行。从此，我在课堂上更加关注与学生的互动。这种互动可能是一个眼神的交流、一个鼓励的微笑，也可能是完成一个富有挑战性的任务带来的师生彼此间的成就感。时间在流淌，我的课堂坚持以学生为中心，关注每一位孩子的成长，也许这就是我站在讲台这么多年仍然激情不减的动力来源。

### （三）日渐成熟的"英语教育观"

从教近20年，我一直没有停下研究英语课堂的脚步，努力做时间的朋友。我上过不同类型的公开课，参加过各类教学基本功和教学比赛。关爱每一位学生是我课堂教学的初心，没有爱就没有教育。但教育仅有爱还不够，我们还需要注重学生知识的掌握、能力的提升、情感的交流。作为师者，我们需要研究学生作为一个学习者，是如何开始学习的；除了教授语言知识，我们还需要培养学生哪方面的素养。于是，"关注学习如何发生，关注素养如何落地"便成了我更高的课堂追求。课堂之外，开发校本课程、丰富课程资源成了我从学科教学走向全科教育的更高目标。

近年来，我和科组老师们一直致力于建构"畅享英语"课程体系，"畅享英语"的核心理念是：畅享致用，笃学励能。"畅"即通畅、欢畅、流畅、畅所欲言、畅游书海。课堂应充分调动学生的学习兴趣，让学生"想说""会说""能说"。"享"即享受、享有、分享。旨在提高学生"用英语做事情"的能力，让学生体验学习英语的成功感受。"畅享英语"旨在引领学习者在既"畅"又"享"的英语课程时空中，获得对英语的感性认识，学会整理、实践、体验英语知识，从而获得英语素养的提高和身心的健康、快乐发展。"畅享英语"课程体系既要丰富与整合教学资源，为学生学习英语营造愉悦的环境，让他们充分享受学习英语的乐趣，又要构建充满个性和开放的课堂，让学生易于掌握知识和技能，乐于"畅所欲言"，还要助力学生持之以恒、积极主动地参与英语实践，拓宽国际视野，培养学生成为具有"民族心、世界眼、地球人"特质的新时代世界小公民。

在学校每年举办的"中外英语文化嘉年华"活动中，学生们充分展示英语学习成果，在学科大情境中习得语言及其背后的文化。学校的师生因为有了这样一次充满"国际理解教育"理念的课程之旅而得到成长，在成就事业中成就自我。

## ▶ 我的教学实例

## The Lion and the Mouse
## 《人教爱阅·英语读本·小学5》绘本教学设计

### （一）教学内容

本课教学内容为人民教育出版社出版的《人教爱阅·英语读本·小学5》中的故事，属于伊索寓言的故事体裁。寓言是用比喻性的故事来寄托意味深长的道理，给人以启示的文学体裁。本文主要讲述的是狮子和老鼠这一大一小、一强一弱两个动物之间互帮互助的故事。

### （二）整体设计思路

基于对绘本的充分研读，通过读图预测、图文匹配、绘制"故事山"、思考分享等活动，引导学生进行文本解读及绘本主题意义的建构，关注绘本这一特殊文本的体裁特点，发展学生的英语阅读能力及思辨能力。

进入绘本阅读前，通过封面预测故事主人公之间的对话以及故事的主要情节，激发学生的阅读期待。引导学生关注绘本线索：展示故事最后狮子感谢老鼠画面的插图，引导学生进一步猜测它们之间发生了什么事情、强壮的狮子为什么要感谢弱小的老鼠。以此进一步激发学生的好奇心与想象力。而后利用图片环游的形式建构绘本线索，初读故事情节，并进行图文匹配。在绘本文本学习的过程中利用"故事山"这个思维工具梳理故事情节，并在黑板上可视化呈现故事情节发展的全过程。读后加入"读者剧场"环节，充分调动学生的多种感官去体会故事的情节以及动物特点。通过 Shared Reading 以及问题链的设计引发学生思考：狮子为什么能在需要帮助的时候得到老鼠的帮助？老鼠虽然很弱小，为什么能在困境中帮助到它想要帮助的人？最后通过反思型问题培养学生的创造性思维：如果请你改变故事的一个环节，你想改变哪个部分？为什么？在读后环节巧妙设计读后活动：请以狮子、老鼠或其他在场动物的名义发一条朋友圈，讲述事情的经过及体会，从而实现读写结合与角色代入，引导学生联系自身经历，培养问题解决能力。

### （三）教学目标

（1）学生能在老师的帮助下根据绘本封面和图片环游预测绘本大意，能按照准确意群及语音、语调朗读绘本，并进行角色扮演、读者剧场表演。

（2）学生能通过图文匹配、绘制"故事山"、有声朗读、表演、复述故事等环节，理解、建构绘本语言，理解寓言故事的育人内涵。

（3）学生能在问题链的帮助下深层理解绘本的意义：即使是再小的动物也有能够帮助他人的时候，不能以貌取人。

（4）学生能在分析绘本里两个动物角色的过程中反思自己的日常表现，发现问题，感悟生活。

### （四）教学策略

（1）根据文本特点，通过读图预测、图片环游、图文匹配、绘制"故事山"、思考分享等绘本教学策略，引导学生关注绘本这一特殊文本的体裁特点，提升阅读能力。

（2）运用小组合作学习策略，在小组的交流和探讨中，培养学生合作探究的能力。

### （五）教学过程

**1. Warm-up & Greeting（准备活动 & 打招呼）**

（1）Sing a song：*Animals*.

（2）Free talk：Talk about big animals and small animals. Find their differences.

（3）Think and say：How do big animals and small animals get along?

**2. Read the cover（阅读封面）**

（1）展现故事封面，预测故事大意，激发学生阅读兴趣。

Q：What do you see from the cover?

Know the characters：The lion and the mouse. 认识绘本故事角色。

Know the writer and the illustrator. 从封面了解作者和插画家。

（2）利用老师给出的词汇谈论两个动物并交流分享。

Q：What does the lion like? What does the mouse like? Use some words from the word bank to talk about the two animals.

Predict：What is the story about? What will happen between the two animals?

【设计意图】通过阅读封面了解绘本故事的基本信息：作者、插画家、故事标题、出版社等。预测故事中两个动物发生的故事，引起阅读期待。发挥想象力预测故事情节，为后面的阅读做铺垫。

**3. Picture walk（图片环游）**

（1）View and say.

出现绘本的最后一句台词，狮子说：Thank you, mouse! Now I see that you are little, but you can be a big help! 引发思考：Why did the lion thank the mouse for help? What did the mouse do?

(2) Picture walk—View and talk.

带着问题阅读图片,在图片的帮助下尝试回答上面部分的问题:为什么狮子到最后跟老鼠道谢?猜测并印证故事线索——The mouse helped the lion get out of the net.

【设计意图】通过图片环游的两个步骤帮助学生进行绘本线索建构,引导学生读懂图片意义,为后面的文本阅读做好铺垫。

4. Read and match(阅读并匹配)

(1) Read and match.

How did the mouse help the lion? Read the story and match the paragraphs with the right pictures. 带着问题"老鼠是怎样帮助狮子的?"进行文段阅读,并给文段配上相应的图片。

(2) Shared reading.

在进行图片与文段匹配的过程中做 Shared reading 绘本共读。在共读过程中梳理故事情节,完成 Story mountain"故事山"的绘制。

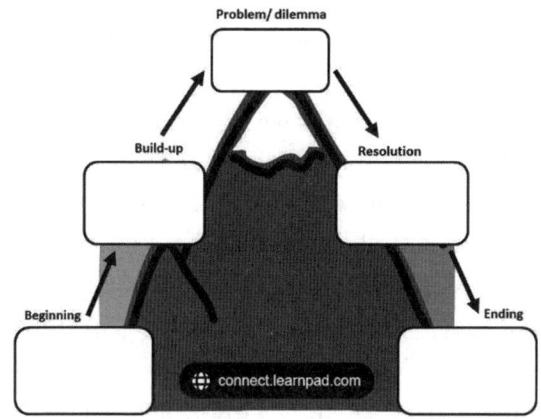

【设计意图】在问题的引领下通过图文匹配、梳理故事情节、绘制"故事山"等活动进行绘本文本阅读,建构故事语言,发展学生的阅读理解及信息转换能力。

5. Read the story(朗读故事)

(1) Read the story with the help of the tape. 在录音的帮助下尝试有声朗读绘本。

(2) Read in groups. 小组合作选择喜欢的方式齐读或分角色读。

(3) Reader Theatre. 读者剧场。

Which part do you like best? Read aloud your favorite part and act out in your groups. 以小组为单位表演绘本故事中你最喜欢的部分。

（4）Retell the story with the help of the story mountain. 在"故事山"的帮助下复述故事情节。

【设计意图】通过模仿跟读、小组齐读、读者剧场以及复述故事情节等不同方式的有声阅读帮助学生进一步理解、内化故事内涵，以读者剧场的方式表演故事，进一步引发学生对绘本的兴趣。

6. Reflect and share（反思和分享）

（1）Think and share. 思考下面的问题链，在小组中分享观点，并请代表做分享。

What do you think of the mouse? What do you think of the lion?

What would happen to the lion if mouse hadn't helped him?

The mouse was little, but he can still help the lion, why?

Why did the mouse and the lion become good friends at last?

If you can change one part of the story, which part do you want to change? Why?

（2）Read and say. 通过反思型问题，联系学生生活实际，帮助学生运用所学知识进行认知建构。

Do you like the story? Why or why not? What do you learn from the story?

If you were the lion, would you eat the mouse for lunch?

If you were the mouse, would you help the lion get out of the net?

Have you ever helped anybody bigger or stronger than you? Share about it.

【设计意图】通过基于绘本故事的问题以及联系学生自身的反思型问题链，帮助学生进一步理解故事的内涵，并运用从绘本中学到的道理指导自身生活实际。

7. Share in WeChat Moments（分享在朋友圈）

分别以老鼠、狮子和在场其他动物的名义发一条朋友圈，讲述本文的故事。

【设计意图】通过这样一个"代入"型的读后写作任务，增加学生阅读体验的趣味性，提升学生的写作水平。

▶ 我的教学主张

我的英语教学主张从学生观、课堂观和课程观三个维度可以凝练为"关爱，关注，关联"这三个词。

## （一）关爱，教育的起点

有人说，爱是教育的灵魂，只有融入了爱的教育，才是真正的教育。又有人说，爱是最特殊的教育方式，它能滋润学生的心田，拨动学生灵魂深处的心弦。随着教龄渐长，我的关注点从教师转向学生，坚信把学生放在教育的中心，才能真正实现教育的价值。关爱学生，才是教育的起点。

### 1. 心中装学生

要创造以"学"为中心的教学，起点一定是基于对学生深深的关爱。在上课的时候，我关注的重心一定是：学生是如何学习的？我要如何帮助学生进行更深度的学习？学生学习的过程是自己进行的，还是与同伴一起愉悦地进行的？我致力于让课堂上每个学生都能得到尊重、每个学生都能放心地打开自己的心扉、每个学生的差异都得到关注。

### 2. 眼中有学生

教师眼中有学生，意味着教师要努力做课堂的洞察者，从"盯"着学生到"观察"学生。观察学生的学习状态，通过关注学生的动作、表情等外在表现分析学生的学习思维状态并及时给予学生帮助和指导。因此，眼中有学生的老师一定是根据学生的课堂表现随时调整自己教学的老师。教师还要关注每一个孩子的学习状态，经常思考哪些孩子可以给予更富挑战性的任务，哪些孩子还需要给予及时的鼓励和帮助。教师的眼里要饱含对不同学生同等程度的关注，眼里有爱，心中有光。

### 3. 耳中听学生

耳中听学生，意味着我所追求的不是"发言热闹的教室"，而是"用心互相倾听的教室"。每次用心倾听学生的发言，还要营造学生之间用心倾听的课堂氛围。学习目标的达成固然重要，但是除了倾听学生发言的内容，我们还要听其发言中所包含的心情、想法，与他们心心相印。我时常在上完一节课后问问自己：今天有没有做到爱生如己，教生如子，待生如友？今天在课堂上有没有给学生带来积极美好的体验感？有没有蹲下身子倾听他们的心声，与他们同频共振？

## （二）关注，教育的发生

在我的英语教学主张中，"关注"具体指的是依据教育教学基本规律以及学生身心发展规律，关注学生英语学习过程中学习如何真正发生，以及学生素养如何有效提升。

### 1. 关注英语学习如何真正发生

（1）大量、正确、地道的语言输入，能为学习注入活水之源。美国语言学家史蒂芬·克拉申（Stephen D. Krashen）多年深入的研究表明，"可理解性的输入"是学会语言的必要和充分条件。因此，除了教材的学习，我还会为学生们提供原版的、地道的、学生稍作努力就能学会的可理解性的输入性材料，如英文电影、英语歌曲、英语绘本、英语趣配音等都是非常好的学习资源。基于这样的教学理念，我的英语课堂融入了更加丰富的元素：英语歌谣、自然拼读绘本、英语电影赏析、配音秀、演说家课程等，让学生在丰富的语言学习材料中发展思维、习得语言，并爱上英语这门学科，爱上我这么一位老师，正如当年我喜爱我的初中英语启蒙老师一样。正所谓"亲其师，信其道"，兴趣和信任驱动下的学习便真正发生了。

（2）自主、合作、探究的课堂互动，能为学习添加催化剂。学生要在合作中学会学习。在英语教学中，我努力帮助学生搭建足够的语言框架，构建合作共学的课堂文化，致力于打造充满活力、迸发创造力的课堂，关注学生学习的真正发生。

新课标出台后，我们更应该改变教与学的方式以及教学行为，关注学生的个体差异和不同的学习需要，创设能引导学生主动参与的教学环境。在长安镇中心小学工作期间，在钟晓宇校长的带领下，我们不断尝试将合作学习落实到不同学科的课堂中。几年下来，我们欣喜地看到了学生的改变：他们更有思考力，更有探究精神，更有合作精神。他们在合作中学会了学习，在学习中学会了合作。

## 2. 关注素养如何有效提升

（1）培养品格与能力，是素养培养之关键所在。新课标指出，要通过英语学科发展学生的必备品格和关键能力，要发挥英语学科独特的学科价值与路径去发展国际普遍教授的品格与思维。这对我们英语教师的启发是：不能把英语课堂的目标仅定位在重知识、轻素养层面，应该秉承英语学习活动观，创设更多的任务，引导学生进行学习感知—实践运用—迁移创新。

如龚亚夫教授提到在教授三年级"Look at me"这一关于身体部位的单词和句型时，我们的课堂目标就不应该只停留在能听、说、读、写、用这些单词上，而要引导学生思考我们的身体器官其实是可以用来表达我们个人的品格和礼仪的。如可以联系到"Watch your habits"这个注意自己的行为习惯的温馨提示，以词块的形式呈现身体部位的名字，融入品格培养意识，如"Cover your mouth""Open the door""Cover your nose""Hold the door"。进行这些词块的学习不仅能让学生在语境中学习单词，还能让学生习得比语言更重要的良好行为习惯，形成良好的品格。

（2）提升人文素养，是素养培养之核心所向。语言学习是一种交流性的学习。但交流并不单单指语言的交流，更是一种行为的交流，体现一个人的人文素养与思维方式。英语教育的核心价值，是培养一个成功的沟通者，而不仅仅是培养语言交际能力。

还是以学习身体部位的单词为例，在龚亚夫教授的讲座中，他提到可以通过"What is a good listener?"这个话题去感知"Nod your head""Make eye contact""Face the speaker""Hands and feet still"这些词块。学生既兼顾了语言的学习，同时也习得了背后良好的行为习惯，这是不是特别有"人文与核素"的词汇学习课堂？

关注学习的真正发生，关注素养的有效提升，这样的教学理念引领着我不断追求，回归英语教学的本质以及语言学习承载的育人使命，也让我逐渐构建起了对学生来说有吸引力、有"魔力"的令人愉悦且享受的课堂。

（三）关联，教育的归宿

1. 关联生活，让成长气息伴随英语课堂

英语学科是一门实践性非常强的学科。关联生活的教学理念让我不断思考如何通过设计英语实践课程让学生有更多体验和学习的机会。当今提倡的"大概念""大任务"教学理念，要求通过引导学生不断尝试做正确的事情，逐渐形成其品格、思维方式，发展其解决问题的能力。不能单靠我们对学生形式单一的讲授，而是解放我们的课堂，创设更多的机会给学生分享、交流、质疑、体验，也就是让学生自己去"悟"出来。

基于此，我跟校本课程开发微团队的老师们从学生的生活情境入手，指导并设计了"我的小天才我做主""探秘家乡的艾锅铲""悦编趣织绘童年""奇妙的扎染"等跨学科课程。老师带着学生一起体验，将英语学习和讲述传统文化与生活知识相结合，让英语学习有更多生活的气息和鲜活的感觉。

2. 关联世界，让英语学习拓宽国际视野

关联世界，强调的是在课堂中有世界观和公民观。我们都是地球村的一分子，地球上的公民应该有约定俗成的行为准则和价值认同。那么如何通过我的课程让英语学习关联世界呢？2022年，我申报的市级课题"小学英语国际理解教育微项目式学习活动设计和应用研究"成功立项。随着研究的深入开展，我和团队成员对于英语教学承载的国际理解教育以及如何关联世界有了更多深入的思考，通过设计一个又一个微项目式活动和年级课程为学生打开了解世界的思路。

如在国家文化巡游环节，每一位老师都带领班上的同学对一个国家进行深入研究并展示代表性作品，对该国的文化及风土人情进行大量的前期学习，并设计代表该国的文化体验项目。我们开展了十几个国家的巡游和展示活动。每一位参加巡游的同学手持一张"护照"，深度体验全国风情，获得充分的学习与感悟。这样，让学生在课堂之外关联世界，了解世界上不同的国家，进一步了解自己的国家和文化，讲好中国故事。

此外，我们在各个年级课程设置方面增加设置了英语拼读、英美电影赏析、中国文化读本阅读、跨文化交际、国际事务、环境保护等课程。教育的重要目标是建立人与世界的连接。这种连接能够帮助学生认识世界、融入世界并拥抱世界。我一直致力追求的方向是帮助学生更健康、更全面、更幸福地成长，为迎接更美好的未来时刻做好准备。

## ▶ 他人眼中的我

在众多教师中，小芳老师无疑是一道独特的风景线。她不仅是一名英语老师，更是一位用心教育、用爱引导学生的灵魂工程师。她甜美的笑容感染着身边的每一位老师和学生。

小芳老师的课堂就像一座充满魔力的城堡，吸引着学生一步步深入探索。她以富有亲和力的教学风格，让每一个学生都感到被尊重和接纳。在她的课堂上，学生不再是被动的学习者，而是积极参与、主动探索的小小探险家。她的课堂不仅是一个学习的场所，更是一个成长的舞台。在她的引领下，我相信每一个学生都能够找到属于自己的光芒和道路。

**（东莞市长安镇教育管理中心英语教研员　卢妍博）**

作为小芳的朋友和"工作伙伴"，说起她给我的印象，我脑海中第一个闪过的就是"10分"！她在生活中总是对人十分热情，不管是对老一辈的长者，还是小一辈的同事，她总是率先热情地打招呼！只要和她待上一段时间，就会被她身上那股"自带英语老师的气场"所吸引。她还让我想到了"120分"！跟她在一起工作时，她总是能给人提供超过120分的能量！只要征求她的意见，你希望得到的答案就有了，甚至连你没有想到的部分她也会补充。此外，你还会觉得自己的思路顿时开阔了！

小芳就是这样一个自带光芒，还把光芒照耀到周围的人！真正做到了"我不想领导你，也不想跟随你，我想和你肩并肩站在一起"！

**（东莞市长安镇实验小学教导处主任　刘健丹）**

小芳校长是一位"眼中有人，心中有爱"的老师和领导，是我们的良师益友。作为老师，小芳校长以其极高的教学热情和精湛的教学水平，指引着学生在"学海"中"遨游"；作为领导，她能非常敏锐地捕捉到老师身上的长处，委以重任，加以培养，让团队中的每一个人都有不同程度的进步与提升。她自带光芒和温暖，鼓励着学生和老师，给大家带来力量和激情，是一位极具亲和力、领导力和影响力的教育者。

**（东莞市长安镇实验小学英语科组长　林梅枝）**

小芳如此地暖心，总能让身边的人感受到无与伦比的温暖。她内心充满了爱，关心他人，总是愿意为别人着想，让身边的我们感受到真挚的关爱。同时，她还有着宽广的胸怀和高瞻远瞩的眼光，能够从大局出发，为整个团队谋求更好的发展，能够用智慧去化解各种难题，让人佩服不已。

（东莞市长安镇中心小学　王丹妮）

　　在工作上，小芳关心科组年轻教师的专业成长，每次指导大家上公开课，她都能给出让人心悦诚服的宝贵建议，又会在最大限度上尊重和肯定老师自己的想法；在生活中，小芳又像一个温暖的大姐姐，细致入微，她会记得大家的生日，为我们准备暖心的惊喜，平日里总是可以跟大家打成一片，让人舒心。

（东莞市长安镇中心小学　游苑）

　　小芳老师秀外慧中，热情开朗，积极上进。她在我校任科组长期间，不仅自己硕果累累，还带领整个科组蓬勃向上，使长安镇中心小学英语科组在东莞小学英语界颇具影响力。小芳老师私下也非常平易近人，关心爱护每一位同事，急他人之所急，想他人之所想。小芳老师跟我做同事最久，对她了解越深，我就越觉得她是一位不可多得的好同事、好领导、好朋友。祝愿她在教育之路上继续发光发热，历练成为教育界的一盏明灯。

（东莞市长安镇中心小学　高亚玲）

　　作为小芳老师的学生，我也成了一名英语老师，更有幸和她共事。在我面对各种困难和压力时，小到课堂教学方式、如何让学生更融入课堂、如何开展高效课堂，等等，大到人生抉择方面，小芳老师总能及时给予我帮助和鼓励，让我更坚定自己的方向，更努力地前行。

　　"教育的良师，如同雨露滋润大地；教书育人的老师，如同明灯照亮前行之路。"她不仅是我学习上的老师，更是我人生中的重要导师。感恩您，我亲爱的老师。

（第一届学生，如今的英语同行　肖婷）

　　时光似水，白驹过隙。一个个深刻的画面涌上心头。小芳老师课堂上的幽默和独特的教学方式深深吸引着我们，她在我们的心中种下了一颗英语种子，这颗种子扎根在我们心里，滋润着我们的心，发芽成苗。生动、有趣、轻松的课堂气氛，就像一道温暖的阳光洒在我们身上，我们如向阳的花朵被照耀得积极向上。每每一到英语课，我们就精神抖擞、如沐春光，对我们来说，这个课堂是令人享受的、身心愉悦的。在小芳老师快乐课堂的带动下，知识变得简单易懂。感恩于小芳老师的指导，我才能在全市的英语口语大赛中获得优秀的成绩，即使上了初中，也对英语保持着一如既往的热爱。如果说教育是一场爱的遇见，那么我极其感激能遇到小芳老师，你让我们感受到世间的美好。感谢你

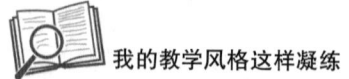

在开满鲜花的路上还一直保持对教育的热忱，一直为教育事业发光发热！

（曾经的学生，现就读于东莞中学松山湖学校 戴子悦）

**【点评】**

陈小芳老师的英语课堂"有魔力"，身上有股"自带英语老师的气场"，这是学生和同事对她的印象和评价。这与她致力于打造富有亲和力、感染力和鲜活力的英语课堂有关。她少年时期的"英语教师梦"、初入教坛的"英语教学法"和日渐成熟的"英语教育观"，使得她在教育教学中把"关爱、关注和关联"有机结合，体现正确的学生观、课堂观和课程观。所以，"魔力四射"的小芳老师在学校是一道独特的风景线。

（广东第二师范学院教授 闫德明博士）

# 用心·诚心·聚心

东莞市长安镇金沙小学　陈学侨（小学管理）

**个人简介**

陈学侨，男，东莞市长安镇金沙小学校长、道德与法治教师，小学高级教师。曾获长安镇优秀共产党员、长安镇先进教育工作者、长安镇优秀班主任和长安镇优秀教师等荣誉称号。

## ▶我的管理风格解读

### （一）用心

用心，是指全心全意地投入到某件事情中，全力以赴，认真负责。在生活中，用心是我对人对事的一种态度，也是我在工作、学习等方面热忱和专注的体现。只有用心，才能够在面对困难和挑战时，保持积极的心态，勇往直前，直至取得成功。

用心管理作为一种以人为本的管理理念，强调关注人的需求和情感，尊重个体差异，以激发教职工的积极性和创造力。在教育管理中，我关注教师和学生的需求，尊重他们的意见和建议，为他们在工作和学习中提供便利和支持。我注重师生之间的情感交流，营造和谐融洽的氛围。通过情感关怀，使师生感受到温暖和关爱，从而提高他们的工作积极性和学习兴趣。

### （二）诚心

诚心，是指一个人在言行举止和内心想法上表现出真诚、诚实的态度。真诚，即在言行举止和内心世界里透露出真挚与诚信。在人际交往中，真诚是搭建信任和友谊的基石，它彰显着个体对他人的敬意，以及对自身行为的担当。

在管理工作中，为师生提供真诚的服务，增强他们的归属感，是我肩负的使命。在履行管理职责时，我坚守真诚服务的理念，关注师生的需求，为他们营造一个温馨、和谐的学习与工作氛围。我以真诚之心去关爱师生，使他们感受到温暖和关怀，激发他们的积极性和创造力，树立长远的目标，秉持人本主义思想，将真诚贯穿于管理的方方面面。

### （三）聚心

聚心，即人们将注意力、情感和兴趣等集中于某一共同主题或目标之上。它关乎个体在群体中的行为、思维与情感的互动。

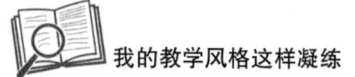

我提倡聚心管理的核心在于人心凝聚，旨在营造一个团结、和谐、轻松、积极向上的教育环境，从而使教师、家长与学生之间的情感纽带连接得更为紧密，为学校的教育教学管理作出应有的贡献。在学校管理中，让教师们齐心协力，共同参与学校的发展，是打造优质学校的关键所在。

## ▶ 我的成长历程

### （一）小时的我——自觉自律

小学那段时光，是我人生中最纯真无邪的时期。在我的记忆中，那段时光充满了欢声笑语和无忧无虑的快乐。那时的我沐浴在阳光下，奔跑在校园的操场上，追逐着梦想和希望，自觉自律这种积极向上的力量就是从那时培养起来的。

我的父亲是一名中国共产党党员，也是当时生产队的管理者。他每天都早出晚归，生产队需要人帮忙的时候，总会看到父亲的身影。他亲力亲为参与其中，带领大家全身心投入到生产队的工作中，以至于与家人平时相处的时间不多，看着他每天忙前忙后，我当时真的想不明白。记得有一次与父亲交流，我问父亲："为什么家里有时候会用糖水泡饭吃？你们喜欢这样吃吗？"父亲笑着说："这样的吃法虽然奇怪，但是家里生活困难，日子总要过。当我们没有办法改变生活的时候，只可以默默接受，习惯就好。"后来我才慢慢明白，"用糖水泡饭"是因为家里穷、家里人多，有时开不了锅，平时能用这样的方法简单地解决温饱已经很不错了。"习惯就好"让我记忆犹新，在面对困难时，我们只有努力想办法才能解决困难。当我们通过努力仍不能改变现状时，"习惯就好"也是我们面对人生的一种积极态度。当我们不能改变别人时，要学会改变自己接受别人的方式。儿时的生活、父亲的影响，让我从小养成艰苦朴素的精神，这是我成长中的一大收获。

由于当时是分田到户，家里的田也较多，家里人一整年都在忙着干农活。日常我只有吃饭时才会看到家人，所以父母经常教育我，在家多做有益的事，不要四处乱跑，学会保护自己。记得有一次他们去干农活，那天出于好奇，我跟着小伙伴窜到竹林里面抓小鸟，一个下午都没去上学。后来老师担心我们出什么事，马上上门家访。母亲知道我逃课了，拿着藤条在我腿上狠狠地抽了几下，这时我明白老师和母亲的责备是出于对我的关爱。从此以后，我回到家第一件事就是认真完成老师布置的作业，养成把作业完成了才去玩的习惯，学习上的自觉自律也从那时开始养成。这都要感谢当时老师与母亲的关心和教导。

我是家里最小的孩子，被哥哥姐姐们宠爱着长大，他们的关爱和教诲，塑造了我的人格，丰富了我的心灵。那时候，看着别人家的小孩时常有糖果吃，我实在羡慕。每次回到家里问父母，他们总会说过几天路过小卖部买些给我吃。现在我才明白父母不给我买糖果吃，是因为家里确实困难，没有额外的开支可以买糖果，那时想吃点糖果是十分奢侈的。但是哥哥姐姐比我大很多，他们会去干点农活攒点工钱，为家里减轻负担。有时他们看我闹着想吃糖，就用攒来的钱偷偷地买些糖果藏起来，合适的时候轮着送给我吃，鼓励我努力学习，引导我成长，让我在艰苦的生活中尝到一点甜，也让我懂得了感恩和谦让。他们如同指路明灯，教会我待人接物，勇敢面对生活中的挑战，也照亮了我前行的道路。

家人们为我付出的一切，我铭记在心。他们为我排忧解难、无私奉献的精神，让我学会了感恩和回报。他们为我创造的良好的生活和学习环境，让我能够全身心地投入到学习中，不断提升自己。他们的辛勤付出，使我明白了生活的美好来之不易，要懂得珍惜。

那段美好的小学时光，永远留在我的心中。那些经历如同一幅幅美丽的画卷，悬挂在我心灵的最深处。那些珍贵的回忆，如同一颗颗璀璨的明珠，照亮了我人生的道路，它们是我前行的动力，是我人生中最宝贵的财富。由此，自觉自律、积极向上的学习态度对我后期的生活和学习产生了深远的影响。

### （二）初中的我——正确人生

初中时，我正面临着生理与心理的巨大变化。这个阶段，挑战与变化交织，不仅表现在学业上，还表现在人际关系、兴趣爱好等方面。踏入初中校园，我对未知的事物充满了好奇，不断尝试接触新鲜事物，逐渐形成了贪玩的性格。由此，学习成绩下滑，我与同学的恶作剧次数增加，也沾染了一些不良习惯，如作业拖延、课堂打盹、逃课等。对此家人深感忧虑，担心我无法升入高中。

父亲是一位严谨且有威望的人，尽管我们交流不多，但我们之间的每次对话都充满正能量。他对我的期望甚高，渴望我能掌握更多的文化知识，成为家中首个考上大学的孩子，为家里争光。当时可以说希望越大，失望越大，一切尽在一线之间。

记得在初二那年，有一次参加同学的生日聚会，我玩得不亦乐乎，忘却了时间，直至夜深才归家。我并未意识到玩得太晚需要告知家人我的行踪，凌晨回到家时，只见父亲在门口焦急地踱步。他看见我回来，疾步上前，担心、着急的神态挂在脸上，但是他没有责备我，只是喃喃自语："安全回家就好。"并告诫我以后这种事要学会与家人沟通和商量，这样会减少很多的矛盾，家里人才有凝聚力。家是我安全的港湾，那一刻我心中愧疚不已、滋味烦杂。

从此，我学会了事前要思考，生活方式也发生了变化。为了不辜负家人的

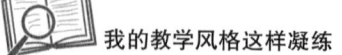

期望，我不再沉迷于玩乐，而是将心思投入到学习中。经过一年的努力，我顺利考入东莞师范学校，这成为我人生中重要的转折点。父亲的无声关爱，成为我前行的不竭动力。人要学会经一事长一智，遇到问题时，要学会从中吸取教训，以避免在未来的道路上重蹈覆辙。正如古人所言："前车之覆，后车之鉴。"只有不断反思和总结，我们才能更好地把握自己的人生方向。

### （三）师范的我——提升自我

当我踏入东莞师范学校的校园时，一股浓厚的学术气息和教育底蕴扑面而来。学校优美的环境、雄厚的师资力量，以及我遇见的来自东莞各镇区的优秀同学，使我对未来的学习生活充满期待。

令我印象尤为深刻的是，我加入了学校最大的社团——铜管乐队。在铜管乐队的日子，是我师范生活中最珍贵的回忆。我与队友们一起度过了无数个清晨和夜晚，共同经历着训练的艰辛和收获的喜悦。我们彼此扶持、共同成长，如同家人般互相照应，个中的苦与乐只有参与其中才能体会。

在铜管乐队的日子里，我明白了团队合作的重要性。每个人都是乐队中的一员，不管你演奏的是哪种乐器，只有相互配合，才能演奏出和谐动听的乐章。这种团队精神，不仅体现在音乐上，更渗透在我们的生活中。我们一起参加各种展演活动，一起为共同的目标努力，一起分享成功的喜悦和失败的经验。

此外，我还深刻体会到了教育的力量。当我们走出校园，参加社会公益活动和展演时，我们不仅传播了音乐，也传递了正能量。看到观众们被我们的演奏所感动，看到孩子们对我们的崇拜和向往，我明白了教育的神圣使命，那就是用知识和能力，去影响和改变更多的生命。

师范求学之旅，让我从理论走向实践，深刻理解了教育的真谛。我认识到，一个优秀的教师，不仅要有丰富的知识储备，更要有热爱教育事业的初心和执着。每当我想起师范时光，想起在铜管乐队的日子，内心都充满感激。我知道，这是人生旅程中的一项宝贵的财富，是我前行的动力和信念。作为教师，只有不断提升自我、完善自我，才能更好地传授更多的知识给学生，指引他们前进。

### （四）工作的我——不忘初心

师范毕业后，我进入长安镇中心小学工作，正式成为了一名人民教师。在工作中，我始终秉持着热爱教育、关爱学生的初心，努力提升自己的教育教学能力。由于参与过多个学科的教学工作，我深知广泛的知识面对于教师的重要性。因此，我不断充实自己的知识储备，以便更好地引导学生探索未知、涵养内在。

在与同事相处的过程中，我始终坚持友好相处、协同合作的原则，积极参与团队活动。融入团体并快速成为其中的一员，才能高质高效开展工作，这体现了团队凝聚力的重要性。我深知，一个团结、和谐的团队是教育事业成功的重要保障。因此，我时刻关注同事的需求，尽己所能为他们提供帮助，并且时刻保持谦虚谨慎的态度，虚心向他人学习，不断丰富自己的教育教学经验。

在教育实践中，我注重培养学生的综合素质，关注他们的身心健康，引导他们树立正确的世界观、人生观、价值观。同时，我也重视学生的个性发展，尊重他们的兴趣和特长，鼓励他们勇于尝试、积极进取。

在十多年的一线教学中，我养成了用心、诚心、聚心的工作态度。这种态度不仅在我的教育教学工作中起到了重要的作用，也让我深刻体会到了教育的真谛。不忘初心，我将继续秉持用心工作、诚心服务、聚心发展的态度，不断提升自己的教育教学水平，为学校的优质发展提供保障。

## ▶ 我的管理实例

### （一）服务是第一要务

#### 单位里的"万金油"，哪里需要哪里"涂"

在长安镇实验小学的筹建过程中，我作为一线教师加入了实验小学筹备组，参与了诸多全新的工作。那时的我，内心充满了彷徨与焦虑。然而，正是那两年的筹备期，成为我成长最快的阶段。我有幸与三位富有办学经验的校长共事，参与不同环节的讨论，共同谋划学校发展大计。每日面对新问题，我不断思考如何合理解决，如建筑布局、管理制度、教育教学、后勤保障、设备配置、政府采购等，都成为我全新的工作挑战。

这个过程使我增长了见闻，拓宽了思维，思考问题更加周密。我深知"牵一发而动全身"的道理，若思考不周，后果将不堪设想。因此，我开始养成在做一件事情前，提前思考几个预案的习惯。这种工作状态锻炼了我的思维能力和应变能力，遇事不慌、处事不惊，学会沉稳工作。凡事除了思考，更重要的是在实施过程中去论证并及时总结，由此积累起来的经验将是今后管理工作中的一笔财富。

长安镇实验小学成立后，我负责学校的总务工作，包括工会工作、学校安保、保洁绿化、食堂管理、卫生健康、工程维护等。这些工作是开展教育教学的基础，我始终以诚心服务为目标，为师生提供更好的工作和学习保障服务。

曾经有一次，办公群里多位老师不约而同地在同一天提出需要学校协助解决的各类问题，关于停车、快递、卫生、食堂等。我就像二十四小时在线一样及时回应，与提出问题的老师进行私聊或在大群里作出回应。无论问题合理与

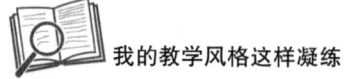

否，我都认真对待，尽快解决。回应后，我便组织相关同事对提出的问题逐一进行调研，力求在最短时间内给出答复和改进措施。老师们感受到学校关心他们，眼里有他们，负能量的传播也就逐渐减少了。所以说，诚心的服务是学校稳定发展的坚实保障。

这次管理经历让我适应了从教师到行政人员的角色转变，也经历了从彷徨焦虑到坚定自信的心路历程。筹建长安镇实验小学的这两年，让我在个人成长与能力提高方面收获颇丰。

## （二）人心是发展保障

### 服务让人愉悦，亲力亲为让人信服

2020年，我调入长安镇金沙小学担任副校长，分管学校的德育、安全、后勤等工作。金沙小学是一所已办学二十多年的学校。学校是一个团结的大集体，同事之间关系融洽友好。想要快速融入这个集体，作为管理者，我认为一定要在工作上、生活上多关心他们，这样才能快速熟悉他们、融入他们，老师们才能更好地把心思用到教书育人上。亲力亲为，做好服务，这是我一直坚持做的事情。

由于学校的建筑也有些年头了，建筑逐步出现老化，维护是学校总务工作的头等大事。记得有一次，正在休产假的A教师宿舍的厕所堵塞了，A老师之前也一直有报修，但是维修效果不理想，直接影响到了A老师的生活和工作。这时我带着技术人员到她的宿舍现场办公，找出原因后马上制定维修方案，当天就安排人员进行维修，厕所的问题也得到彻底解决。A老师知道我刚调来这个学校工作，亲自过去为她解决问题，非常感动。A老师休完产假回来上班时，第一时间来到我的办公室再次表示感谢。我感受到这是A老师发自内心的感谢，因为她的困难得到了彻底解决，并且这么小的事情也得到了重视。所以，在学校管理中，事无巨细，服务让人愉悦，亲力亲为让人信服。稳住人心，才是学校发展的保障。

## （三）聚心聚力促发展

### 改革引发抵触，变化需要勇气

近年来，长安镇提出了打造"湾区智造之都，魅力品质长安"的建设目标。同时，长安镇宣传教育文体旅游办公室也顺应时代的发展理念，为提升教育公共服务水平，制定了"品智教育，特色发展"的教育高质量发展实施方案，对打造长安镇特色学校和"品智学校"提出了更高的要求。

长安镇金沙小学毗邻滨海湾新区，立于发展的前线，顺时而动，进一步打造学校教育品牌。学校坚持"传承与发展"的战略眼光，在广泛征求意见的基础上，采用"理想追求式"的创办手段，谨慎思辨。在学校"灵动教育"

的基础上于2022年9月果敢提出"聚星教育",燃点正能量,力促学校个性化发展、内涵发展、品质发展,助力学校再踏发展新征程。"聚星教育"以"聚金沙、星溢彩、向未来"为办学理念,旨在培育全面发展、特长突出、卓尔不群的未来人才,让每位学生都如星星般闪耀。"聚合共生,星耀未来"的办学愿景,将引领全校师生踔厉奋发,赓续前行,把学校办成一所"培育卓越品质"的学校。

"聚星"的初心,在于凝聚众心——行政团队的心、教职工的心、学生及家长的心,等等。从"灵动教育"到"聚星教育",我们并非简单地推倒重来,而是在原有教育理念和管理方法的基础上,进行了一次深度的提炼与升华。然而,变革之路,注定坎坷。

我们面临着诸多挑战:职工退休问题、社团开设、评优评先、职称竞聘、环境提升等,每一项都考验着我们改革的勇气和对政策的理解力。比如,职工退休问题,按照要求,女职工年满50岁需要办理退休手续,但我校仍有小部分女职工虽达退休年龄,却依然坚守岗位。还有一些即将步入50岁的女职工,也在密切关注学校的决策。为此,我们不得不深入研究政府文件,对她们的情况进行细致的调研。我逐个与职工沟通,为她们全文解读政策,尽管当时大家的抵触情绪强烈,纷纷表示不满,但我们没有放弃。因为我们知道,这是为了学校更好的未来。我们倾听她们的声音,关心她们的困惑,甚至帮助她们到社会上寻找新的工作岗位,以减少改革带来的负面影响。经过多次沟通,最终,她们选择理解并支持学校的工作,办理了退休手续。

虽然改革总会遇到阻力,但只要我们坚定信念,为了学校更好的发展,我们就有勇气迎难而上。

### ▶我的管理主张

(一)以心引领,回归教育之本

1. 德行兼备,自我约束

教育,这颗人类文明的璀璨明珠,承载着培育未来社会中坚力量的崇高使命。身为一名教育工作者,我深感责任重大,始终坚守教育的纯粹与真诚,努力为民族复兴和国家繁荣贡献绵薄之力。

首先,我坚信身教重于言教,教育的真谛在于立德树人。在教学实践中,我坚决摒弃功利主义与形式主义,专注于学生的个性化成长,以身作则,为人师表。我深信,只有营造一个清澈如泉的教育环境,才能孕育出德才兼备的新一代。

其次,我坚持严于律己,不断提升自我修养。我深知教育者的言行对学生

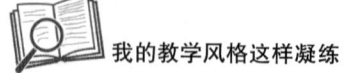

影响深远，因此我时刻保持高度自律，自我反省，确保在教育教学中传递积极向上的正能量。同时，我积极学习新知识，掌握新技能，以适应教育发展需求，为学生提供更优质的教育服务。

最后，我注重学生的全面发展，致力于实现教育公平。我深知每个学生都是独一无二的存在，我努力关注他们的身心健康，帮助他们发掘潜能，引导他们找到适合自己的成长之路。在教学过程中，我因材施教，关爱每一位学生的成长，为他们提供学业、品行、兴趣等全方位的支持。

作为一名教育工作者，我将始终坚守教育初心，肩负时代使命，以身作则，严于律己，关注学生的全面发展，为教育事业的发展贡献自己的一份力量。

2. 善于思考，不断学习

在教育这条充满挑战与收获的道路上，我深感责任重大。作为一名教育工作者，我们肩负着培养下一代的重任，要想更好地完成这项使命，我觉得首先要做到的就是保持对知识的渴望。

古人云："学如逆水行舟，不进则退。"在教育过程中，我们要始终保持对知识渴望的心态，只有不断地提升自己，才能承担好传授知识的责任。教师是学生的引路人，我们的知识储备直接影响到学生的成长。因此，在工作中，我始终坚持学习，追求卓越，努力成为学生心中的榜样。保持对知识的渴望，意味着我们要跟上时代的发展。在信息化社会，知识更新的速度不断加快，如果我们不能及时跟上这个节奏，就很可能会被时代淘汰。因此，我时刻关注各类教育培训，积极参加教育研讨会、讲座等活动，以便掌握最新的教育理念和方法。

在不断追求知识、提升自己的过程中，我深刻体会到教育的力量。教育的本质是激发学生的潜能，帮助他们找到人生的价值。当我们用丰富的知识去启迪学生的心灵，用爱心去呵护他们的成长时，我们就能见证他们茁壮成长为社会的栋梁之材。

（二）诚心服务，真诚对待

在校园这一温馨的大家庭中，师生的需求与情感应始终居于核心位置。学校管理者应秉承一颗诚挚之心，服务于师生，传递校园的温情。这不仅能加深师生对学校的认同感，更是推动校园和谐进步的动力。

首先，提供高品质的教育资源和服务是关键所在。我们应竭尽全力满足师生的教育和日常生活需求，打造舒适的学习氛围和便捷的生活设施。更进一步，策划多样化的校园活动，如文化节、艺术节、科技节和运动节等，旨在丰富师生校园生活，彰显学校的关怀与温度。

其次，以真诚的态度面对每一件事和每一个人，这是提升工作效率的基石。面对工作，我们应持认真负责的态度，追求卓越。这涵盖及时完成任务、维护工作场所的整洁与秩序，以及对成果持续优化。对待师生，我们应尊重他们的权益与尊严，倾听他们的声音和需求，并提供及时的援助与支持。

最后，加强团队合作与沟通同样重要。这要求我们与同事建立良好的合作关系，共享经验与资源，共同实现目标。同时，保持师生间的开放沟通，倾听学生的观点和建议，并及时反馈和解决问题。通过团队协作与沟通，我们能够更有效地协调工作，提升效率，同时也能提升师生的满意度和增强师生的信任感。

在工作和生活中，以诚挚之心服务于师生，真诚面对每一件事、每一个人，是我坚守的信念。通过关注师生需求、提供优质教育和服务，以及促进团队合作与沟通，我们能够为学校的发展贡献力量，营造一个温馨而高效的校园环境。

### （三）聚心发展，心之所向

学校的发展，需要众志成城，需要集体的智慧与努力，才能实现跨越式的进步。近年来，我校管理层逐渐呈现年轻化的趋势，他们在管理上的深思熟虑，为学校的发展注入了新的活力。在无数的关键时刻，我们都会举行听证会，倾听教师们的声音，通过汇聚大家的智慧，以期将每一件事情做到最好。例如学校近期开展了"1+1+1+N圆桌沙龙""招贤纳才招募令"和"校长有约"访谈等活动，旨在推动主体多元化管理，提升教师团队的凝聚力和战斗力。

首先，年轻化的行政管理团队为学校发展提供了极大助力。他们拥有创新精神，勇于挑战传统、寻求突破。他们能够紧跟时代的步伐，引领学校向更广阔的发展空间前进。同时，他们也能够更好地适应现代教育技术的发展，将先进的教育理念融入教学实践中，为孩子们提供更加丰富多彩的学习体验。

其次，管理层面的深思熟虑，使我们在制定发展战略时，能够更加科学、合理。我们会在决策过程中进行充分的调研和论证，确保每一项政策都能有效地推动学校的教育改革和发展。在此基础上，我们还积极引入现代管理理念，如绩效管理、目标管理等，以提高管理效率，使学校在竞争中脱颖而出。然而，学校在发展过程中所面临的挑战也是不容忽视的。如何处理好教育改革中的各种矛盾和问题，如课程设置、教学方法、评价体系等，是我们必须面对的重要课题。

最后，为了应对这些挑战，我们在关键时刻会举行听证会，倾听教师们的意见和建议。作为教育教学的一线工作者，教师们对学生的需求和成长有着深

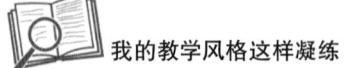

刻的了解,他们的声音对于学校的发展具有重要意义。通过听证会,我们能够充分调动教师的积极性,激发他们的创造力,为学校的发展注入源源不断的活力。

在学校的发展过程中,可能会有一些老教师对改革产生抵触情绪,甚至出现怠工现象。因此,我们应该充分挖掘年轻化管理者的潜力,深入探讨教育改革中的诸多问题。只有广泛征求教师们的意见和建议,汇聚众智,团结一心,才能推动学校的全面发展。

总之,发挥优势,补足短板,促进学校的可持续发展,始终是我作为校长的思考重心。我希望通过努力和改革,与教师们一起,凝心聚力,聚沙成塔,充分发挥教师团队的集体智慧,大家拧成一股绳,投入到工作中,享受工作带来的成就感和自豪感。而我们的孩子们,就像一颗颗独特的小沙石,在金沙小学的求学之旅中,经历一次次的磨砺和蜕变,最终发现自己的闪光点。当他们在这里完成学业,走出学校时,每个人都会如同金子般闪闪发光。这就是我对学校发展的构想,也是激励我不断前行的目标。

## ▶他人眼中的我

陈校长是个风趣幽默、敢作敢为、睿智实干、有教育情怀的校长。我们幼儿园和小学是邻居,我是他的后辈。很多时候,他从学校视角看到幼儿园的活动,看到我,都会给我鼓励,肯定我们的活动,跟我分享管理的经验,交流如何形成教育的合力等。在我眼里,他是一位温暖的管理者。他热爱师生,交流中他不止一次提道:"好的校长或者园长,不是领导说你好就是好,只有做到让家长满意、学生发展、教师成长,才是一名好的校长。"在我眼里,他是一位有教育情怀的校长。他风趣幽默,在任何场合,他总能对严肃的话题以幽默的方式作出回应,引得大家哈哈大笑,他是个乐观的、充满智慧的校长。感谢好邻居、好同事、好校长,向你学习,与你共成长!

**(东莞市长安镇第一幼儿园园长　陈趣平)**

陈学俦校长正直无私,廉洁奉公,宽容为怀,诚信务实,虚怀若谷,严于律己,以身作则。陈校长特别的智,他灵活经营,充满智慧,是"聚星教育"的管理者;陈校长特别的真,他真诚待人,求真务实,富有真知灼见,是"聚星教育"的服务者;陈校长特别的善,他善解人意,宽容包容,善于与人交往沟通,是"聚星教育"的引领者。他以人为本,把"学生放在心上",把"教师看在眼里",是一位温暖而有智慧的校长。

**(东莞市长安镇金沙小学教师　吴晓燕)**

学俦校长的笑声,如春风拂面,洋溢着真诚的气息。他温和的目光,宛如阳光洒落,散发着亲切的温暖。在工作中,他犹如细雨润物,默默奉献,朴实无华的行动，诠释着教育的责任与担当。

**（东莞市长安镇金沙小学教师　方帮靖）**

他的帅，多元而实在。他的帅，在于善思，精益求精——具有前瞻性的教育教学理念，让同事、学生受益匪浅；在于善学，不耻下问——总能在聊天中解疑，在问题中解惑；在于善引，言传身教——是学生书山学海的领航者；在于真诚，赤心相待——与其相处，如沐春风，他既是良师，又是益友；在于行动力强，工作从不推诿；在于有担当，接受工作的挑战，勇往直前。他，就是这么的帅！

**（东莞市长安镇中心小学教师　蔡锦仁）**

他是一位对工作充满责任感的人：他敬业守责，细心踏实，任劳任怨，是岗位上的"大黄牛"，扛着沉甸甸的责任心，付出的每一分力气、每一滴汗水都在保障各个部门的顺利运作；他心细如发，将工作安排得井井有条，讲究团队合作。

他是一位对同事充满关爱的人：他善解人意，乐于助人，既是领导又是朋友，他把老师们的工作诉求放在心上，及时为他们排忧解难；他帅气阳光，平易近人，善于倾听他人的意见，极具亲和力。

他是一位对学生充满爱心的人：作为校长，他始终强调学校的一切工作都要以学生为本，通过五育并举，促进学生的全面发展。

采得百花成蜜后，为谁辛苦为谁甜？学俦校长始终如一，坚守初心，带领团队全力以赴，奔向更加开阔的诗和远方。

**（东莞市长安镇实验小学教师　黎均盈）**

回忆起小学时光，许多细碎的记忆如同被时光的沙漏筛滤，已变得朦胧而模糊。但仍有一些碎片画面依旧鲜活，比如和同学们一起嬉笑打闹的场景，追逐在某个不知名的角落。在这些记忆中，陈老师的高大身影总是不可或缺，或是他专注地在讲台上板书的背影，或是他带领我们前行的身影。他总是以一种幽默而充满活力的方式出现。

多年后的今天，无论何时，提及小学的往事，大家都会不约而同地提起与陈老师相关的趣事。他对我们的影响和教诲，使我们对"老师"这个称呼有了独特的理解。他不仅仅是一位出色的教育者，更是我们人生路上的指引者。

**（东莞市长安镇中心小学2011届毕业生　麦文聪）**

陈老师在我心中始终是那副高挑清瘦、精神焕发的形象。晨光初照，他已端坐讲台，埋首教案，展现出对教育事业的无限热忱。每当日落西山，孩子们归家之际，他依旧坚守在工作岗位上，梳理着一天的授课内容。

第一次班会课上，陈老师不遗余力地强调纪律与时间的重要性，让人初觉他是一位严肃认真的教育者。然而，随着时光流逝，我发现陈老师在课堂上有着另一番风采：他擅长激发我们的学习热情，让课堂气氛变得生动活泼。课余之时，他更会坐在讲台之上，细心观察每个学生的学习进展，确保没有一人掉队。不仅如此，在班级篮球赛中，陈老师更是身先士卒，与我们共同制定战术策略，展现出他对学生全面发展的关怀。他不仅在学术上给予我们严谨的教诲，更在态度上展现出对学生的亲和与爱护。陈老师，这位既严肃又和蔼的教育者，以其独特的教学风格和深沉的师者仁心，在我们心中留下了难以磨灭的印记。

**（东莞市长安镇中心小学 2011 届毕业生　谢文嘉）**

【点评】

陈学俦校长把"用心、诚心、聚心"作为自己学校管理风格的关键词，这是他结合自己的工作经历、管理经验和性格特点提炼出来的，也是他工作状况的真实写照。这其中既有父辈的影响和师长的教导，也有他工作经验的总结和遭遇困境的磨砺。所以，他在工作中注重以心引领，回归本源；讲求诚心服务，真诚对待；追求聚心发展，心之所向。

**（广东第二师范学院教授　闫德明博士）**

# 敬而勤，恒而精

东莞市长安镇厦岗幼儿园　陈英（幼儿园管理）

> **个人简介**
>
> 陈英，女，东莞市长安镇厦岗幼儿园教师，幼儿园高级教师，园长。东莞市优秀教师，东莞市首批学前教育教学能手，长安镇学前教育教学能手，长安镇优秀教师，长安镇"最美教师"，长安镇科研先进个人。撰写的论文及案例曾获省、市、镇级奖项20多项。参与编著《幼儿园环境创设指导与案例》一书。撰写的论文《坚持以人为本理念，优化幼儿园管理环境》《提升幼儿园管理效能的有效路径》《浅谈幼儿园教研活动开展的有效性》分别发表于《时代教育》《教学与研究》《中国教师》；《幼儿园中班自主游戏活动案例分析——以构建滨海湾迷你版"小蛮腰"为例》发表于《广东教学报》。主持和参与多项省、市级课题，参与的课题曾获广东省中小学教育创新成果奖及东莞市科研优秀成果奖。

## ▶ 我的管理风格解读

一直以来，我对自己的评价都是认真、努力、踏实。做事情保持敬畏之心，尽自己最大的努力，把每一次经历都当成一次成长的契机。经过多年的一线沉淀及管理的经验积累，我逐渐梳理出自己的管理风格：敬而勤，恒而精。这是对我工作的写照，也是我为人处世遵循的原则。我认为能力是有限的，但努力却是无限的。我将其细化分解为：主敬则身强、勤而能补拙、持以恒而贵、精彩赴未来。

### （一）主敬则身强

"敬"是一种人生态度。敬，意为尊重，有礼貌，谨慎，不怠慢，慎始敬终。"敬则无骄气，无怠惰之气。"尊重是一种修养，是一种品质；敬业更是我的工作态度。这份"敬"，是主人翁意识，是责任感，是高度的事业心，更是追求精益求精的处事风格。

### （二）勤而能补拙

"勤"是一种成长路径。"业精于勤，荒于嬉；行成于思，毁于随。"勤奋能够弥补不足。勤学好问，能让人生不断成长和丰厚。勤奋是一种能力，更是一种非常宝贵的品质。我坚信幸福是奋斗出来的。不怕吃苦，努力踏实，才能取得成功。在管理上，我主张把握事物发展始、中、终的节点过程，正确地做与事物发展的阶段性相匹配的工作,逐步推进,而不是挑灯夜战或带疲惫性质地"劳"。

### (三) 持以恒而贵

"恒"是一种驱动力。"不积跬步,无以至千里。"只有拥有持之以恒的求知精神,才会最终学有所成。在幼儿教育这片沃土上,我初心如磐,扎根了 21 年,正是因为坚持,才能够积累丰富的经验,才能够成长至今。每当回看时,我都能发现自己已经走了很远。在求知的道路上,没有捷径,唯有坚持,每天前进一小步,日积月累一大步。

### (四) 精彩赴未来

"精"是一种追求。引申为完美,如精益求精;又引申为精通,如业精于勤。"精"是在众多事物中择优之结果。每个人都喜欢物质中最纯粹、最美好的部分,教育更是一项追求精进的事业。本着高要求、高标准,就能够呈现高质量的结果。作为管理者,我对自己和老师们的要求一样,凡事都追求高质量呈现,过程很重要,结果更重要。我和大家一起团结合作,并肩作战,更期待和他们一起通过实现一个个目标,达到提高自身能力、助力孩子成长、推动园所发展的目标,携手奔赴精彩的未来。

## ▶ 我的成长历程

### (一) 勤奋努力的"别家娃"

从小到大的我,懂事、品学兼优,是老师喜欢的孩子。还记得报考幼儿师范的时候,班主任对我说,你的性格这么好,又长得这么可爱,去报考幼师专业吧。加之妈妈曾经也是幼儿园老师,于是,我听从了老师的建议。

妈妈常对我说的一句话就是:"做任何事情都要认真对待,全力以赴。"考上师范后,我更加勤奋努力。第二年,我就被评为学校的"十佳学生",并作为其中的代表发言。我的妈妈还荣幸地受邀坐在领导台参加颁奖典礼,并得到了一笔"丰厚的奖金"。

还记得学校第四届校园"三星杯"艺术节活动开始报名的场景。对于艺术班的学生来说,这是一次充分展示自己和亮相的机会。但对于其他班级来说,获奖概率比较低。于是除了艺术班之外,别的班报名的人寥寥无几。当时我们班的同学都说:"人家从小就开始培养特长,唱歌、跳舞、器乐样样行,我们才学了一年,拿什么和他们比。"可我不这么认为,我觉得这是一个很好的锻炼自己的机会。于是我自己出去买 VCD,照着内容自学舞蹈。当时有一组跪转的地面动作,我虽然戴着护膝,但是在一次次地练习下,膝盖还是破皮流血了,每做一次地面旋腿,皮肤上面都渗出血。我咬牙坚持着,每天下课和晚自习的时间都在教室后面一遍遍练习。为了呈现最好的舞台效果，我自己一个人去学校外面的商店买布料，找裁缝店做服装，自己拿针线做头饰道具。比赛结束，我捧回了一张"普通组舞蹈类金奖"的奖状。还记得接过老师的奖状时，我激动得掉了泪，更多的是感受到收获的幸福。第二天，舞蹈老师把我叫过去，对我说："从今天起，你来舞蹈队。"那个意外但赞许的眼神至今让我难忘。

三年时光过去，我毕业的时候向学校党组织递交了入党申请。在那短短的几年里，我广泛参加各类活动，练琴、跳舞、唱歌、画画，积极参加征文、朗诵、主持比赛，担任学生会干部，忙得不亦乐乎，毫无杂念地急速地吸收着一切来自学校的养分。我感恩我的母校，感恩那个时代伟大的老师们。据后来的师妹们说，学校的优秀毕业生宣传橱窗栏曾一度贴着我的名字。

## （二）坚守廿一载的"孩子王"

### 1. 初入职场期：无知无畏，热情昂扬

毕业那年，我报名参加了学校的工作推荐，被推荐到沿海城市，交了"昂贵"的中介推荐费。赶汽车、赶渡轮，一辆面包车装着一起来面试的五六个同学来到了长安镇。面试完我第一个被留下了。我提着行李箱，望着远去的老师和同学，开始了我的幼儿教师之路。我从配班老师到班主任，最后经过层层选拔，通过比赛做到了园长助理。回想起那时的自己，热情活力，斗志昂扬，勤奋努力，青春正当时。

2005年，我被评为长安镇优秀教师。我手捧鲜花，拿着荣誉证书，无比激动和骄傲。带班积累了初步的经验和知识之后，我希望能有更好的成长和提升的平台，于是我来到了当时的沙头幼儿园（现在的长安镇第一幼儿园）。面试结束后，慈爱的老园长对我非常认可，但当时幼儿园不缺人，园长让我先回去等通知。可才走到幼儿园大门外的马路上，我就接到了她的电话："我们不想错过一个好老师，欢迎你加入。"当时我感觉天空都亮了。时至今日，我还记得自己当时激动的心情。

### 2. 厚积成长期：潜心汲取，跳出窠臼

在长安镇第一幼儿园，我认真、努力，凡事尽力做到最好。慢慢地，实践经验丰富了。那是一次公开活动，我被安排评课，评完后自认为很全面。接着是专家评课，专家的点评有理有据、条理清晰。我反观自己的评课，毫无理论支撑。那一刻，"专业"二字深深地冲击着我。

不久，镇选拔代表参加市幼儿园《3—6岁儿童学习与发展指南》（以下简称《指南》）知识竞赛，我对自己说，这是个锻炼的好机会。通过层层选拔，幸运的我成为其中一员。于是每天下班后，书房就成了我的"阵地"，

《3—6岁儿童学习与发展指南》、《广东省幼儿园一日活动指引》（试行）、《儿童游戏通论》等，都是我亲密的"战友"。我一遍遍默记，画思维导图，《指南》上面留下了一行行的标记和不同颜色的笔记。有一次看书累了，我就下楼活动活动，边走边小声地背诵起《指南》，不知道走了多少圈，每一页的字都像是印在脑海里，我竟然一字不漏流畅地背完了。整整3个月，我收获匪浅，获得了长安镇学前教育教学能手和东莞市首批学前教育教学能手称号。

那两次比赛让我梳理了自己的专业知识结构，对我的工作帮助巨大，也为我接下来触碰更高的平台提供了支持与储备。

我从班级老师到班主任、信息员、宣传员、级长、教研组长、教学主任，历任了诸多岗位，在这期间，我的专业能力和教研能力都得到了极大的提升。

非常感谢长安镇第一幼儿园，尤其是它被收归公办园后，我学习的机会非常多，这一切促进了我的快速成长。感谢陈趣平和庞沾亮两位园长对我的栽培、指导，这让我获得了很多的机会，积累了相当丰富的经验。我把每一个任务都当成一次成长的契机。

### 3. 稳定成熟期：读书促变，精彩初显

作为教师，摆在第一位的应该是扎实的学识，而扎实的学识与读书紧密相关。2020年底，我加入了长安镇青年骨干教师核心能力提升班，在蔡主任搭建的这个优质平台中，和一群优秀的伙伴相伴阅读。开班仪式结束后，我紧张了：每一个同学都是来自镇内各个学校的佼佼者，每月一次读书分享，脱稿演讲，我可以吗？

行动是最好的方法，认真的态度则是我最大的优势。我马上开始给自己制订计划：选书、看书、聆听他人分享，静思自己的不足。将书上的理论与实践相结合。每一次读书分享前，我都会一遍遍地对着镜子练习、录音，反复修改，在家人、老师面前试稿，直到能以最精彩的状态呈现。

在读书班，蔡主任的一句话让我记忆深刻：我们非学习不可。是的，作为一名教育工作者，必须保持终身学习的习惯。在蔡主任的高位引领和闫教授的悉心指导下，我通过阅读不同类型的书籍，在自身专业、自我认知、管理能力等方面都有了很大的提升。从学前教育相关专业的书籍到引发思考和转变思维方式的书籍，再到心理探索、心灵成长类、提升管理和领导力的书籍，我都广泛涉猎，养成了定期阅读和听书的好习惯。在这一过程中，我不仅深刻体会到了"拔节成长"的痛，更收获了同学的友情，改变了思考的方式，丰富了看问题的角度。

## （三）致力精进的"教练员"

2022年下半年，在组织的信任下，我走上了园长的岗位。岗位的转变对

我来说是一个不小的挑战。这时，我的良师益友庞园长鼓励我说："你行的，我相信你能做好！"我很庆幸，一路走来，身边都有一群鼓励和肯定我的人，让我信心倍增，大胆前行。

美国通用电气公司前总裁杰克·韦尔奇（Jack Welch）说自己在通用的角色是一个教练，他把最主要的精力用在了对经理人的培训上。简简单单的一句话，背后透射着对人的高度关注。好领导首先是好教练。作为一个管理者，往往会在"先人后事"还是"先事后人"的思维方式上出问题。大部分管理者"日理万机"，只因为常常把下属的事情当作自己的事情做了。这个问题引发了我的极大思考：我是从一线教师成长起来的，一路走来，关注计划进展、任务落实等，一旦工作中的进度不尽如人意，就会不自觉地冲锋在前，把责任揽在身上。于是，我开始思考，我该如何做好管理和领导工作？

很幸运，我参加了多次镇组织的培训和学习，还加入了长安镇"品智学校"培养研修工程。我们前往北京、上海、南通、广州等地，探访名园名校，领略大家风范，聆听专家讲座，观摩教学现场，汲取了更多成长的养分。这对提升我的管理能力帮助很大。我保持阅读，从书中学方法，虚心请教有经验的前辈，梳理借鉴经验，回园实践，亲身示范、培养骨干，快速地适应园长的岗位。逐渐地，我找到了适合的方法，充分尊重和关注每位员工的需求，激发每位员工的内在特质，发现和挖掘他们的潜能并让其充分发挥。运用策略，耐心培养、训练团队中的每一员，为凝聚一个目标明确、团结协作、奋进向上的团队而脚踏实地，奔赴前行。

## ▶ 我的管理实例

### （一）满足需求，激发活力
#### 改变"参差不齐"，满足"不同状态"

走上园长岗位后，我结合幼儿园实际寻找发展的重点方向，发现师资队伍能力欠缺就是存在的短板之一。厦岗幼儿园的老师基本上都是刚踏上工作岗位的新教师，大量新教师的加入为幼儿园注入了活力和潜力，他们对幼儿教育有憧憬、有追求。但问题也随之而来：教师队伍过于年轻化，专业知识结构不完整，业务能力缺乏，在资料撰写、日常的班务管理、保育知识、教学能力等方面都很欠缺。因此，如何改变参差不齐的状态，满足不同层次教师的专业需求，提升其专业能力，是教师队伍管理的一个关键问题。

首先，我细心观察每位老师的工作状态，了解他们每个人的特点和擅长的方面，提供不同的平台让他们去展示和分享自己的经验，找到自身的存在感和成就感，提高工作的积极性。比如在幼儿园内开展经验分享，鼓励大家积极报名。有的老师家长工作做得特别细致到位，那就让其把自己的经验结合实例与同事们分享；有的老师撰写论文、案例非常有理论依据，那就让其和大家谈谈如何更好地提升文笔书写能力；有的老师班级活动区环创总能有亮点，那就让其与大家分享自己布置环境的创意和做法。这样的平台不只局限于园内，我还会积极推动老师们走出园外，去片区结对帮扶的活动中展示公开教学、交流某一方面的经验。

其次，我加大了教研和专业提升力度，创设更多的外出学习和交流机会，让大家去省内外的幼儿园参观培训，拓宽眼界，汲取养分。这对新老师们来说非常受用，理论的落地有一个可参考和借鉴的模板；结合"七二一"法则，在实践场景中学习才是提升最快的。我要求老师们带着任务回园实践，并且分阶段汇报个人的学习成果，提升他们的实践转换能力。

最后，找到适合老师们的最近发展区。通过骨干教师老带新、传帮带，"师傅"和"徒弟"制订互学计划，阶段检验，汇报展示；在他们的现有水平基础上，给予每个人不同的指导和助推，让他们也能如同孩子一样，跳一跳，就能够得着目标。如新教师要重点学习如何做好家长工作、如何开展一日生活组织、如何开展班级常规管理以及如何开展日常集体教学活动等；三五年教师要提升班级管理能力、活动组织开展能力、游戏组织观察指导能力等；骨干型教师则要在课题研究、科研工作等方面提升能力，发挥示范引领作用。

### 重视"求美需求"，力求"出众出色"

求知需求是不断探索新事物、不断成长的需求，求美需求则是对完美事物的追求。最高级的需求叫作自我实现的需求，这个需求旨在实现自己的理想与目标而获得成就感。

求美需求的内涵之一是教师和管理者对工作效果的极致追求。管理者本身的求美需求是一个非常重要的影响因素。作为园长的我对自身有高要求，做事力求出众、出色、出精品。同时，更要发挥骨干以及左右副手的力量，将管理重心放在培养高效能教师上。管理中，我从三个维度去促进高效能教师的成长，即发现问题、定义问题和解决问题。发现问题体现了教育者的责任感，需要敏锐的洞察力和全身心投入教育事业的意志力。于是我尝试打开高效能教师的成长之路——"三做"，即从是否会做了，到是否做完了，再到是否做到位了。从班级一日活动到家长工作，再到幼儿园的大型活动，引导教师从会做事到做完事，再到将事情做到位，逐步提高要求，提升教师的综合能力。在这个过程中，每当活动结束，我和老师们梳理反馈，老师们都会发现原来自己还可以做得这么好，专业自信度不断提升。

### 鼓励"人人读书"，助推"认知升级"

我通过读书而获得成长，因此，我非常重视园内的读书学习建设。我鼓励全体教职员工抽空读书，养成阅读的习惯，提升认知。结合实际情况分阶段制定园级读书活动方案。通过内驱激发、量身指导、定期分享、榜样引领开展读书分享活动。从我做起，行政团队带头进行阅读分享，再到教师、保育员、教辅人员（园医、财务），形成人人读书、人人分享的氛围。我还鼓励大家读与专业相关的书，幼儿园提供了丰富的阅读清单，并且从撰稿、课件制作、演讲三个方面定期给予指导，设专人审稿，提出修改建议。在每月分享活动中评选出优秀分享者，在总结会上给予鼓励和表扬。这样的做法，极大激发了老师们阅读的兴趣，同时通过榜样的力量引领团队，形成良性的"赶、比、超"氛围，通过阅读指导实践，很大程度上提升了教师的专业能力和班级管理能力。

## （二）360°管理，成就他人

每一个管理者的成功都和团队成员的成长相关。作为管理者，不仅要学会管理自己，更要懂得成就他人。

学期初，我新提拔了一名级长，她比较有经验，对班级管理也非常用心。学期开始我就感觉到她的积极，她在环境创设评比中获得了园内第一名。但是有一段时间，我明显感觉到她变得有点沉默，开会研讨时也不再像往日那样活跃积极。我想应该要和她谈谈，但我没有把谈话的地点设在办公室，而是和她来到了四楼的几个功能室，一边散步一边聊。没有了环境的局限，她向我敞开心扉，说出了自己的困惑，原来是来自同级老师的嫉妒让她有些迷茫。我没有直接告诉她应该如何做，而是和她谈了我以前做级长的经历，和她分享了一些管理级部成员、带领大家共同工作的做法，同时，也分享了我个人在心态、思维、方法上的一些收获。我们聊了大概两个小时，最后，她深有感触地说："陈园长，谢谢你和我用这样的方式聊天，我从和您的谈话中，清楚了我作为级长该做的事情和应具备的能力。"之后，每次遇到问题，她都会来找我谈心，每次都能豁然开朗，受到极大的鼓舞。慢慢地，她开始找到适合的方式提升自我，带领着级部高效地完成了一个又一个任务。

## （三）以身示范，激励成长

东莞市"品质课堂"比赛活动中，我们幼儿园有三位老师参加了这次比赛，根据赛制要求，要提前一天晚上抽签确定活动主题。连续三个晚上，我和课程支持小组的伙伴发挥团队的智慧帮助老师们备赛。记得当天下午，麦老师1点就要出发去现场说课，12点25分我开完会回园，在办公室里，我和她最后梳理整个教学活动。每一个环节、每一步流程、每一个提问，表情和肢体语言如何更好地展现，教具如何出示更合适……我都亲身示范给她看。值得庆贺的是，她获得了东莞市一等奖的好成绩。

2023年7月，长安镇举办了"我的教育故事——师德讲述比赛"。谁来代表幼儿园参赛呢？一开始，大家都有些退缩，担心不能进入决赛，不能给幼儿园获得荣誉。这个时候，我第一个报名了，短短的几天时间，我和参赛的两位老师写稿，给她们的文稿提出修改建议，拍摄初赛视频。其中一个老师有感而发："园长，虽然这几天特别累，但是尽力完成后发现特别有成就感，尤其是在这个过程中对文稿撰写、演讲、PPT展示都有了新的认识和提高。这虽是挑战，但我却更加自信了。"通过初赛，我不断修改，对着镜子练习，力求以最好的状态展现。事成于敬，人贵于恒。演讲当天，舞台上的我大胆自信，将个人成长历程娓娓道来，引发了很多老师的共鸣。演讲结束，看着观众眼里闪着的一束束光芒，我真切地感受到了那种被激励的奋进感。

## ▶ 我的管理主张

### （一）让每位员工都得到应有的尊重

尊重是管理的前提，没有相互尊重，就不会有真正意义上的管理。激励不仅来自物质，还要充分利用多元化的方式和途径。每年的教师节，我都会亲手为每位教职工准备一张卡片，上面写满了我发自内心想和他们说的话。比如给新老师的卡片上这样写着：童心最美，祝贺你每天与孩子相伴，祝第一个教师节快乐！给财务的卡片写着：感谢你用专业和严谨守护孩子的成长。给坚守幼教事业十几年的老师留下我的心里话：与爱同行，坚守最美。当大家收到花和卡片，眼神中那种由内而发的光亮和一种被尊重、被认可、被鼓励的幸福感流淌外溢，我亦深受感染。

感人心者，莫先乎情。以情为本，以心感人。厨师梁师傅是一名老员工，从幼儿园搬迁到现址就一直坚守岗位，至今已足足21年。这是一个多么令人敬佩的数字，年复一年，他在自己的岗位上为孩子们准备美味营养的食物，这样的员工值得尊重和感谢。于是我组织教职工代表大会，设置了一个"扎根成就奖"，对在幼儿园工作满10年、15年、20年以上的老员工给予表彰。员工得到应有的尊重，就会体验到成就感，而成就感会进一步激发员工的行动力，使他们更加专注地投入到工作中，从而获得更大的成就感，形成良性循环。我想，这是每一个管理者和员工都希望看到的。

### （二）让每一个孩子都能被看见

尊重个体差异。我喜欢孩子，只要有空，每天都会去班级看一看孩子们，和他们聊聊天、打打招呼，孩子们也特别喜欢我，看见我一走进班级就飞奔过来抱着我，甜甜的笑容让我瞬间将所有的烦恼抛去，内心充满了愉悦。一个个孩子叽叽喳喳，拉着我聊天："园长妈妈，好久没有看到你了，你去哪里了？""园长妈妈，你今天好漂亮啊。"孩子们如同一朵朵活泼可爱、形态各异、独一无二的小浪花。

"这棵树和那棵树并不一样,有的需要在天空挺拔,有的则需要在河边茁壮,有的习惯于云山笼罩,有的却渴望阳光普照。"[①] 每个孩子的出生家庭、教养环境都是不一样的,面对每一个懵懂来园的孩子,我们要做的是充分理解和尊重其在发展进程中的个体差异,在日常的游戏、学习中支持和引导他从原有水平向更高的水平发展。静待花开,牵着蜗牛去散步,并不应只出现在宣传口号和文字里,更是要落实在实际教学工作的行动中。如在教学活动中结合孩子们的情况设置不同的要求;在动手操作中肯定每个孩子的作品和成果;挖掘和发现每个孩子的闪光点,不用一把"尺子"去衡量所有孩子。我园是东莞市学前融合教育推广园,对于随班就读的融合孩子来说,更要了解和关注其个体差异,制订相应的个体发展计划,协助他们逐步融入班集体生活中,适应群体生活,以待三年之后,这些孩子能够很好地适应小学的学习和生活。

(三)让每一次努力都能被发现

激励努力付出的老师。我非常注重及时反馈和认可,日常工作中,我会细心观察每个老师的工作状态,及时给予鼓励。我重视每周的例会,通过复盘活动情况,充分肯定每一位努力付出的教职工,让他们充分感受到被看见、被认可、被尊重,感受到"被看见的力量"。每次会议结束前,我都会用5分钟的时间做一个"星陈大海"每周分享:以讲故事的形式和大家分享一周来的所见所闻、日常动态和发现的问题,以个人感悟、学习心得的形式和大家相互交流、相互鼓励。希望老师们能在故事中有所思考,调整心态,跳出框架想问题,改变思维方式看问题,整合资源解问题。

(四)让每一份精彩都一起描绘

长安镇厦岗幼儿园的特色是"小浪花,绘精彩",以"让每一个孩子都能精彩绽放"为核心表达。孩子们如同一朵朵千姿百态、独一无二、与众不同的小浪花奔涌向前。大海的精彩是一朵朵浪花描绘出来的,孩子们的精彩童年更是从幼儿园开始的。在幼儿园这座海洋城堡中,同样需要尊重教师的个体差异和独特性,帮助他们找到适合自己的成长方向和路径,脚踏实地,致力成长,一步步用双手描绘精彩的人生。我期待和全体教职工、家长携手共汇,掬浪前行。期待让每个孩子都能够在自己的发展进程中获得最合适的教育,期待每一朵"花"都能精彩绽放!

▶ 他人眼中的我

和陈英园长的认识缘于学前融合教育工作。她在专业上有着深厚的功底,

---

① 李希贵:《面向个体的教育》,教育科学出版社2014年版,第10页。

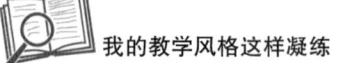

更有着视园为家、视童为子的教育情怀。"让每一个孩子都能精彩绽放"是长安镇厦岗幼儿园的幼儿培育目标,也是陈英园长用一言一行践行的幼儿教育宗旨。我相信,秉持着对生活与工作"敬而勤,恒而精"作风的陈英园长,在组织与同事的帮助下,终将能成长为东莞幼儿教育界的专家。

(东莞市残疾人联合教育就业部部长　陈惠英)

陈英园长是我的良师益友,我对她的称呼共变换过3次,分别是陈老师、陈主任、陈园长,从称呼的变化中可见陈英的跨越式成长。

初见时,她是稳而精的陈老师,她的课堂用一个字形容就是"稳",她对教学内容、方式、学生的把握细致入微,能精准地抓住核心关键,让教学活动的开展流畅而又欢快。

再见时,她是思而学的陈主任,她深耕教学研究,对教研工作有深刻的思考,教学引领方面以身作则,教研活动方面有效落地,教师培养方面有序衔接,自身也在不断地丰富理论知识和技能,让教研工作育人而又育己。

又见时,她是研而专的陈园长,她不断学习和钻研幼儿园管理方法和策略,将自己的理念、思考和想法付之于行,她知人善用,集中团队的力量不断引领幼儿园健康持续发展。

(东莞市长安镇教育管理中心学前教育教研员　李闫)

陈英园长是学前教育这条道路上的追梦人,具有扎实的实践经验基础和娴熟的业务技能。她勤学习、求进步,在实践中磨砺,在成长中蜕变,把努力的痕迹镌刻在为幼教事业奋斗的路上。

(东莞市长安镇乌沙幼儿园园长　庞沾亮)

陈英园长是一位好学、积极向上、干劲十足的年轻园长。她对教育行业充满了热情,具有先进的教育理念,注重孩子们的全面发展,努力为孩子们提供全面的教育支持;她的教学管理能力突出,注重与教师的沟通与合作,适时地为教师提供必要的支持和指导;她非常注重与家长的沟通和交流,善于倾听家长的意见和建议,积极解决家长们关心的问题。同时,陈英园长非常注重自我提升,她积极参加各种培训和学习活动,不断提高自己的专业素养和教育水平。我相信在她的带领下,厦岗幼儿园一定会越来越有特色!

(东莞市长安镇实验幼儿园园长　蔡蓓)

陈园长是我特别钦佩的一位园长,她自信、好学、亲和、有魄力。我们相识已有19年之久,在我心中她亦师亦友,多年来她的专业精神和执着坚守感染着我。这些年她从一线教师、教研组长、教学主任、副园长到园长,经历了不同角色的转变,一路成长,我觉得这与她的"敬、勤、恒、精"四字箴言分不开。

作为教师,她敬业、勤劳,工作认真负责,能力强,拥有强烈的进取心,她不断学习新知识,探索新模式,提升自身素质。

作为教学主任,她有恒心,专业知识扎实,坚持在实践中积累丰富经验,持之以恒将想法转化为行动,做事效率高,善于沟通,能够给予教师专业的指导。

作为园长,她追求精进,注重团队建设与教师培训。厦岗幼儿园申报特色时,她带领团队进行智慧碰撞,确立"小浪花,绘精彩"的办园特色,用自己的魄力引领厦岗幼儿园这支年轻有朝气的队伍,紧跟她这位"舵手"不断逐浪前行,携手共绘,让每一朵浪花都精彩绽放!

(东莞市长安镇厦岗幼儿园教学主任　邝春梅)

教育是一道光,温暖着每一个小生命,在幼小心灵的土壤生根发芽,绽放出最美丽的花。

非常感恩我的女儿在幼儿园阶段能遇到心怀仁爱、行有方向、和蔼可亲、有温度、乐学乐思、与时俱进,以敬、勤、恒践行教育者初心的园长妈妈——陈英。最让我们家长感动的是,不管刮风还是下雨,寒冬还是炎夏,我每天早上送孩子上学都能看到陈英园长站在校园门口以热情亲善的笑脸迎接每位孩子和家长,她还能准确地喊出我们每个孩子的名字,认出其家长。碰到很多时候孩子们焦虑闹情绪,她会蹲下身子,拉着他们的小手,为他们擦拭眼泪,轻声安慰。她还关注孩子的情绪,一路抱着或护送其进入班级,任凭孩子的眼泪、鼻涕蹭脏了她的衣服。她总像对自己的孩子般温柔对待孩子,让我们作为家长非常安心将孩子交给幼儿园。有仁爱前行、以身作则的园长,老师们也如同其一般,有耐心、有爱、夯实负责。高尔基说过:"谁爱孩子,孩子就爱他,只有爱孩子的人,他才能教育孩子!"陈园长的真诚、有爱打动着孩子和家长的心。感恩孩子的成长有她的护航。

(东莞市长安镇厦岗幼儿园级长,大二班黄珺玥妈妈　李夏雨)

【点评】

陈英园长把"敬而勤,恒而精"作为她幼儿园管理风格的关键词,这非常契合她的工作实际和成长历程。主敬则身强,勤而能补拙,持以恒而贵,精彩赴未来。她的身份从勤奋努力的"别家娃",转变为坚守廿一载的"孩子王",再转变为致力精进的"教练员"。她主张让每位员工都得到应有的尊重,让每一个孩子都能被看见,让每一次努力都能被发现,让每一份精彩都一起描绘。

(广东第二师范学院教授　闫德明博士)

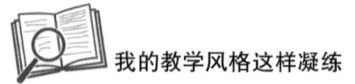
我的教学风格这样凝练

# 热情而细致，亲和而灵动

东莞市长安镇霄边幼儿园　方凯菡（学前教育）

**个人简介**

> 方凯菡，女，东莞市长安镇霄边幼儿园教师，幼儿园一级教师，园长。东莞市名园长工作室主持人培养对象，东莞市学前教育第一批教育教学能手。荣获东莞市第十三届少儿艺术花会语言专场优秀指导老师奖，出演的小品《飞得更高》荣获东莞市第四届小品小戏比赛铜奖。多次荣获东莞市"我讲书中的故事"儿童故事大王比赛幼儿组优秀指导奖、长安镇先进教育工作者、长安镇优秀班主任、长安镇优秀教师等荣誉称号。指导的戏剧《丑小鸭》和《醒狮小兄弟》分别荣获广东省儿童戏剧节特等奖和入选2018年东莞市中小学生戏剧教育成果展演活动。撰写的论文荣获长安镇优秀教育教学论文评比一等奖。参与和主持市立项课题研究。

## ▶ 我的教学风格解读

"快乐的孩子王"是我的标签，也是我的教育理想。玩是孩子的天性，同时也符合我的性格，我比较活泼开朗。很多人问我，和孩子们天天待在一起是什么样的感觉？我的回答就是"畅快、愉悦"，陪他们"疯"，陪他们"闹"，玩起来像一个长不大的孩子。"孩子王"是我所追求的师幼关系，每天和孩子们一起学习，一起玩耍，这也让我成为孩子们眼中最亲密、最信赖的朋友。

### （一）热情而细致

我的课堂重视与幼儿的互动，课堂气氛活跃。在备课时，我会通过无数次的试讲模拟教学，反复斟酌每一个提问和引导语，使用令人振奋的语言来传递信息，锻炼教学语言的感染力。在教学活动中，我会想方设法点燃幼儿的学习热情，采用讨论、表演、竞赛等多种教学方式来激发幼儿的兴趣和参与感。在做教学计划时，我能细致地观察到班级幼儿的能力水平和兴趣，以他们的兴趣和需要为出发点，整合各种资源生成教学计划。同时，我也能关注到每个幼儿的个体差异，关心每个幼儿的兴趣，在他们无聊时点燃他们的兴趣，甚至会让幼儿跟随兴趣进行深度学习，有针对性地制定多层次的教学目标，为幼儿提供情感支持，使每一个孩子都能被看见，让每一个孩子都能成为独一无二的自己。

## （二）亲和而灵动

亲和指在教学中与幼儿平等对话，构建出和谐平等的师幼关系。灵动是指能够灵活地与幼儿开展互动、有效提升幼儿经验，营造出灵活生动的课堂氛围。作为一名幼儿园老师，我也是"十八般武艺样样精通"，我能从幼儿崇拜的小眼神中感受到他们的求知欲望，从童言稚语中了解他们的独特想法，从一言一行中观察他们的兴趣所在，从了解到支持，我们彼此之间成了无话不谈的好朋友。开放式提问能调动课堂氛围，其特点是不预设答案，幼儿在理解的基础上表达自己的想法，并寻找依据进行解释。幼儿的回答多种多样，教师不应只是简单地回应或者评价，而应适时地追问，帮助幼儿理解，甚至是用反问引发幼儿思考，促使幼儿的回答有效提升。课堂互动不仅是幼儿和教师之间的"单向"开展，还可以形成集体、小组与个别幼儿互动相结合的多维互动，让课堂更加生动灵活，收获意外和惊喜。

### ▶ 我的成长历程

教育是一场有幸的遇见，而我的幸运伊始于 2002 年的夏天。我出生在一个教育之家，伯父是老一辈艰苦朴素的乡村教师，父亲是 20 世纪 80 年代踏实肯干的中学高级教师。我在充满书香气息的环境中长大，小时候的记忆很模糊。我只记得，当时的我好像每天晚上都是第一个入睡，夜里睁开惺忪的双眼，朦胧中，只看到父亲那忙碌写教案的背影。或许就在那个时候，我在幼小的心田种下了一个梦想——当一名光荣的人民教师。回想我的成长历程，从种下教师的梦想到成为一名优秀的人民教师，我一直在努力追梦。

20 世纪 80 年代的农村生活比较艰苦，由于家庭条件有限，父亲只能边工作边照顾未满三岁的我。学校里的一间单人宿舍是我梦想开启的地方，不到 30 平方米的小房间里到处都是书本、试卷和奖状。在儿时的记忆里，数学的公式符号我早已烂熟于心，不因父亲是虎爸，超前教学；而因在水泥讲台下听着父亲的数学课长大，没有玩具的我只能用粉笔书写数字和符号，粉笔是我最好的玩具，也让我有了成为一名教师的初心。

在学校大院长大的我，看到了 90 年代农村孩子寒窗苦读，努力拼搏想改变自己命运的决心；也看到乡村教师兢兢业业，克服一切艰苦条件，为孩子们托起走出农村、改变命运的梦想。夜晚，父亲要去上晚自习，独自在宿舍的我时常感受到对漫长黑夜的恐惧。我大哭过，也曾大雪天赤脚站在门口等待那个熟悉又安全的身影的出现。很快，我上学了，认识了很多字，宿舍里的书本就成了我黑夜里最好的朋友，陪伴我度过了一个个漆黑的夜晚，给予了我胆量、勇气和知识。父亲忙于工作，在生活上不能精心地照顾我，两岁后到初中毕业前，我一直都是短发，只为了便于打理，于是就有了"假小子"这个外号。冬日的早上，学生们踏雪而行的脚步声将我吵醒；夏日的夜晚，每个教室的点点烛光伴我入眠。"假小子"就这样度过了无忧无虑的小学时光。

1996年，我顺利入读了父亲执教的中学，一切的一切都很熟悉，像家一样的校园，像亲人一样的老师。我也开始努力学习，向往成为一名中师生。初三的寒假，为了能顺利通过幼师招生的面试，父亲送我外出学习舞蹈、唱歌和弹琴。小镇女孩第一次走出去，连电子琴都没摸过的我看到钢琴的那一刻紧张得手足无措，看到别的同学行云流水般的演奏，我的手指在钢琴上显得无比僵硬，那时的我第一次有了自卑的心理。父亲对我说："每个人都有第一次，不懂就问，不会就练，熟能生巧，你要相信自己。"在父亲的鼓励下，我最终以全县第二名的成绩被郑州市幼儿师范学校（简称"郑州师幼"）录取，正式成为一名幼师生。

1999年夏末，父亲送我到郑州幼师，开启了我三年的幼师学习之旅。除了文化课的学习，学校更重视专业课的提升，从教育学到心理学再到各种教学法的学习，都在不断地夯实我的专业知识。才艺课让我能歌善舞、能弹会画，精通了十八般武艺的我，成为孩子们心中的大英雄。不知不觉到了毕业分配阶段，我没有选择稳定的工作，而是带着对世界的好奇和对新生活的向往，背上行囊，成为南下寻梦大军中的一员。我的教育之路在2002年夏末的东莞开始了。

## （一）闯过难关的稚嫩期

初到东莞，都市的繁华让我停不下眼，异乡的陌生却让我停下了脚步。激动与惶恐、期待与打击同时降临。刚入职，我就遇到了一大难关：语言不通。孩子、家长、同事，身边90%的人都用粤语交流。小班刚入园的孩子不懂普通话，我用普通话上课，班主任用粤语翻译给孩子们解释。记得一次户外活动时，轩轩满脸通红，边跺脚边拉着我的手说："老师，我要拉尿尿。"我以为他想和我玩儿，就抱起他举高高，只见黄色的液体顺着他的裤子边流到了我的胳膊上，原来是轩轩尿裤子了。类似的生活中的小事情有很多很多，我与孩子们的沟通出现了障碍，最让我沮丧的是不明白孩子们的需求。父亲鼓励我说："孩子是你最好的老师，向孩子学习！"我开始观察孩子，从动作表情中解读口语意思，并尝试复述记住发音，晚上在宿舍做普通话注解，反复练习。"老师，我教你！"孩子们争先恐后地帮助我，每当我学会一个新词，他们就会鼓励我说："老师，你好棒啊！"师幼间那份感动让我找到了存在感、幸福感，从此我立志要把青春和理想全部倾注在热爱的教育事业中。

## （二）认真学习的成长期

作为一个北方人，普通话标准成为我工作中的优势和特长，园长看到了我的潜能和闪光点，2006 年和 2008 年先后两次送我到北京参加"孙敬修儿童故事班"和中国传媒大学表演班的学习。每次学习归来，我都会认真回顾总结，将所学内化于心，外化于自己的教育教学中。就这样，我的语言特长更加凸显。心理学研究表明，幼儿期是语言发展的关键期，特别是 3～4 岁，幼儿的发音机制开始定型，具备了语言学习最佳的生理基础，是掌握语音、词汇和语法最为迅速的时期。所以，我发挥自己的特长优势研究如何提高幼儿的语言表达能力，探索出了听、说、演、练四大秘诀。同时，在语言教学活动中也尝试采用创新的教学模式。慢慢地，同事们看到了我课堂的变化，邀请我加入了教研组，向前辈们学习，共同研讨教学新模式。2010 年 8 月，我来到长安中心幼儿园（简称"中幼"）这个大家庭，徐园长用她独特的人格魅力和扎实的专业知识，带领着一支活力四射、创新向上的教师队伍。我很感恩她选择了我。初到中幼，我在园内就能与学前教育专家面对面，聆听到许卓娅、朱家雄等教授的讲座，提高了我的专业理论知识。同年 12 月，我承担了全镇的公开课，课堂效果受到了同行的一致好评，这是鼓舞，也是鞭策。2013 年，幼儿园进行戏剧课程的开发，我有幸参与了《丑小鸭》戏剧主题课程的研讨和创编，小组成员每天工作到深夜，但没有人叫苦喊累，看到的永远是那充满活力的身影和永不知疲倦的青春笑脸。

（三）潜心钻研的成熟期

2016 年，在赵园长的信任下，我担任了"七色光儿童剧团"的主创人员和幼儿园戏剧组的组长，开始接触学习管理好这个小团队。几年的时间，我们共同创作了《嘿、宝贝》《骄傲的猫》《聚宝盆》等童话剧，并致力于童话剧课程的开发。同时，我也积极参与课题研究，主持了课题"幼儿园儿童戏剧课程游戏化的实践研究"。2018 年，我接到参加教学能手比赛的任务，这是学前组的第一届教学能手比赛，没有前车之鉴，不明确具体的比赛内容和形式。在教研组老师们的共同鼓励和帮助下，备赛期间，我感觉自己又回到了校园，对所有的专业理论知识进行了全面复习和梳理，反复打磨课堂教学，经过镇级的比赛晋级市赛，顺利成为东莞市学前教育第一批教育教学能手。俗话说："要给孩子一滴水，自己要有一片海。"孩子们的求知欲促使我始终保持一颗求知的心。"老师，这是什么？""老师，为什么是这样呢？"我抓住每一个教育契机，针对孩子们的问题开展生成性课程。一次户外活动时，萱萱对浩浩说："你怎么老是踩我的影子！"萱萱的话语引起了其他小朋友的兴趣，大家聚在一起相互讨论探索，于是"有趣的影子"课程也由此展开。制作调查表开始影子大调查，通过问卷调查与绘画，我发现孩子们对影子已有了一些粗浅的经验积累。他们在观察各种各样影子的同时，也会产生疑问：影子能离开我

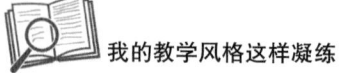

们吗？从而继续探索，发现影子的秘密，在"测量影子""彩色的影子"活动中学习更多的科学小知识。听到孩子们玩手影的游戏时说："快看，这只影子像不像小鸟？""那这只像不像小蜗牛？"我深刻地感受到教育的影子无处不在，孩子们在好奇心的驱使下，在老师的支持下，用不同的方法探寻着神奇的世界，体验着发现的惊喜。二十年幼教工作中，我用眼睛去观察孩子，用心去倾听孩子，用行动去跟随孩子，我的教育方向更加清晰，教育方法更加成熟。

▶ 我的教学实例

## 语言活动"小猪变干净了"

【设计意图】"小猪变干净了"中角色形象鲜明突出，容易激发幼儿的学习兴趣。《3—6岁儿童学习与发展指南》中提出，要鼓励大班的幼儿依据画面线索讲述故事，大胆推测，创编故事情节。在这个活动中，以小猪由脏到干净的线索，引导幼儿学会辨别、观察和体谅，调动已有的知识和生活经验，发挥想象，用已学的词汇创编故事，从而发展幼儿的自主阅读能力、想象力和口语表达能力，为孩子进入小学做准备。

（一）情景导入，激发幼儿的学习兴趣

师：小朋友们，今天给你们带来了一个故事，我们先来看看故事的第一页，你看到了一只什么样的小猪？

幼1：大大的耳朵，圆圆的脑袋。

幼2：脏脏的，臭臭的。

幼3：胖乎乎的，有点可爱！

师：是啊，小猪长着圆圆的脑袋、大大的耳朵，胖乎乎的身体，走起路来一摇一摆的，真有趣！那为什么小猪会变得脏兮兮呢？

幼1：它不爱洗澡？

幼2：它刚刚摔了一跤！

幼3：它喜欢在泥坑里玩泥巴。

师：你们说的都有可能，当你脏脏的时候别人会对你说什么呢？

幼1：别人都不愿意和我玩。

幼2：他们说我很臭。

幼3：妈妈会带我去洗澡，换上干净的衣服。

师：你们知道了让自己变干净，让别人喜欢自己的方法。那今天这只脏小猪想去找朋友玩，它们会发生哪些有趣的故事，我们一起来看一看吧。

## （二）查看故事结尾，猜测故事情节，分组讨论

交代故事的时间、人物、地点和事件的起因和结尾。

师：故事看完了，在第二、三、四、五页中，你们发现了什么？

幼：小猪变干净了，和好朋友在草地上玩耍。

幼：有几张图片是空白的。

师：你观察得很仔细，故事中间的3张图片不见了，拿走图片的人给我留了一张小纸条，我们一起来看看，你能发现纸条上的小秘密吗？

幼：小猪去找小兔子、小白鹅、小花狗玩。

师：原来是告诉我们小猪遇到了3个好朋友，分别是小兔子、小白鹅和小花狗，可是我有4个问题，请你们帮我想一想好吗？

（1）小猪为什么会脏脏的？

（2）小猪在什么地方分别遇到了谁？

（3）它们发生了什么事？说了什么？

（4）最后，小猪是怎么变干净的？

幼：在森林里遇到小兔子，在游乐场遇到小花狗，在小河边遇到小白鹅。

师：有可能哦，那请你们分组后讨论这4个问题。

## （三）小组合作分享故事

师：现在小朋友把小椅子留下，5个小朋友为一组，找到一张小桌子，跟着我的4个问题利用桌面上的图片编一个完整的故事。记得要给故事起一个好听的名字！

幼儿分组自由创编故事。

师：孩子们，讨论时间结束，请你们拿好图片回到座位上。

师：你们刚刚在创编故事的时候讨论得非常激烈，哪一组愿意自告奋勇先上来跟大家分享？

第二组幼：我们先来！

师：有请第二组的全体小朋友带上你们的图片上台分享。

师：第二组敢于第一个接受挑战，非常勇敢，掌声送给他们。

第二组幼1：大家好，我给大家讲的故事名称叫《脏小猪》。小猪找到一个大泥坑，它觉得很好玩，在泥坑里跳来跳去，它想告诉好朋友，让他们一起来玩。

第二组幼2：小猪来到了森林里，看到了小狗，小狗看到它身上的泥巴说："好臭啊！"小猪说："哪有呀。"小狗说："你头上、身体上面都有。"小猪说："是吗？"小狗说："是，我看到了。"

第二组幼3：小猪来到了农场，遇见了小兔子，小猪说："小兔子你要去

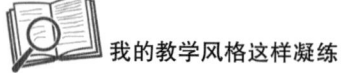

哪里?"小兔子说:"我要去给外婆送蛋糕。"小猪说:"我陪你去吧。"小兔子说:"不要不要,你太脏了,会把外婆家的地板搞脏的。"

第二组幼4:小猪伤心地来到了河边,白鹅在河里游泳,白鹅闻到了它身上的泥巴好臭,它说:"小猪,快到河里洗澡吧。"小猪说:"不要,我想找你一起去玩。"白鹅说:"身上脏脏的有细菌,不洗干净会生病的,你变干净后我再陪你玩吧。"

第二组幼5:小猪听了白鹅的话,跳进河里洗澡,小伙伴们看到小猪变干净了,便邀请它一起在草坪上开音乐会!

师:你们喜欢第二组分享的故事吗?你觉得他们在分享的时候哪些方面做得比较好?你喜欢谁的讲述?为什么?

幼:会按照顺序,不需要去提醒,会一个一个轮流讲。

幼:他们讲故事的时候声音很洪亮。

师:太厉害啦,你们会告诉小猪洗澡的重要性,并且小组成员间配合默契,如果在扮演不同的小动物时能有一些声音的变化就更好了。

师:现在我们请第一组的小朋友上来。

第一组幼1:大家好,今天我给大家讲一个故事,故事的名字叫《小猪找朋友》。有一天小猪看到了一个泥坑,它觉得这个泥坑很好玩,于是它就跳进了泥坑里面,跳来跳去地在玩。

第一组幼2:然后小猪找到了天鹅。"咦,你好脏,快去洗澡。"小猪:"我不喜欢洗澡,我喜欢跳舞。"

第一组幼3:于是,小猪来到了草地上,它碰见了小兔子,它跟小兔子说……

师:有没有愿意帮助他的小朋友?他没有想好。

第一组幼4:"小兔子你可不可以和我一起玩?因为好朋友都不愿意和我玩了。""好吧,你要先洗掉你的泥巴我才和你玩。"于是小猪去找其他朋友,突然听到"救命呀,救命呀",它看到小狗掉进了水里,就急匆匆救了小狗。然后,它就变得干干净净了。

第一组幼5:最后小猪变干净了,小动物们都和小猪玩。

师:你们喜欢第一组哪些方面?喜欢谁的讲述?

幼:很有趣,小猪跳进河里面救了小狗,还把自己洗得干干净净了。

幼:他们很棒,有人讲不出来的时候,大家会帮助他。

师:是啊,大家能互相帮助,相互补充,齐心协力完成了故事的分享。有请最后一组,如果小朋友能够用不同的声音表演不同的动物就更好了,你们来试一试。

第三组幼1:大家好,今天我们给大家讲一个故事,故事的名字叫《脏兮分的小猪》。今天,小猪下去玩,它看见了一个泥坑跳进去,它说好好玩呀,然后它就去找好朋友一起玩。

第三组幼2:小猪于是就来到了小狗这边,小狗说:"你怎么脏兮兮的,要不要到我家去洗澡呀。"小猪说:"不要,我来就想找你去玩泥坑的。"

第三组幼3:小猪走呀走,见到了小兔,小兔说:"小猪,你为什么脏兮兮的?"小猪说:"是从泥坑里面跳出来的。"小兔说:"你赶紧去洗澡。"小猪说:"不要,我不喜欢洗澡。"

第三组幼4:小动物们都不愿意和小猪做朋友,它的心情很沮丧,低着头来到了小河边,看见了白鹅。白鹅说:"赶紧到水里洗一个澡吧。"小猪说:"不要,不要。"白鹅说:"你身上怎么脏兮兮的还不洗澡,会生病的。"小猪听了白鹅的劝告,跳进水里洗澡了。

第三组幼5:洗完澡后,小猪变得干净了。小伙伴们都愿意和它一起玩了。

师:现在请小朋友来说一说你们的看法。

幼:我觉得开头比较好。

幼:声音吸引到我了。

师:非常好,你们用了一个很符合小猪心情的词语"沮丧",我还听到了小猪和小兔子不同的声音特点。

(四)表演故事

师:孩子们,刚才你们通过自己的智慧把故事编好了,老师准备了服装和道具,你们分组选择好后去表演区游戏吧。

▶ **我的教学主张**

我教过的孩子中,有一个叫"桐桐"的小女孩最让我印象深刻。她总是最后一个来园,体育课时站着一动不动,喜欢坐在阅读角看书,谁叫她她都不理。我发现后,就尝试亲近她:"桐桐,我们一起看小兔子的故事吧。"她不理我直接走开了。我家访后知道,她是个早产儿,父母担心她的健康状况,对她给予了过度保护。父亲工作忙,母亲专职照顾她,很少带她接触大自然和同伴,导致她性格内向,缺乏安全感。了解这个情况后,我决定走近她、温暖她。每天,我都在教室门口等她,对她说:"欢迎今天的粉色小公主。"然后给予她一个大大的拥抱,我会依据她每天的穿着、心情等变换不同的欢迎词。慢慢地,她从和我拥抱时的被动拘谨变得主动热情。在一次音乐课中,输了游戏要上台唱歌,她又一次低下头不肯上去。这时,我看了看小班长,他心领神会后站起来说:"桐桐,我陪你一起唱吧!"说完拉起桐桐的小手站在舞台上,桐桐全程低着头用手扯着裤子缝儿唱歌。小伙伴们说："哇，桐桐唱歌可真好听。我也想跟桐桐一起唱歌。"听到大家的赞美，她涨红着小脸笑了。从那以后，我经常请她做小领唱，她变得越来越自信了。毕业典礼时，看着她带着自信的笑容走上舞台报幕时，我眼眶湿润了，她真的长大了。她的妈妈紧紧地拥抱着我说："太感谢您了，三年的时间，您还给了我一个不一样的孩子。"大自然中没有一模一样的两片叶子，每一个孩子都有不同的闪光点。作为教师，我要想方设法在我的课堂中通过细致的观察、灵活的策略、热情的表达、亲和的唤醒，让每一个孩子都能绽放自己生命的精彩。

## （一）亲和灵动的引导，自主愉悦的体验

多年来，我一直在进行儿童戏剧课程游戏化的实践，希望整个儿童戏剧教学充满游戏精神，以游戏的形式激发幼儿的表演反应及情绪操控本能，真正让儿童戏剧的教学活动游戏化，促进幼儿多种智能的发展。在戏剧课程的开展中，我和孩子们共同建构一系列戏剧活动，即从戏剧创作出发（戏剧冲突的创作和问题的解决）到戏剧表达（角色体验与表达），最终形成完整的戏剧演出和戏剧评价。

### 1. 戏剧创作

戏剧创作要求把童话故事、成语故事、绘本故事，以及任何幼儿感兴趣的、有教育价值的、与幼儿生活经验相关的内容进行戏剧化的加工，生成以幼儿为主体，以童话剧表演为基点，渗透幼儿多元智能目标的游戏课程。我和孩子们共同创作了《想吃苹果的鼠小弟》《狼大叔的红焖鸡》《三只蝴蝶》等作品，强调表演内容的生成性、开放性、融合性。

### 2. 戏剧表达

在戏剧表达过程中，教师以隐性指导为策略，并将其融于游戏活动之中，有意识地根据幼儿的认知特点、发展需要和兴趣的转变，适时引入某些科学元素、时尚元素等，对剧本进行改编，在不断的改编和二次创作的过程中，孩子一直兴致盎然。

### 3. 戏剧演出

在戏剧演出中，引导幼儿尝试共同协商和分配角色、共同设计和布置场景、准备道具、互相化妆、创造性地表现角色、游戏后相互评价，这些都涉及运动、空间、人际关系、自我认识、数理逻辑等多种智能的培养。

### 4. 戏剧评价

戏剧演出结束后的评价非常重要，但教师不能扮演"裁判"评定幼儿表现的"好坏"，也不应充当答案的提供者来告诉幼儿应该怎么做，教师应不断

激发幼儿思考，让他们自己发现存在的问题，提出解决问题的方法，让幼儿在自主的讨论中提升表演能力。比如，在戏剧表演游戏后我会给孩子留一个"我是小评委"的讨论时间，让他们在游戏的氛围中评判自己和同伴的表现。

（1）自评：你觉得你演得好吗？好在哪里？

（2）互评：你喜欢谁的表演？为什么？你觉得谁还可以演得更好？怎么演？

（3）质疑：你同意他的说法吗？（不同意，我觉得我演得更好）他觉得他的方法好，你觉得你的方法好，那怎么办？（可保留、可请其他孩子鉴别、可留至后续的游戏中验证）

（4）引导幼儿发现问题：当孩子的游戏出现问题，但没引起注意时，可引导孩子通过回忆情景发现问题，把一个人的问题提出来，变成大家的问题，引导其解决问题。

## （二）热情细腻的演绎，五彩斑斓的绽放

为了让孩子们的戏剧表演能力有所提高，即从嬉戏角色行为到目的角色行为的转换及从一般表现到生动表现的提升，具体体现为：表演游戏的完整性、角色对话的完整性及灵活性、动作表情的丰富性及生动性等方面有所提升，我们要对戏剧表达进行引导，以游戏化的方式让幼儿模仿、理解、创作、分析，让幼儿成为表演的主人。

### 1. 语言表达的引导

戏剧对语言台词的要求是动作化、个性化、艺术化、口语化。语言的表达就是声音，丰富的声音传递着不同的信息，声音语气、语调、语速的变化能表达人物不同的情绪和情感，音色的区别代表着人物不同的形象特征。

（1）声音的造型。不同的音色、音高表现不同的角色形象。比如：小兔子的声音是柔弱、细腻、温和的，语调轻柔、甜美。大老虎的声音洪亮，语调稍慢，用胸腔共鸣发音，吐字清晰沉稳，表现出老虎作为"兽王"的威严。狐狸的声音语速稍慢、亮而尖，应该紧束喉管挤压成声，凸显出狡猾、奸诈的特色。熊的声音是厚重的，语速缓慢、音调低沉。可以运用"去公园""打电话""传声筒"等游戏方法。

（2）声音的符号。让幼儿了解声音的轨迹，用符号记录声音轨迹的变化，再通过轨迹了解声音的变化。通过图片、视频和手机多媒体录音等，让幼儿观察声波的变化，然后讨论商量出不同的轨迹符号。不同的符号代表不同的声音。认识符号后，可以让幼儿通过学习记录、利用声音画画（"啊""嘟"），进行小小配音员等活动，激发参与的兴趣。

（3）声音的情绪。同样一句话，不同的情绪可以表达出不同的意思。比

如"下雨了"用较高的音高、较快的语速及向上的语调说出来，能表达一种快乐、欣喜的情绪；用较低的音高、较慢的语速及向下的语调说出来，表达的则是沮丧、失望的情绪。

2. 动作表情的引导

幼儿天生爱模仿，善于观察，喜欢对人或物的特性、运动过程及其细节用身体进行再现、复制。我们可以通过创设情景，用游戏的方式让幼儿感知角色的变化，用恰当的身体动作、手势、面部表情等表现角色的心理。

（1）造型游戏：用肢体塑造人或物的静止形态，可以单人做，也可以多人合作。造型游戏可增强幼儿对身体的控制能力。"定格"，这是最为常见的角色塑造策略，幼儿经过思考后将角色动作、形态用肢体、表情表现出来。"雕塑家"，指幼儿将他人"塑造"成一个雕像，以反映自身对特定主题及他人的想法。幼儿在摆弄他人肢体即"塑造雕像"的过程中，表达了自己对角色外形、姿态的认识和理解。

（2）控制游戏：在创设的情景中，学习把握身体运动的大小、轻重、速度、空间（高低、上下、内外等）。幼儿分散地站着，教师请幼儿跟身边的同伴说说什么动物走路脚步重，什么动物走路脚步轻，什么物品重，什么物品轻等。然后，幼儿跟随教师的口令做动作，比如"大象来了"（幼儿模仿大象走路，以重重的踩脚动作表示重）。

在幼儿进行戏剧课程的学习时，教师的指导隐性出现，并不是教师"告知"或"手把手教会"，而是以尊重幼儿为前提，通过幼儿与伙伴之间的互动、自主地思考、讨论、提议、采纳等方式而获得的。理解孩子的想法、相信孩子的能力、信任孩子的决定、认同孩子的言行，做一个陪伴他们成长的快乐"孩子王"。

## ▶他人眼中的我

教师世家，立教育人，不忘初心，潜心研究，教书育人，管理育师，创乐之园，育智未来。

**（东莞市长安镇中心幼儿园园长　赵晓卫）**

方老师以热情、亲和的态度对待人际关系，用灵动的思维去应对教育教学中的种种挑战。她的笑容总让家长感受到一股暖流，赢得家长的信任和尊重；她关注幼儿成长的每一个细节，赢得幼儿的依赖和喜爱。她工作严谨认真，用热情、细致、亲和感染着周围的人。

**（东莞市长安镇中心幼儿园副园长　梁万华）**

方老师的课堂总是让人陶醉。特别是在语言活动中，她的教学风格有别于一般的课堂。她能够巧妙地利用语言的魔力创造生动的图像和场景，搭建起故事的基石。此外，故事中塑造的角色生动且具有感染力。虽然课堂的对象是幼儿，但方老师能使旁听者也迅速地融入她所讲述的情景当中，仿佛自己也是里面的一个角色。

（东莞市长安镇霄边幼儿园副园长　蔡沛鸣）

她是一个热爱教育、爱园如家的领导。她处事沉稳，考虑问题周全，领导组织能力强，做事井井有条，善于开拓创新，扎实推进各项工作，大大提高了各部门工作效率。在日常生活中，她勤于学习，为人谦逊，以人为本，平易近人，对自我要求严格，处事公平公正，深得老师们喜欢。

（东莞市长安镇霄边幼儿园教师　蔡浪球）

方老师是一位亲和力强，善于捕捉孩子细微变化，能够根据孩子们的个性和需求进行教学，灵活调整教学策略的老师。教学中，她采用多样化的教学方法，如游戏、故事、歌曲等互动方式，激励幼儿敢于思考、提问与回答，让幼儿发挥自主性及想象力，增强孩子们的自信心及兴趣。总的来说，方老师的教学表现出色，她的教学风格和方法有助于孩子们全面发展，为他们的成长奠定了坚实的基础。

（东莞市长安镇中心幼儿园教师　刘帆）

方老师是一位充满热情、细致入微、亲和力强、灵动多变的教育者。在她的课堂上，没有枯燥无味的说教，只有生动有趣的互动。她善于用富有感染力的语言，引导孩子们探索知识的奥秘，激发他们的学习兴趣。在她的引导下，孩子们的学习变得轻松愉快，充满了乐趣。

（东莞市长安镇中心幼儿园教师　王珊）

**【点评】**

方凯菡老师把"热情而细致，亲和而灵动"作为她教学风格的关键词，这符合她的性格特点和工作状况。她出生在教育之家，父亲是踏实肯干的中学教师，对她影响极为深刻。参加工作后，她经历过从闯过难关的稚嫩期，到认真学习的成长期，再到潜心钻研的成熟期。作为教师，她总会想方设法在课堂中通过细致的观察、灵活的策略、热情的表达、亲和的唤醒，让每一个孩子都能绽放自己生命的精彩。

（广东第二师范学院教授　闫德明博士）

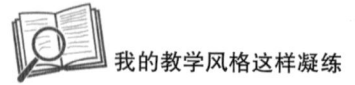

# 有物有则，明理明心

东莞市长安实验中学　方志荣（初中物理）

**个人简介**

方志荣，男，东莞市长安实验中学物理老师，中学一级教师，副校长。东莞市物理教学能手，东莞市青年教师教学比赛一等奖获得者，东莞市优秀教师，东莞市青年岗位能手，长安镇优秀党员、"品智教师"、优秀教师。曾获东莞市微课、优课、录像课、说课一等奖，课例"第10章 从粒子到宇宙——2. 分子动理论的初步知识"被评为教育部2014年度"一师一优课、一课一名师"活动中的"优课"。参与学校两项市立项课题"有效推进物理教研组文化建设的研究""核心素养导向的中考物理复习课教学实践研究"并结题。

## ▶ 我的教学风格解读

我的教学风格是"有物有则，明理明心"。

"有物有则"是我的教学原则。"有物有则"出自《诗经》，意思是天地间的事物都有其法则或规律，这个观点与物理学的研究方法相契合。物理学是自然科学领域研究物质的基本结构、相互作用和运动规律的一门基础学科，通过建立模型进行推理和验证，揭示了自然界中的各种现象和规律，使我们能够更好地理解和解释世界。物理来源于生活，生活中许多常见的事物、场景都蕴含着丰富的物理知识。

"明理明心"是我的教学目标。"明理"指的是理解道理、明白事理，是开悟，通过学习和思考，理解物理定律和原理，掌握科学的思维方法和逻辑推理能力。"明心"指的是发现自己的真心，通过"明理"达成"明心"，确立正确的三观，对自己有明确的定位，知道自己真正想要什么，应该朝着什么样的目标去努力。课堂不仅仅是教授知识的场所，它还是提升学生综合素质、提高学习能力、传播优秀价值观、培养道德品质和社会责任感的重要途径。

以"有物有则"为原则设计课程和教学活动，要确保每项教学内容或活动都有其明确的目标和规律，每个环节都有其内在的逻辑性和教育意义，而不是随意或无目的地进行。这样做能有效帮助教师提高教学的针对性和效率，同时也有助于学生建立清晰的学习路径，实现"明理明心"这一教学目标，还能培养学生的深层次思考和内心洞察能力，帮助学生在认知和情感两个层面上都得到发展，使他们成为既明理又明心的个体。

我希望通过这样的教学方式，引导学生基于生活中的具体事实、鲜活案例和生活经验进行理性思考，从生活走向物理，发现事物的内在逻辑性；帮助学生了解物理学的基本概念和原理，培养他们的科学思维和解决问题的能力，激发学生对物理学和生活的热爱与追求，更全面、客观地看待事物，更深入地了解事物的本质。

## ▶ 我的成长历程

回顾自己的成长经历，我深深感受到"有物有则，明理明心"这一理念在我教育生涯中的重要性。每一次挑战和经历都是一堂深刻的生命课程，教导我明辨事物的规律与本质。正如物理世界中的万物皆有规律，教育之路也是如此。初入教育行业，我充满热情的同时也面临种种挑战，但我始终坚信只要遵循规律、明辨真理，就能找到前行的方向。在"有物有则"原则的指引下，我不断调整自己的教学方法和管理策略，尝试通过各种途径提升自己的教学水平，就像一位探索者，不断寻找着教育的奥秘，探索着学生成长的密码。

### （一）教学工作，成长有期

#### 1. 博采众长，调整适应

教书的第一年，我接手了初二年级里最为好动的班。对教育怀着满腔热情的我，天真地以为我可以成为学生的朋友，只要学生喜欢老师，自然会好好学习。

然而，迎接我的是初二学生的逆反心理和一地鸡毛般的班级事务，残酷的现实告诉我管理班级不能靠"友情"。第一年过得非常艰难，班级管理耗费了我绝大部分的精力，导致我所任教的班物理平均分比起其他班低了七八分。由于教学业绩实在不行，第二年学校没有安排我继续带初三，这对我是不小的打击，对比一同入职的同事有声有色的业绩，我感觉走在校园里面都抬不起头。

我很迷茫地求助于当时的科组长庄富森老师，怎样才能提高所任教班的平均分？庄老师告诉我，向最好的老师看齐，努力追赶其脚步，你也会越来越好。第二年，我开启了请教和听课模式，向办公室里最有经验的班主任请教带班方法，观摩同科组、网络上优秀物理老师的课堂，结合自己的性格特点完善自己的教学方式。在实践和反思中，我终于找到了正确的方法和节奏，教学业绩也越来越好，我成了一名合格的老师。

#### 2. 汲取经验，败中求胜

学校里的常规教育教学工作是教师的基本功，是教师积累扎实的教育理论基础和实践经验的重要途径。而参加教研活动、教学比赛则能让教师开阔视野，学习新的教育理念和方法，提高教育教学水平。我参加教学类比赛的经历比较特别，似乎第一次是去积累经验的，所幸第二次便有所收获。

2008年，从教的第二年，我满怀信心地参加了东莞市青年教师教学大赛，然而，我只获得了三等奖。这个结果让我深感失望的同时也意识到自己在教学方法上的不足，在教学内容的深度和广度上有所欠缺，课堂管理和组织能力也有待提高。经过三年的积累和准备，2011年7月，我再次参加了东莞市青年教师教学大赛，获得了一等奖。

2013年，我参加东莞市首批初中物理教学能手评选，尽管做了较为充分的准备，在录像课和说课环节获得了一等奖，但还是因为笔试成绩不理想而落选。笔试内容以初中竞赛、高考题目为主，让我一时有些措手不及。评选结束后，时任市物理教研员的范传东老师提醒我，作为一名物理老师，不管是初中还是高中的知识都要熟练掌握，这样在上课时才能有的放矢。经过了两年的沉淀，我于2015年再次参加评选，成功获评为东莞市第二批初中物理教学能手。

3. 拔节成长，重新出发

2020年11月，我有幸加入了镇读书会，成为镇青年骨干教师核心能力提升班的一员，在闫德明教授的引领下读书。特别感谢闫教授对我这位"后进生"的悉心指导和鼓励，我在班上遇见了很多优秀的前辈和伙伴，也见识到了自己和优秀学员间的巨大差距。还记得我的第一篇读书分享稿写得非常艰难，在深夜时分超时交的稿，没想到文稿交过去后闫教授连夜批改，不仅提出了修改建议，还特意为我推荐了两本提高写作技巧的书。虽然深夜的房间里并不亮堂，但收到反馈信息的我，感觉脸红得能照亮整片夜空，同时也暗暗下定决心：是时候做出改变，多读点书了，再不向前追赶，就要被淘汰了。

脱离自己的舒适区是件很痛苦的事情。经过了近一年的摸索，我通过对"有用之书"和"无用之书"的阅读，观摩优秀伙伴的读书分享，研读"明师慧"公众号上的精品文章，慢慢跟上了步伐，我的写作、沟通、PPT制作、分享能力和行政意识都有所提升。

(二) 德育工作，任重道远

有人说，班主任是权力最小的"主任"，却肩负着组织者、管理者、指导者、精神关怀者、人生导师等多种崇高的职责使命。也有人说，班主任是学校里最苦的岗位，是个"抛家弃子"的行当。刚入职时，我也很苦恼并抗拒这份磨人的工作，但随着和学生共同经历的事情增多，我对德育工作有了新的认识。

1. 道德底线，弥足珍贵

都说班主任角色多，时而当侦探，时而当法官，时而当警察……

一天傍晚，生活老师急匆匆地告诉我，小丁新买的手表洗澡前放在宿舍床上，洗完澡就不见了，希望我能帮忙调查一下，把丢失的手表找回来。学校为保护学生的隐私，没有在宿舍里面安装监控，但出于学生安全考虑，宿舍走廊有监控覆盖。

事情不好处理。通过查看监控，我发现该时间段进出过宿舍的共有6名学生，手表最有可能跟他们有关。有问询的对象但又没有确凿证据，还要避免让无辜的学生觉得老师在怀疑他是小偷，即便查出"拿"了手表的学生，也要妥善处理，替他保密，毕竟一旦扣上"小偷"这顶帽子，影响的可能是学生一辈子的声誉。考虑到涉及人员不多，我决定采用聊天的方式，把手表"聊"出来。

我逐一把学生叫到了办公室，开诚布公地告诉他们小丁的手表不见了，而该时间段他们刚好进出了那间宿舍，是最有可能见过手表的人。我还说："老师相信你不会偷东西，如果对小丁的手表感兴趣，想借来看看是可以理解的，但据为己有的想法要及时抹除，要记得归还。人的道德品质是无价的，远远不是一块手表就能衡量的。'拿'走手表的代价就是，每次见到这块手表，它都会像一根刺在肉里的刺，不断提醒你做了一件错事，时间越久越无法修正，你根本没办法和它一起出现在阳光下。如果你恰好知道手表在哪里，我希望能让它悄悄出现在恰当的地点，老师和小丁也将不再追究。如果你不知道手表在哪里，那老师为今天的聊天道歉，老师不应该怀疑你，也希望你能不宣扬这件事，给那位犯错的同学一次机会。"在交谈中，我一直避开"偷"这个词，但聊完之后内心也没把握，不确定这种方式是否能解决问题。

令人惊喜的是，第二天小丁在枕头底下找到了他的手表。

那届学生毕业时，我收到了一封当时犯错的学生留下的信，感谢我没把他当成小偷，感谢我让他有纠错的机会，能坦然地顺利完成学业。在还能挽回的时候，能让犯错的学生意识到错误并及时修正，这比揪出犯错的人更重要。

2. 用心沟通，因材施教

班主任，尤其是初三班主任的建议，会对学生的未来产生深远的影响。

东莞中考优质高中的学位竞争非常激烈，对非莞户籍学生来说更是难上加难。班上的体育委员小曾，身体素质非常出色，在初三时代表学校参加市中学生运动会200米比赛获得了第八名。除了运动能力出色，小曾家教也非常好，很讨老师喜欢，但学习成绩一般，作为非莞户籍学生，他的高中学位成了一大难题。通过对招生政策的研究，我建议他尝试体育特长生升学路径，他可以利

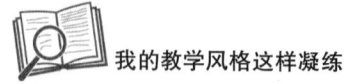

用短跑这一优势,"跑"进优质高中。

我约了小曾的父亲来学校,告知他我对小曾高中升学路径的建议:参加优质高中的田径类特长生招考。接下来进行针对性训练,把运动成绩进一步提高,文化课成绩也再提高一些,加上他的市中学生运动会成绩,是很有机会的。体育特长生在高中时有代表学校参加比赛的义务,这其实也是双赢,一旦取得不错的成绩,还能以特长生身份特招进大学,大学的体育特长生很多选读的是自己喜欢的专业而不是体育专业。只要把握好机会,小曾可以利用自身的优势,一路"跑"进大学。

很感谢小曾父子对我的信任,小曾听从了我的建议后以更积极的心态投入训练和学习中,最终在当年的某民办高中特长生招考中名列第二,顺利以公办生的身份被录取。在读大学时还应征入伍,成了一名光荣的特种兵。

在成长的过程中,我学会了从每一个挑战和失败中汲取经验教训,不断完善自己,以期成长为一名优秀的教育者。正如物理学中的实验验证一样,我的成长经历是一次次实验的积累和总结,在每一次的尝试和探索中,我都在不断地探索和理解教育的规律。这种明辨事物本质的能力,不仅让我在教学工作中不断进步,也使我更加明晰自己的教育信念和理想。

因此,"有物则,明理明心"不仅是我的教学风格,更是我成长的指引。通过理性的思考和明确的目标,我不断探索教育的本质,引导学生发现事物的内在逻辑,培养他们的科学思维和解决问题的能力。正是这种坚持不懈的追求和对规律的敏感,让我在教育的道路上不断前行,成为今天的我。

## ▶ 我的教学实例

**实例片段一**

## 探究物体不受力时怎样运动(第一课时)

师:(把物理课本放在讲台上)同学们,有没有什么办法让物理课本动起来呢?

生:推一下它或拉一下它。

师:很好!此时力产生了什么样的效果?

生:改变了物体的运动状态,让物体动起来了。

师:当我把推力或拉力撤掉时,物体还运动吗?

生:不动了。

师:通过刚才的实验现象,大家有什么发现?

生:我发现物体要运动,就需要受到推力或拉力。一旦撤掉拉力或推力,物体就不动了。物体想要一直运动就需要一直受力!

师:太棒了!同学们!你们的发现跟古希腊哲学家亚里士多德"运动者皆被推动"的观点是一致的。

【设计意图】通过生活中的常见现象,为接下来引入知识上的冲突做准备。

师:大家再看第二个实验:把玩具小车放在讲台上,手轻推小车运动后离开,小车有没有立刻停下来?

生:没有。

师:力是物体对物体的作用,当手和小车不再接触时,小车还有没有受到手的推力作用?

生:没有。

师:那就奇怪了,离开了手的推力,小车怎么还能向前运动?物体的运动需不需要力来维持?

【设计意图】通过生活中的常见现象,形成知识上的冲突,引发进一步思考。

师:要解决这个问题也好办,找一个不受力的物体,看看它是什么运动状态就行了。同学们,地球上有没有不受力的物体啊?

生:没有,地球上的物体都会受到重力。

师:确实,在地球上我们找不到不受力的物体,那我们只能采用折中办法进行研究。

一辆在水平地面上运动的小车,它除了受到竖直向下的重力外,水平面对它有竖直向上的支持力,这两个力效果上相抵消,相当于竖直方向上不受力。如果水平方向上不施加推力的话,那它在水平面上将只受摩擦力的作用。如果这时再让摩擦力 $f$ 不断变小,小到几乎为零,那就接近不受力了,我们再看看此时的物体是处于什么样的运动状态。

(从逻辑上让学生明白,为什么研究物体不受力时怎样运动可以通过研究小车从斜面上同一高度滑到不同粗糙程度水平面的实验来实现。)

(开始进行探究实验活动)

在地球上,完全不受力的物体是没有的。但是,可以设法使一个运动着的物体,在运动方向上受到的力逐步减小,考察它的运动情况,再进一步推想它不受力时的运动情况。

**制订计划**

根据主述思路,同学们经过讨论交流,制订了计划。实验装置如图所示,分别将小车放在斜面的同一高度,让其自行滑下,并沿着不同粗糙程度的水平表面运动,观察小车在不同表面上运动的距离。

(1) 如图 (a) 所示，让小车从斜面某一高度处运动到用毛巾铺垫的水平木板上，观测它运动的距离。

(2) 如图 (b) 所示，让小车从斜面同一高度处运动到用纸板铺垫的水平木板上，观测它运动的距离。

(3) 如图 (c) 所示，让小车从斜面同一高度处运动到用玻璃板铺垫的水平木板上，观测它运动的距离。

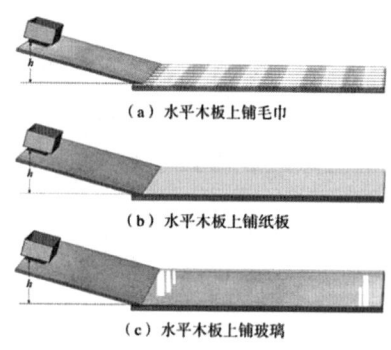

(a) 水平木板上铺毛巾

(b) 水平木板上铺纸板

(c) 水平木板上铺玻璃

小车在不同水平面上的运动

**进行实验与收集证据**

根据上述步骤进行实验，把小车在水平轨道上运动时受到的摩擦力情况和运动距离填入下表中。

| 接触面 | 小车受到摩擦力的大小<br>（选填"大""较小"或"最小"） | 小车运动的距离<br>（选填"短""较长"或"很长"） |
| --- | --- | --- |
| 毛巾 | | |
| 纸板 | | |
| 玻璃 | | |

分析比较上述实验结果之后，可以得出结论：

水平面越光滑，小车受到的摩擦力越_____，小车的速度减小得越_____，小车运动的距离就越_____。假如水平面对小车完全没有摩擦，小车将_____。

师：同学们，仔细观察一下以上三次实验，小车滑下来的起始点情况是什么？

生：从斜面同一高度，自行滑下。

师：这样有什么好处？

生：小车到达水平面时速度相同。

师：非常棒！同学们再观察一下，小车到达水平面后，在水平方向上受到几个力的作用？

生：两个力——推力和摩擦力。

生：一个力——摩擦力。

师：我听到了不同的声音。大家思考一下，力是物体对物体的作用。小车到达水平面时，有没有受到推力的作用呢？如果有，能否找到推力的施力物体？

生：找不到推力的施力物体。小车到达水平面后，只受到摩擦力的作用。

师：很好！同学们学会用反证法去进行推理了，非常棒！接下来我们继续观察实验，它是以什么方式改变摩擦力的大小呢？

生：通过改变接触面的粗糙程度来改变摩擦力的大小，第一次的接触面是毛巾、第二次是纸板、第三次是玻璃，一次比一次更光滑。

师：同学们再观察一下三次实验，随着水平面越来越光滑，小车受到的摩擦力情况、速度降低情况、运动距离情况会发生怎样的变化？

生：水平面越光滑，小车受到的摩擦力越小，速度降低得越慢，运动距离就越远。

师：非常棒！那，假如水平面对小车完全没有摩擦，同学们觉得小车将会怎样运动呢？

生：一直向前运动，停不下来。

师：实际上，完全没有摩擦是做不到的。这里，设想完全没有摩擦是一种理想化的推理方法。物理学中把这种推理方法叫作"理想实验"，是科学推理的一种重要方法。

（介绍"理想实验"法，让学生明白牛顿第一定律是以实验为基础得出的推论。）

上面进行科学探究的思路，同17世纪意大利著名物理学家伽利略的研究相似。伽利略在实验的基础上，通过推理后认为：物体的运动并不需要力来维持。运动的物体会停下来，是因为它受到了摩擦阻力。

后来，英国科学家牛顿在总结前人研究成果的基础上，进一步推理、概括出下面的结论：一切物体在没有受到外力作用的时候，总保持匀速直线运动状态或静止状态。这就是著名的牛顿第一定律。牛顿第一定律表明，力不是维持物体运动的原因。这彻底否定了自亚里士多德时代起流传了两千多年的错误观点。

（让学生明白，不能迷信权威，对生活中一些常见现象的理解，不一定就是对的。）

**实例片段二**

## 理解水烧开时壶口的"白气"

师：同学们，大家有没有留意到，水壶里的水烧开时，壶口附近能看到什么呀？

生：白气。

师：那，大家觉得这个白气是什么呀，或者说它是什么状态？

生：气态的水蒸气。

生：液态的小水珠。

师：很好！我听到了不同的声音，到底哪个答案是正确的呢？通过之前的学习我们了解到，空气中含有丰富的水蒸气，同学们现在观察一下自己的四周，能否告诉我水蒸气在哪里呀？如果说壶口的白气是水蒸气，你们能否观察到白气呀？

生：水蒸气到处都有，但看不见也摸不着。这也就说明，水烧开时壶口附近见到的白气就不是水蒸气了。

师：非常好！同学们，物理来源于生活，仔细观察生活中很多常见的现象就能帮助我们找到正确的答案！空气中含有丰富的、看不见、摸不着的水蒸气，水烧开时壶口附近见到的白气不是水蒸气，而是壶口冒出来的热的水蒸气遇到冷的空气液化而成的小水珠。

【设计意图】生活中常见的白气，学生容易误以为是水蒸气，是理解上的难点，可以通过生活中常见的现象与固有错误知识的冲突，帮助学生进行正确理解。

**实例片段三**

# 平面镜成像实验

如右图所示，将一块玻璃板竖直架在一把直尺的上面，再取两段等长的蜡烛 A 和 B 分别竖放在玻璃板两侧的直尺上。点燃玻璃板前的蜡烛 A，并移动玻璃板后的蜡烛 B，使它与蜡烛 A 在玻璃板里的像重合，此时蜡烛 B 好像也被点燃了。

（1）用直尺分别量出物（蜡烛 A）到玻璃板、像（即蜡烛 B）到玻璃板的距离，它们就是物距 AO、像距 BO。

（2）观察并研究像与物的大小有怎样的关系。

（3）把蜡烛 A 沿直尺前后移动，同时调整玻璃板后蜡烛 B 的位置，每次都如同像被点燃一样，观察像的大小有无变化。

（4）移走蜡烛 B，将一张纸（光屏）放在像的位置上，在纸上能呈现出像吗？请试一试。

总结上述实验，可得平面镜成像的特点是：

像与物到镜面的距离_____；像与物的

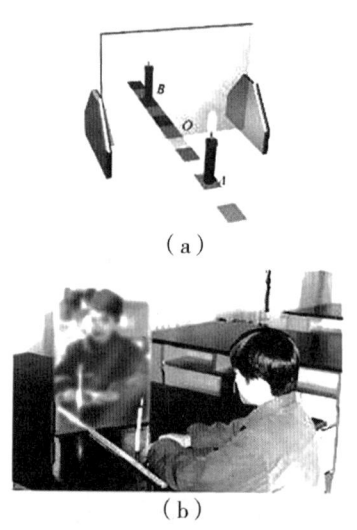

（a）

（b）

平面镜成像实验

大小_____；像与物关于镜面对称。

平面镜后面所成的像_____（选填"能"或"不能"）呈现在光屏上。

师：同学们，我们平常照的镜子跟平面镜成像实验时所用的玻璃板，有什么区别啊？

生：镜子一边有油漆封住，平面镜成像实验用的玻璃板是透明的。

师：大家对比观察一下，通过镜子看到的像和通过玻璃板看到的像，哪个更清晰？

生：镜子更清晰。

师：那，为什么做平面镜成像实验时选用的是玻璃板而不是镜子呢？

生：实验时需要研究物距和像距的关系，镜子虽然成像更清晰，但无法确定像的位置。

师：非常好！同学们发现了两种情况下成像的区别。实验时利用了玻璃板透明的特性，透过玻璃板便于确定像的位置。

师：这个实验，适合在较暗还是较亮的环境中进行？

生：要照镜子肯定亮点好啦！

生：暗点好，太亮了看不清玻璃板形成的像。

师：同学们，其实我们课室的铝合金玻璃窗，就能帮助我们解决这个疑问。现在是白天，大家透过玻璃能看见什么？

生：外面的花花草草。

师：回想一下，晚修时透过玻璃又能看见什么？

生：外面的校道。

生：不对，是我们在课室里面学习的像。

生：明白了，像所在那一侧的光线越暗，所成的像会更清晰，这个实验更适合在较暗的环境中进行。老师，实验时只点燃玻璃板前的蜡烛，玻璃板后的蜡烛不点燃，是否也是这个原因啊？

师：确实是！得到结论后能马上运用到类似情景的解释中，这非常好。

【设计意图】生活中就有许许多多的物理现象，熟悉的场景能更好地帮助学生对知识进行理解。

## ▶我的教学主张

### （一）注重知识的逻辑性

物理逻辑思维是指运用逻辑推理和分析方法，对物理现象、规律和问题进行思考和解决的能力，它不仅能让学生了解事物的表面现象，还能让学生理解其背后的原理和逻辑，知其然，并知其所以然。在讲解知识点时，我喜欢遵循一定的逻辑顺序，以帮助学生更好地理解和掌握知识，包括从简单到复杂、从具体到抽象、从已知到未知等。同时，引导学生运用逻辑思维去分析问题、解决问题，从而培养学生的逻辑思维能力。

比如对影响物体惯性大小因素的理解。惯性物体保持运动状态不变的性质，代表了物体运动状态改变的难易程度。惯性的大小是由物体的质量决定的，质量越大，其惯性就越大，但对于物体速度越快越难停下来这一现象，学生会误以为惯性跟速度有关。

怎样纠正这个错误的理解呢？我会先让学生重温运动状态改变这一概念：物体的速度或方向发生了改变，运动状态就发生了改变。对于快速运动的物体，只要速度变快、变慢一点或者运动方向改变一点，它的运动状态就发生改变了，并不是非得停下来才叫改变。再举例：面对快速扔向你的粉笔头，你只需轻轻一挡就能改变它的运动状态，但如果你发现斜坡上有一辆卡车忘了拉手刹正缓慢下滑，要让它停下来可不容易。以学生较容易理解的例子，解释影响惯性的是物体的质量而不是速度。

## （二）注重知识的生活性

在教学过程中，我注重将抽象的理论知识与实际生活相结合，让学生感受到知识的实用性和趣味性，通过举例子、讲故事、设置情境等生活化的教学方式，激发学生的学习兴趣，提高其学习积极性。

凸透镜成像规律中关于物距、像距、成像特点和实际应用之间的联系，内容过于抽象，但又是教学的重点和难点。从生活中的实际应用入手去理解物距、像距和成像特点，会有意想不到的效果。比如说照相机的原理，我们能把远处的山川湖海摄入小小的相机中，这其实就说明了在物距大于像距的情况下成的是缩小的实像，而投影仪可以把纸面上小小的文字放大呈现在屏幕上，说明成的是放大的实像。而当凸透镜距离书上的文字很近时，能起到放大镜的效果，成正立放大的虚像。

精心设计的小实验可以让课堂更有趣。例如，在上密度课时，教师可以提前准备一块泡沫仿真板砖和一块真的板砖，拿棍子敲击真板砖后迅速调换道具，呈现"手劈泡沫板砖"的戏剧效果。在讲物体的升华时，用干冰在课室营造出烟雾缭绕的效果。在讲大气压强时，可以将蘸了酒精的棉花点燃后扔进空水桶，盖住水桶口后，水桶因内外气压差而发生变形。

## （三）注重知识的导向性

在教学过程中，我注重知识的导向性，即明确教学目标并引导学生按照既定的目标进行学习。明确知识点的掌握程度和技能的培养要求，以便学生能够有针对性地学习和提高。同时，关注学生的个体差异，针对不同学生制定个性化的教学方案。每个学生的学习能力和兴趣都不同，因此，需要根据学生的实际情况，采用不同的教学方法和策略，帮助学生克服学习困难，提升学习效果。除了传授物理知识，还可通过课堂讨论和案例分析等方式，引导学生思考科学与社会的关系，培养他们的道德品质和社会责任感。

物理学作为一门实践性很强的学科，让学生自己动手操作进行实验、观察是非常重要的，通过实验和观察，学生能够更好地理解和应用物理定律和原理。此外，教师还可以通过小组合作、项目研究等方式，培养学生的团队合作能力和沟通能力，这对学生的综合素质提高和个性发展都非常重要。

## ▶他人眼中的我

方老师注重持续自我提升，面对近年来工作中遇到的新挑战和难题，他始终保持学习的态度，通过参加培训、阅读专业书籍、与同行交流等方式，不断提升自己的业务水平和解决问题的能力。同时，他保持认真的工作态度，无论是日常教学、管理任务还是临时性的工作，都能全身心投入，尽职尽责地完成。在团队工作中，他深入一线，了解实际，与同事保持良好的沟通和协作，积极参与团队讨论，为团队目标的达成贡献自己的力量。他的工作态度和行动不仅提升了个人的工作效率和质量，也为学校的整体发展做出了积极的贡献。

**（东莞市初中物理学科带头人、长安实验中学教师发展办公室主任　刘文斌）**

方老师是我初二时的班主任，在我眼中，他是一位温和且有力量的人。他对工作充满热情，用真心诠释教育的初心，全身心投入到每一项教育工作中。他对我们的关心，如同春雨滋润大地，无声无息却充满力量。现如今我回到母校工作，跟方老师成为同事，工作上，他始终把教师们的需求放在心上，关心我们的工作状态，关注我们的生活情况，鼓励我们勇于尝试、勇于创新，把每一位教师都当成学校最宝贵的财富。

**（东莞市长安实验中学历史教师、原毕业生　文婉婷）**

【点评】

方志荣老师教学风格的关键词是"有物有则，明理明心"。"有物有则"是其教学原则，"明理明心"是其教学目标。所以，在教学活动中，他注重知识的逻辑性、生活性和导向性。在"有物有则"这一原则下设计课程和教学活动，确保每项教学内容和每个环节都有其内在的逻辑性和教育意义，帮助学生在认知和情感两个层面上都得到发展，使他们成为"明理明心"的个体。

**（广东第二师范学院教授　闫德明博士）**

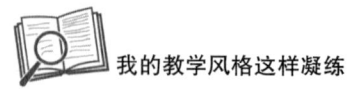

# 充满数学味的课堂

东莞市长安镇中心小学　李峤（小学数学）

**个人简介**

> 李峤，男，东莞市长安镇中心小学副校长，小学数学副高级教师。曾获东莞市课堂教学评比一等奖，两次获得人教社录像课评比一等奖。曾获东莞市教学先进个人、优秀教师等荣誉称号，先后被评为东莞市教学能手、学科带头人，广东省教育学会小学数学专业委员会理事。主持东莞市立项课题"'学习金字塔理论'在小学数学教学中的应用研究""利用可视化资源提高小学生图形与几何领域学习效率的策略研究"，其成果获东莞市科研成果二等奖。参与"小学数学基本思想方法及其有效教学的实践研究""小学'理趣数学'教学研究""基于实践导向的小学数学'新教师'培养路径研究""基于教师PCK提升的教研课程构建与实施研究"等多个省、市级重点课题研究。先后在《广东教学报》《小学教学研究》《小学数学教师》《小学教学（数学版）》等刊物发表论文。在东莞市内执教市级公开课、研究课20多节，先后到广州、佛山、清远、中山、汕尾、珠海、韶关等地送课送教。

## ▶ 我的教学风格解读

### 充满数学味的课堂

教学风格是指教师在长期的教学实践中形成的教育价值追求以及在该教育价值观指导下，逐渐形成的、较为稳定的教学风貌。

有人说，站上讲台，我就是数学。这种境界太高，我难以触摸。但我想，如果日常多接触，能感受到这个人是学数学的，那就很好了。而这种感受，无外乎来自这个人身上的"数学味"。我追求的，正是充满"数学味"的课堂。那什么是"数学味"？数学究竟是什么味？我认为，可以从以下几个方面来阐释：一是坚定数学信仰；二是提升数学气质；三是发展数学思维。

何谓数学信仰？就是喜爱数学，追求真理，能够用数学的眼光去看待问题，相信数学解决问题的能力。在我的课堂中，学生能够了解到数学在人类发展过程中起到的作用，能够感受到数学认识世界、改造世界的巨大能量，能够体会数学思维的神奇奥妙……"吾爱吾师，吾更爱真理"，数学，不仅仅是一门学科，更是一种人生态度。这是我的数学课堂首先给学生传递的一种价值取向。

何谓数学气质？就是简洁的语言、深刻的道理、渊博的知识、完美的解释、严谨的推理、直观的图示、美观的板书……在我的课堂中，我力求在这些方面都做到最好，给予学生最好的言传身教。多少年以后，我的学生也许不记得圆锥的体积公式，不记得比例的基本性质，但是，这样的数学气质或多或少会流淌在他们的血液中，影响着他们的人生。这正是我的数学课堂的价值所在：潜移默化给予学生一生的影响。

何谓数学思维？一般的说法是会观察、实验、比较、猜想、分析、综合、抽象和概括；会用归纳、演绎和类比进行推理；会合乎逻辑地、准确地阐述自己的思想和观点；能运用数学概念、思想和方法，辨明数学关系，形成良好的思维品质。我的课堂，期待每一个学生都能够在思考、会思考、爱思考。这是我通过数学课堂最希望留给学生的终身财富。

数学课堂中有限的数学知识只是载体，用数学独特的气质浸润学生，让他们用数学的思维去思考，成为一个具有理性精神的人，就是我所追求的课堂。

## ▶ 我的成长历程

人生是一场旅行，不在乎目的地，在乎的是沿途的风景。我41年的人生，一直兴致勃勃地走在路上。

我从小喜欢数学，报考大学时也选择了师范大学的数学专业，于是就走上了数学老师的道路。一转眼，踏上讲台已近20载，一路的点滴仍历历在目。所幸有汗水、有遗憾、有喜悦、有伤悲，所幸一路得遇很多贵人，他们在我迷茫和失落时给予我指导和关心，让我依然坚定地走在这条道路上。

### （一）初登讲台，遭遇课改

2005年，我大学毕业，长安镇锦厦小学的李瑞贞校长在听了我对数学的一些认识和感想之后毅然把我带到了锦厦。如她所言，她看重的是我对数学的那份热爱和理解。那时，课改的春风正吹遍神州大地，我积极学习的同时也深感迷茫。我是数学专业而非师范专业出身，不太了解教学套路的我在教学上是一张白纸。我随波逐流地学习着，用花里胡哨的课件代替传统的板书、每节课必有几次小组合作、所有知识老师都欲说还休……但与此同时，我也在思考：这样就能提高学生的兴趣？热闹的数学课堂，学生感兴趣的究竟是那些活动还是数学本身？所有的知识都得小学生自己研究得出？

所幸我的师父肖乐老师手把手教给了我很多东西，可以说，是当老师甚至做人的方方面面。比如，一节课怎样去上，一个班级怎样去带，一个调皮的学生如何去管。初涉讲台的我，如饥似渴地吸收着、成长着。除了教学上的指导，师父还在思想上解答我的疑惑，为我指出正确的方向，还在生活上给予我无微不至的照顾，正是这种家的温暖让初来乍到的我很快融入了学校生活，一点儿也没有孤独和不适的感觉。

### （二）初次磨炼，获益匪浅

2007年，东莞市举办课堂教学评比，学校安排我参赛。一节"平行四边形的面积"既有我自己的努力付出，更有师父肖乐老师从头到尾的手把手指导，从教学内容的确定、教案设计到课件的制作，都是他帮助我反复思考、改进，力求精益求精。虽然最终只获得镇一等奖，没能获得镇第一名而晋级片、市的比赛，但我在反复磨课的过程中，有了很多新的认识和收获。那届比赛全市的第一名王成邦老师也正是上的"平行四边形的面积"，他独具匠心的教具、良好的课堂组织能力、精准的问题语言引导，都让我大为佩服、收获颇丰。

正是那次比赛的经历，给了我经验和信心，同时，让我有机会在学校和镇上崭露头角。镇上的教研员王志辉老师给予了我很多鼓励和指导，来到学校听课评课，并让我承担一些镇上的公开课等。这样的机会和舞台让我慢慢积累、逐渐成长，连续在录像课、论文、教学设计中获得市级、镇级奖项。

### （三）骨干小组，内外兼修

为了建立名师梯队，市教研室成立了各级骨干小组。让我感到幸运的是，在王志辉老师的推荐下，市教研员陈晓燕老师给了我这个宝贵的机会，把我带进了市青年教师教学研究小组。骨干小组的特点就是扎扎实实地开展研究活动。每学期开学，骨干小组都会召集大家开会，布置工作任务。刚开始，我看着一大堆的任务就会感觉头疼，比如要读书并写几千字的读书笔记、去某个镇上公开课、开展深入磨课等。但是当一学期下来，回头看看，自己也挺过来了，而且，这些活动扎扎实实地做下来，收获自然是不小的。活动的设置既重视读书、研讨等内功的修炼，也重视公开课、展示课等外功的磨炼。几年下来，在陈老师的"硬性规定"下，我读了不少的书，也到很多镇区上过公开课，各方面的能力都得到了很大的提高，三年到期还有幸升级成为课堂教学研究小组成员。

### （四）名师指导，扩大视野

东莞市成立了两个小学数学的名师工作室，我有幸加入了钟晓宇名师工作室，后来又成为钟晓宇省名师工作室成员。在名师工作室这个新的平台，有了钟晓宇老师的关心和指导，我得到了更高水平的成长。除了经常有机会去各地送教，也有了很多接触到大师的机会。吴正宪、曹培英、刘德武这些大师都面对面地指导过我，我也得到了很多机会去广州、深圳参加一些高层次的交流活动。比如有一次在深圳参加与英国同行的交流活动，初窥国外的教育理念，我受到了很大的触动。加入工作室的几年来，自己的视野不断扩大，理念也在不断地提升，对自己的认识更加清晰了，对发展方向的判断也更加精准了。

后来，我又有幸加入了市教研员陈晓燕老师的省名教师工作室，跟着陈老师到浙江、上海、北京，见到了更多不一样的风景；同时，我聚焦课堂、聚焦学生、聚焦核心素养，不断更新自己的学生观、课堂观，也不断塑造自己的课堂文化，继而自己的课堂教学风格的内涵也变得越来越丰富。陈老师还会默默地为我们规划发展道路。正是在她的要求和带领下，我才发表了文章，参与了一些重要课题，并撰写了专著的部分章节。每次整理自己的简介，都能感悟到陈老师的良苦用心。

（五）转换平台，大开眼界

因缘际会，我有幸被调到东莞市中小学教师发展中心，从事教师培训工作。在这个过程中，大量的行政工作，与更多专家的交流，跳出小学学段、跳出数学学科，这些都给了我不一样的视角。这些体验表面上与一节节的数学课关系不大，其实潜移默化地改变着我的教育观、学生观、课堂观、课程观乃至思维方式，自然而然地影响了我对课堂的理解和认识，也影响了我的课堂文化。当我再次下定决心，回归学校、回归讲台的时候，其实是带着对课堂新的理解和认识来的，我也期待着在课堂中不断去实践这些新的理解和认识，不断优化、丰富自己的课堂风格。

一路前行，一路发现，一路改变。在各位"贵人"的引领下，我取得了点滴的进步。但知道得越多，就越能发现自己的无知。到清华大学附属小学跟岗的那一学年，让我有机会深入名校课堂，更深刻地领悟到"学生站立课堂正中央"的含义，也学到了很多实用的教学方法。课堂是永无止境的追求，庆幸的是，有良好的环境，有指路的明灯，我能够更加踏实地走在成长的路上。成长的道路虽然坎坷，但我乐在其中，享受成长路上、人生路上的美好风景。一路走，一路欣赏，这就是属于我的"在路上"。

## ▶ 我的教学实例

（一）教学内容、教材分析、学情分析

1. 教学内容

人教版《义务教育教科书·数学》六年级上册第五单元"圆"——"圆的认识"，属于"图形与几何"领域的内容。

2. 教材分析

（1）纵向梳理明知识结构（人教版）。

圆是小学阶段平面图形认识的最后一个内容，在此之前，学生已经认识了长方形、正方形、平行四边形和梯形、三角形等直边图形（如下图），在此之后，将依托圆的认识基础在六年级下册继续学习圆柱和圆锥这两个立体图形。

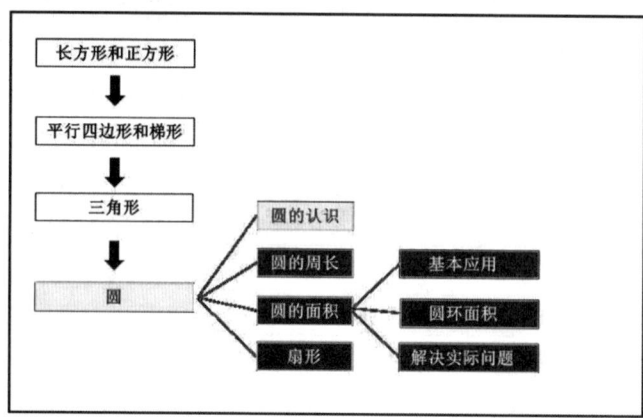

（2）横向对比探数学本质（人教版、北师大版、苏教版）。

|  | 人教版 | 北师大版 | 苏教版 |
| --- | --- | --- | --- |
| 教材分析 | 1．通过画圆认识和理解圆心、半径和直径等概念。<br>2．用折、画、量等方法，发现和归纳半径和直径的关系、圆是轴对称图形、半径决定圆的大小、圆心确定圆的位置等特征。 | 1．通过对套圈游戏怎样公平的思考，初步感受圆心到圆上的距离处处相等。<br>2．通过画圆认识和理解圆心、半径和直径等概念。<br>3．通过观察、思考发现半径和直径的关系、圆是轴对称图形等特征。<br>4．通过画圆发现半径决定圆的大小、圆心确定圆的位置。 | 1．在对比中发现圆和其他平面图形的异同。<br>2．通过画圆认识和理解圆心、半径和直径等概念。<br>3．用折、画、比等方法，发现和归纳半径和直径的关系、圆是轴对称图形等特征。 |
| 相同点 | 1．通过画圆认识和理解圆心、半径和直径等概念。<br>2．体现了学生自主探究的学习方式。<br>3．将对圆的本质理解蕴藏在画圆活动中。 | | |

3. 学情分析

（1）学生角度。

教者在校内通过对部分五年级的学生进行访谈发现，不少学生能说出圆心、半径、直径的名称，也能在圆中指出圆心的位置，画出半径和直径。但他们尚未建立对圆的本质的深刻理解，也就是没有意识到圆是固定好一个点，再以一个固定的距离绕着它转一圈得到的。

（2）教师角度。

通过对教师的访谈发现，不少教师认为：什么是半径、什么是直径、半径和直径的关系等其实一看就知道了，折纸等操作活动没什么必要，但要让学生理解概念的本质并不容易，也不知道如何才能做到。

（二）设计理念及思路

陈重穆先生等认为，我们应当明确反对对于形式上完美性的片面追求，如什么都要来个定义，分类则又务必做到不重不漏等。恰恰相反，数学教学应当"淡化形式"，也即应当允许非形式化，尤其是，应当"淡化概念"：不要把概念"放在最前面"，不要把概念看成"百分之百的不可变动、神圣不可侵犯"，不要单纯在概念本身上"下功夫"，而应把重点放在对实质的领悟上。圆的认识中，半径、直径等概念的理解应当注重的是对实质的理解，而不是对概念如何表述的推敲。

本课确定的教学思路如下图：

核心部分：

（1）通过对为什么"画不好圆"、怎样才能"画好圆"的思考，理解圆的本质。

（2）通过对"定的点叫什么""定的长在哪里""为什么叫半径"的思考，理解圆心、半径、直径等概念的实质，感悟推理它们之间的关系。

（三）教学目标与重难点

1. 教学目标

（1）经历画圆的过程，掌握画圆的方法，通过对"画圆"的思考理解圆的本质。

（2）认识圆，知道圆各部分的名称，理解圆的半径、直径等概念的实质。

（3）掌握圆的特征，感悟推理半径、直径之间的关系。

（4）培养学生的符号意识，发展学生的形象与抽象思维，提升学生的合情推理和演绎推理能力。

2. 教学重难点

（1）重点：掌握圆的特征，清楚半径、直径的关系。

（2）难点：理解圆、半径、直径的本质。

（四）教学过程

1．"画不圆"的圆

师：同学们，你们回家都预习了画圆，现在你们会用圆规画圆吗？（会）请大家在练习本上画一个圆。

（1）为什么画不圆？

师：大家的圆都画得不错啊，那谁能到黑板上来画一个圆？（老师提供的圆规是经过"改造"的，固定两脚的螺丝调得很松，是无法顺利地画好圆的。可以根据情况在一名学生画圆时邀请一名同学帮忙。）

预设：由于圆规的问题，学生画得歪歪扭扭。

师：为什么画不圆？

（预设学生回答：老师的这个圆规是松的，脚是摇晃的，两脚间的距离根本固定不住，所以不好画。我本来想固定住圆规的一个脚，但是那个脚底下是个吸盘，根本固定不住，越用力越在黑板上滑动，太难画了。）

师：同学们有没有注意观察，刚才他们画圆的时候，抓住的是圆规的什么位置？

（预设学生回答：两个脚。）

师：你们在练习本上画圆抓住的是哪个位置？

（预设学生回答：我们抓的是圆规最上面的把手。哦，我知道了，抓住把手圆规两脚间的距离才不会改变，抓住两个脚的话，两脚间的距离就会因为我们用力而改变。）

师：没错。老师刚才给大家的圆规是经过改造的，我把圆规上面的螺丝扭松了，所以两脚间的距离就更容易改变了。

（2）怎样才能画成圆？

师：同学们，那要怎样才能画好一个"圆"呢？

学生四人小组内交流。

（预设学生回答：要想画好一个圆，圆规的针尖要固定住不能移动，圆规两脚间的距离不能变。）

师：是的，你们找到了画圆的奥秘，要画好一个圆，我们要先"定点"，就是固定住圆规的针尖，还要"定长"，也就是固定住圆规两脚之间的距离。

（3）再次画圆。

老师在黑板上用修好的圆规画圆，并概括"定点""定长"。

学生在练习本上再次画一个两脚间的距离为3厘米的圆。

【设计意图】学生预习时能用圆规画圆和在黑板上无法用圆规画圆形成强

烈的认知冲突，促使他们去思考圆规画圆的本质，这也就是圆的本质。此活动的设计用问题驱动，以形象的、可操作的活动将抽象的圆的本质外显出来，有利于学生理解和掌握圆的本质。

2. 内化概念

通过刚才的学习，我们发现要画好一个圆，"定点"和"定长"都很重要。

（1）定的点是什么？

师：你们知道我们定的这个点叫什么吗？

（预设学生回答：这个点叫圆心，用字母 $O$ 表示。）

师：想一想，为什么叫圆心呢？

（预设学生回答：因为它在圆的中心。）

师：是的，画圆时针尖所在的点就叫圆心。（板书）

（2）定的长在哪？

师：画圆时，我们定的长在哪呢？

学生在自己画的圆上面找一找，然后在小组内交流。

（预设学生回答：画圆时圆规两脚间的距离就是我们定的长。画圆时定的长到处都是。从圆心到圆上每一个点之间的距离，都是我们画圆时所定的长。）

师：你们能把它画出来吗？

学生画半径。

师：这样的线段能画多少条？

（预设学生回答：有无数条。）

师：你们知道这样的线段叫什么吗？

（预设学生回答：它叫半径，用字母 $r$ 表示。）

师：是的，连接圆心到圆上任意一点的线段，是圆的半径。

（3）半径是谁的一半？

师：这条线段为什么叫半径呢？猜猜看！

（预设学生回答：它应该是谁的一半。如果把半径通过圆心向另一边延长到圆上，会得到一条线段，半径刚好是这条线段的一半。半径是直径的一半。）

师：原来叫半径是因为它是直径的一半。

师：你能在圆上再画一条直径吗？直径是怎么画的？

（预设学生回答：从圆上通过圆心，再画到圆上。）

师：我们也可以说通过圆心，并且两端都在圆上的线段，叫作直径。直径用字母 $d$ 表示。

（4）半径和直径的关系。

师：通过刚才的讨论，你们还有什么发现？

（预设学生回答：半径的长度是直径的一半，也可以说直径的长度是半径的2倍。直径和半径一样都可以画无数条。）

【设计意图】通过对"定的点叫什么""定的长在哪""半径是谁的一半"等几个核心问题的思考，让学生发现和感悟圆心、半径、直径等概念的本质，并能用自己的语言表达和内化。同时，通过想象、推理、思辨等得出半径、直径有无数条以及二者之间的2倍关系，培养了学生的空间想象能力、抽象思维能力和推理能力。

3. 深化认识

师：通过刚才的学习，我们发现和理解了那么多圆的知识，接下来我们就一起运用这些知识来解决问题吧。

（1）找出圆的半径或直径（直径用 $d$ 表示，半径用 $r$ 表示）。

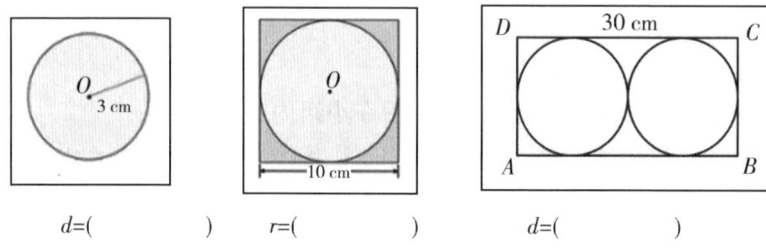

$d=($　　　　)　　$r=($　　　　)　　$d=($　　　　)

（2）看不见的圆。

方形的钟面上有圆吗？圆在哪里？如果分针的半径是20cm，转出来的圆有多大？

（3）复原圆形文物。

哪个圆形文物更容易复原？为什么？

【设计意图】找半径和直径帮助学生巩固对半径和直径的理解；找看不见

的圆,既加深了对半径的认识,还发展了学生的空间概念,也为学习计算针尖走过的路程、扫过的面积埋下伏笔;复原圆形文物,使学生更进一步认识到,圆的本质就是"定点"和"定长",二者缺一不可。

4．拓展升华

(1) 没有圆规还能画圆吗?

师:如果没有圆规,还可以怎么画圆呢?请同学们想一想,说一说。

(预设学生回答:用圆形物体描圆,在铅笔上绑绳子画圆等。)

观看借助各种小工具画圆的视频。

师:为什么这些方法都能够画圆,它们有什么共同的特点呢?

(预设学生回答:只要固定好一个点,再以一个固定的距离绕着它转一圈,就能画出一个圆。)

(2) 古今中外的圆。

《墨经》:圆,一中同长也。

古希腊数学家毕达哥拉斯:在一切平面图形中,最美的是圆。

生活中魅力无限的圆。

【设计意图】让学生思考画圆的方法,进一步升华对圆的本质的理解和认识;让学生了解中外数学家对圆的理解,深化对圆的认识;让学生观看一组生活中的圆的照片,感受数学之美跃然图上,点燃心中对美的向往、对数学的向往。

5．全课小结

这节课你最大的收获是什么?

你和你的小组同学表现得怎么样?

(五) 教学反思

以问题驱动思考,让学习真正发生。

圆是小学阶段平面图形认识的最后一个内容,在此之前,学生已经认识了长方形、正方形、平行四边形和梯形、三角形等直边图形,在此之后,将依托圆的认识基础在六年级下册继续学习圆柱和圆锥这两个立体图形。

我在校内通过对一个班级的学生(45人)进行问卷调查发现,超过半数的学生听说过圆心、半径、直径的名称,也能在圆中指出圆心的位置,画出半径和直径。但他们尚未建立对圆的本质的深刻理解,也就是没有关注和意识到圆是固定好一个点,再以一个固定的距离绕着它转一圈得到的。

通过教材分析和学情分析,我认为,小学阶段"圆的认识"抓住"画圆"做文章即可,因为圆规画圆的本质就是圆的第一定义:在同一平面内到定点的距离等于定长的点的集合叫作圆。基于以上认识明确了本节课的设计思路:

（1）先用圆规画圆，在对"画不圆"的思考中理解圆规画圆的本质，也就是圆的第一定义。

（2）通过对"定的长在哪里"等问题的思考，认识圆的各部分名称，理解概念本质，感悟推理它们之间的关系。

（3）练习巩固，在应用中深化学生对圆的本质的认识。

（4）拓展升华，探讨没有圆规如何画圆，使圆的本质在学生心中植根。

对于本节课的教学，有几点特别之处说明一下。

（1）为什么前置学习布置学生"玩圆规"？

学生会画圆是本课教学目标之一，而画圆属于操作技能，除了掌握方法之外还需要一定时间的练习。本节课的学习从画圆产生的问题生发而来，所以让学生提前掌握画圆的技能显得很有必要。从学习心理上看，学生对圆规这个学具早就"虎视眈眈"，提前购买圆规并布置他们"玩圆规"也符合学生的心理期待。所以，本课把"玩圆规"——尝试画圆作为前置性学习任务布置给学生。

（2）为什么改造圆规？

改造圆规的想法来自同事的抱怨。学校新购置的圆规教具，出于保护黑板的目的把针尖改成了吸盘，结果连工作近30年的老教师都抱怨这种圆规画不好圆。我想何不进一步改造圆规，把固定圆规两脚间距离的螺丝拧松，让这个圆规既无法定点也无法定长呢？由此就有了这个设计——请学生到黑板上用坏的圆规画圆。

学生在购买圆规并且"玩圆规"之后，早就能够熟练地用圆规画圆了，但他们未必理解"为什么用圆规可以画圆"。课堂上，当他们在本子上轻松完成画圆，到黑板上却遭遇"画不圆"的滑铁卢时，强烈的认知冲突让他们深深地陷入了思考。因为有操作上的对比，他们很快能够发现是吸盘的移动和圆规两脚间距离的变化造成了画圆的困难，从而在讨论如何才"画得圆"的过程中来体会和理解圆的本质属性。这样的体会，来源于学生学习活动的经验，是学生自己感悟进而总结出来的，比老师直接告知效果要好得多。

整个活动的设计，以教具的改造制造认知冲突，促使学生思考圆规画圆的本质，用形象的、可操作的活动将抽象的圆的本质属性外显出来，促进学生理解和掌握圆的本质。

（3）思辨明晰概念。

"圆的认识"这节课内容多，概念、特征多，如何帮助学生理解这些概念呢？

我国著名数学家陈重穆先生等曾明确提出数学教学应当"淡化形式，注重实质"。也就是不应该过分追求概念表述形式上的完美，不要把概念看成

"百分之百的不可变动、神圣不可侵犯"，"不要单纯在概念本身上下功夫"，而应把重点放在对实质的领悟上。

因此，当黑板上的圆画好之后，我让学生思考，刚才画圆时固定的点叫什么？画圆时固定的长在哪里？半径是谁的一半？在这个过程中，通过师生互动、生生互动，让学生用自己的话不断完善圆心、半径、直径的概念，进一步把握圆的本质特征。在这个环节中，我没有让学生咬文嚼字地推敲文字的表达，而是把重点放在了通过观察、思考，形成对半径、直径的概念，半径与直径关系的深刻理解上。

（4）练习凸显本质。

练习该如何凸显圆的本质特征呢？除了基础的找半径、直径长度的练习外，我还设计了找"看不见的圆"的活动。

方形的钟面上有圆吗？学生找到了时针、分针、秒针形成的3个大小不同的圆。如果分针长20厘米，那是多大的一个圆？学生在比画圆的大小时，既形成了空间概念，也为学习计算针尖走过的路程、扫过的面积埋下伏笔。

哪块圆形文物更容易复原？学生在比较几个残缺圆形文物时，体会到并非剩下部分越多越容易复原，而是要有圆心和半径的条件就容易复原。

这些练习，让学生进一步体会到了圆的本质特征。

所以，在最后面对"没有圆规怎么画圆"这个开放性任务时，学生才能如此总结：只要固定好一个点，再以一个固定的距离绕着它转一圈，就能画出一个圆。这不就是圆的定义吗？

这节课的教学，以"画圆"为主线，用问题驱动学生思考，在主动的对话交流、思考探究中，学生达成了对圆的本质的深刻理解。

▶ 我的教学主张

## 追求闪烁理性思维光芒的课堂

在北京师范大学发布的《中国学生发展核心素养》的总体框架中，中国学生发展核心素养，以科学性、时代性和民族性为基本原则，以培养"全面发展的人"为核心，分为文化基础、自主发展、社会参与三个方面。综合表现为人文底蕴、科学精神、学会学习、健康生活、责任担当、实践创新六大素养，具体细化为国家认同等十八个基本要点。其中的科学精神主要是学生在学习、理解、运用科学知识和技能等方面所形成的价值标准、思维方式和行为表现，具体包括理性思维、批判质疑、勇于探究等基本要点。理性思维是一种有明确的思维方向，有充分的思维依据，能对事物或问题进行观察、比较、分

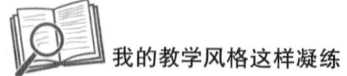

析、综合、抽象与概括的一种思维。

我追求闪烁理性思维光芒的课堂。为什么呢？首先，理性思维是人类思维的高级形式，是人们把握客观事物本质和规律的能力活动。理性思维能力是人区别于动物的各种能力之根本。其次，因为我自己从小就喜欢数学，自认为是一个具有理性思维的人，所以我期望我的学生也能爱上数学，成为具有理性思维和科学精神的人。我的课堂会尽力向学生们展示数学的魅力：数学可以解释这个世界，数学是那么简洁、严谨、有力，思考数学是那么有意思……充满数学味，就是为了能够展现理性思维的光芒。

在课堂中，我一直小心翼翼地呵护着学生对数学的兴趣，并试图不断地添柴加薪，使星星之火能够燎原。我给学生讲故事，讲数学史上惊天动地的大事：三次数学危机、数学史上的十大论战、密码在二次世界大战中的作用……也讲数学家的轶事：高斯一夜解出世界难题，欧拉一边抱着婴儿一边写论文，伯努利家族出了八位数学家……看到学生们听得如痴如醉、眼中放光，我觉得少做几道练习题也值了。

我的课堂，最大的要求就是"数学"，只要围绕这个核心，其他的都好商量。所以，我的学生经常在课堂上不举手发言，争论得面红耳赤。而我对于这样的"违规行为"，只要在掌控范围内，经常"放纵"。我乐于看见学生们积极思考、大胆表达。因为，我始终觉得，只有主动、积极地思考，才能体会数学的魅力，才能抓住数学的本质。

我的课堂，经常故意"刁难"学生，也许有人会诟病我拔高要求，但我依然坚持己见。因为我始终觉得，只要学生愿意去思考，愿意去挑战，这些难题对他们来说就不是负担。人生十指有长短，更何况一个班级的学生。不关注后进生是老师的失职，压抑了学优生同样是不公平。我期待在我的课堂上，每一个学生都能各取所需，获得各自的发展。

我的课堂，课后作业也不走寻常路。课堂表现好的学生，我颁发给他们"免做作业券"。然后他们凭借"免做作业券"来我这里领取"挑战题"。令我倍感欣慰的是，拥有免做作业权的学生都会选择挑战更难的题目，这既是他们对数学的兴趣，也能使他们获得解决难题的成就感。

从有数学味到闪烁理性思维的光芒，看上去很近，实际上很远。缩短嘴和腿的距离，还需要更多的教学行为去支撑。作为数学老师，最大的育人主阵地就是自己的课堂。让自己的课堂闪烁理性思维的光芒，是我职业生涯里永恒的追求，也许永远都达不到，但我愿一直在路上。

### ▶他人眼中的我

认识李峤老师是2007年，不是在比赛中，也不是听他课的时候，而是在一次观摩课后的研讨会上,一众发言者中,他对数学的独到认识和见解给我留下了深刻印象——这是个数学素养非常好、领悟力极强的好苗子。之后,他在市青年骨干小组、市课堂教学评比、学科带头人教学展示、我的省工作室以及广东省学科教研基地等平台的每一次"亮相",都很好地印证了我的判断。他的课堂有浓浓的数学味:情境创设、任务设计、提问及追问,都能准确地把握数学的本质,基于学生的认知,他总能用充满数学思考性的问题驱动学生思考、讨论,达成对数学本质的理解,让学生感悟数学思考之美、之乐、之趣。

**(东莞市小学数学教研员,正高级教师,教育部"国培计划"培训专家,广东省名教师工作室主持人　陈晓燕)**

李峤老师的课堂张弛有度,通过艺术性的追问带领学生深入思考,逐步抵达知识的本质,领悟思考的方法。既有轻松愉快的氛围,又有数学的思考,是趣味与数学味并存的大师级课堂!

**(大朗镇数学教研员,广东省"五一劳动奖章"获得者,全国青年教师能力大赛一等奖获得者,广东省青年教师能力大赛总冠军　曾娟林)**

李峤老师的教学观对我产生了重要的影响,每次听他的课都能带给我很多新的思考和启发。记得第一次听他的课是"圆的认识",整节课他通过核心任务让孩子们主动地思考和探究,那节课也让我第一次了解到"核心任务"这一概念。在我看来,李峤老师的课堂有两个特点:首先是简约、大气,没有琐碎的教学环节和多余的教学语言。其次,他的课堂极具数学味,在他的课堂中能看到孩子们在互动交流中碰撞出思维的火花,能看到孩子们像数学家一样思考,用数学的语言进行表达,在任务中进行深入地数学研究。

**(长安镇中心小学教导主任,广东省优质课评比一等奖获得者,广东省青年教师能力大赛一等奖获得者　卢磊)**

说起对李峤老师最初的印象,大概要追溯到他刚毕业去到锦厦小学任教的时候。那时我是一名四年级的学生,正处于每一门学科都已入门,但对无穷无尽的知识仍然充满着好奇心的时期。当时学校里的数学老师大部分年龄比较大,资历也比较深厚,他的到来显然给这个学校注入了新鲜的血液。而当时的我,自然也对他那新颖的教学方式充满了好奇。他给我们讲的那些与数学相关的故事,让我们顿时觉得数学是那么神奇、那么迷人。一群同学研究难题,争得面红耳赤的画面至今还浮现在我眼前。在他的引领下,很多同学爱上了数学,其中就有我。虽然时过境迁,我成了一名文科生,读的是新闻专业,看起来与数学风马牛不相及,但回想起当时的一切以及之后我的人生路,我仍然可以肯定地说,李峤老师的教学,对我的学习生涯和人生道路都产生了极其深远的影响。

他的教学风格独具一格。李峤老师的教学,不是"我说你听"的教学,

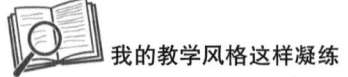

更不是填鸭式的教学，他是一个主张引导式教学，并且对我们的学习循循善诱的老师。当时的我，每每拿着数学题目去问他，他都不会直接写出答题过程就了事，也不会不耐烦地让我去看课后答案。他总是耐心地一点一滴地慢慢引导我。从问题到条件，我不懂，他就点到我懂；我没有思路，他就教导我逐渐形成自己的思路，让我慢慢地找到做出难题的成就感，也让我知道，这种成就感绝不仅仅来自答案的正确，更重要的是在答题过程中，无论是与标准答案相同的思路，还是自己独到的思路，都是独属于我的收获。这样的教学方式对我这个在学习旅途中的"初生牛犊"而言，犹如黑夜中的明灯，指引着我在学习上找到自己正确的道路，也为我往后的数学学习打下了良好的基础。

**（写作该文时系中国人民大学新闻学系学生　张尔雯）**

【点评】

李峤老师的课堂"充满数学味"，具体表现在数学信仰、数学气质和数学思维这三个方面。在他的课堂上，学生可以不举手发言，也可以争得面红耳赤，还可以不做作业，最大的要求就是"数学"。他把有限的数学知识作为载体，用数学独特的气质浸润学生，让他们用数学的思维去思考，成为一个具有理性精神的人，这是他所追求的闪烁理性思维光芒的课堂。

**（广东第二师范学院教授　闫德明博士）**

化"有形"于"无形",思"有限"于"无限"

# 化"有形"于"无形",思"有限"于"无限"

东莞市长安镇教育管理中心 李闫（学前教育）

**个人简介**

李闫，男，东莞市长安镇教育管理中心学前教育教研员，幼儿园一级教师。东莞市学前教育协会理事，长安镇优秀教师，长安镇优秀教育工作者，长安镇教育科研先进个人。曾获长安镇第一期幼师素养大赛一等奖，长安镇"讲讲我身边的好老师"师生演讲比赛教师组一等奖。参与省级课题项目"广东省学前教育高质量发展实验区——岭南幼儿园自主游戏实践研究"，主持市级课题项目"东莞市幼儿园课程游戏化示范项目——区域教育管理部门支持幼儿园游戏活动科学开展的实践研究"。其撰写的《动手、动脑、动心——民间手工活动开启幼儿民族情感的源泉》等论文多次获省、市级论文评比一等奖。

## ▶ 我的教学风格解读

我是一名男幼师，是幼教队伍中的"特殊"群体。在日常的幼儿园工作中，男教师除了能表现出男性特有的优秀品质以外，在思维层面更能辩证地去思考问题。我在教学过程中不仅关注教师本身，更注重对幼儿的影响，因此我将自己的教学风格归纳为化"有形"于"无形"，思"有限"于"无限"。"化"与"思"是相互辩证的，"化"是手段，"思"是目的，"化"为"思"提供有效途径，"思"为"化"提供理论支持。所以我认为教师的教学要从前期准备的"有形"到教授过程的"无形"，幼儿的发展要从相对固定的"有限"到发展潜能的"无限"。

### （一）化"有形"于"无形"，是我对教学方式的追求

"有形"是指教师在教学前做出的精心准备和策划，以确保教学过程的有效性和高效性。教学计划和教学方案的准备一定要"细致入微"，对内容、对自己、对幼儿有充分的了解，思考好每个步骤和环节。

"有形"的教学前准备和策划：一是教学内容严格遵循国家教育方针，明确教育目标和价值观；二是坚持幼儿园课程游戏化的教育理念，尊重幼儿的兴趣，注重个体差异，从而更好满足幼儿的需求；三是结合自身特长，将个人风格融入教学实践中，形成适合自己的备课模式。

"无形"是指幼儿在教学过程中感受不到被框架和束缚，在潜移默化中得

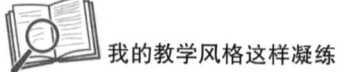
我的教学风格这样凝练

到知识经验的提升。教师不以说教的形式开展教育活动，而是积极创设游戏情景，将前期的准备融入游戏过程中。通过支持、引导、合作等方式让幼儿在玩中学、学中玩，从而达到幼儿主动获取知识经验的目的。

"无形"的教学过程和实施：一是巧用"游戏"，教师通过游戏化的手段，将学习内容转化为有趣、富有吸引力的游戏活动，让幼儿在愉悦、自主、玩乐的过程中获得知识经验的提升；二是妙用"情景"，根据幼儿的兴趣爱好、年龄特点和教育目标，创设符合幼儿生活经验的真实情景，不断激发幼儿的好奇心和学习兴趣；三是善用"策略"，在教学过程中充分给予幼儿情感、认知和行为等方面的支持，激发幼儿的主动性和创造性，鼓励他们尝试新的学习方法，提高其解决问题的能力。

（二）思"有限"于"无限"，是我对幼儿发展的思考

"有限"是指幼儿在成长过程中受到一定的限制和约束。一是在幼儿早期的发展阶段，他们的身体、认知和情感能力处于一个相对有限的状态，这意味着他们的能力和技能还受到多重限制；二是幼儿的成长要遵循年龄特点和发展规律，孩子在幼儿园的生活只有短暂的3年，碍于空间和时间的限制，无法实现跨越式发展。

"无限"是指幼儿发展的潜力是没有边界的。每一个幼儿都是一个独立的个体，教师应该发挥积极的作用，一方面通过了解幼儿的个体差异和特点，发现幼儿的闪光点；另一方面通过提供丰富多样的学习机会并分享经验，帮助幼儿发现自己的兴趣和潜能，为幼儿终身发展奠定基础。

因此，在幼儿发展过程中，作为教师应该给予幼儿充分的关注和支持。通过激发幼儿的学习兴趣，引导他们积极参与各种活动，帮助他们发现自己的潜能，并展现出个人特长和能力，从而让幼儿在"无限"的可能中精彩成长，成为具有创造力和思考力的未来人才。

## ▶ 我的成长历程

### （一）松花江畔的成长

"我的家在东北松花江上，那里有漫山遍野的大豆高粱"，这句歌词描绘的就是我的家乡北国江城——吉林省吉林市。美丽的松花江穿城而过，两岸的杨柳在冬季随着雾气的蔓延会形成自然奇观——雾凇。此刻，这座城市充满了诗情画意和浪漫气息，这既承载着吉林人对冬季的期盼，也凝聚着他们对故土的骄傲。

吉林市作为北方重工业城市，处处都展现着东北老工业基地的特征。我的祖辈、父辈都在吉林江北机械制造厂（现吉林江北机械制造有限责任公司）

工作。工厂始建于 1949 年 9 月,是与中华人民共和国同龄的老兵工企业。在我的印象里,工厂很大,有着自己的学校、医院、文化宫等完整的配套设施。因此,我的成长轨迹是很固定的——生活在职工住宅区,上学在职工子弟学校,玩耍在职工家属院后的小花园,每天的玩伴也都是父辈同事家的孩子。我从小在爷爷奶奶身边长大,他们对我的管教比较严格,我的童年好像没有书本里所描述的那么多彩,没体验过上山摘野果、下河摸泥鳅、在田野里奔跑的快乐。每当我回想起来,都会感觉自己的童年有那么一丝单调。

其实,童年时期对我影响最大的人是我的奶奶。她是一名裁缝,性格刚强而倔强。奶奶对我的规则性要求很多,对我的玩耍、学习、起卧等时间有严格的规定,像极了她做人做事的风格。生活中奶奶很节俭,爱干净,做事特别认真,一条裤子补了又补,但是永远都是那么的整洁。用奶奶的话来说就是:"一个人美与丑不是看衣服的华丽,而是在于有了补丁是否还是一尘不染。"奶奶对我的培养也体现了对隔辈更高的期望,在那个很少有课外班的年代,奶奶给我报名了珠心算培训班,我一学就是 6 年。小时候我只知道自己算数比别人快,但现在看来应该是经过系统训练后,自己的逻辑思维更加敏捷。长大后,我更加体会到奶奶对我的培养不仅是在规则意识的建立和逻辑思维的发展方面,更多的是对我个人良好品质的构建。这让我受益一生。

## (二)河套平原的求知

2006 年的秋天,和很多心怀梦想的青年一样,我收到了大学录取通知书。那一刻,和多数高考学子一样,我兴奋到了极点。当打开通知书,看到录取专业一栏用加粗的字体写着"学前教育"四个大字时,我瞬间有些发懵,同时脑海里出现一系列问题:学前教育是什么?学前教育学什么?学前教育做什么?要知道,零几年的时候在多数人的认知里,还真不了解学前教育这个专业。就这样,我抱着迷茫而又忐忑的心情踏上了去往大学的求知旅程。

我的母校是河套大学,位于内蒙古巴彦淖尔市,坐落在富饶的河套平原。在那里可以感受到黄河文化和草原文化的融合,体验到农耕文明与游牧文明的聚集。随处可见的成吉思汗画像、蒙语和汉语交杂的表达方式、对于牛羊肉与面食的执着,时时都令我感受到与东北截然不同的文化氛围。历经 2 天的车程后,我到达学校报到的时候才知道,学前教育就是培养幼儿教师。父母了解后就直接向我表达了"要不要回去再复读一年,可能这个专业真不适合你"的想法,但是我还是坚持选择留了下来。让人想不到的是,我的到来让学前教育系的老师和同学们很欣喜,因为周围都是女同学,全系加上我一共只有 8 名男生。这是我第一次有"众星捧月"的感觉,可见当时男幼儿教师的稀缺。

在大学的求学时光是丰富多彩的,不但有日常的知识学习,还有多样的技能要学，比如声乐、跳舞、画画、弹琴等。听起来学习的画面似乎很有美感，但实际的场景是：气息不稳的歌唱、动作笨拙的舞蹈、只看不画的写生、手指僵硬的练琴。现在想想，也许就是那个时候笨鸟式的练习，才让日后成为教师的我能有那么一点所谓的一技之长。在学前教育专业，男孩子往往会受到更多的关照，并会被给予很多机会。大一期间，我很荣幸地担任了班级团支部书记，升入大二后成功竞选为系团支部书记。在老师的支持和同学的鼓励下，我积极参加学校社团、校外实践、文艺演出等活动。记忆犹新的是在实习的时候，我代表幼儿园参加全市教学比武，第一次尝试将所学理论化作教学实践。虽然只获得全市二等奖，但与奖项相比起来，我收获的是比赛背后自我的思考：如何学以致用、如何灵活变通、如何特色鲜明。这些实践经历让不主动、不自信的我逐渐成长了起来。说起来，大学期间最值得骄傲的事是我成为了一名光荣的共产党员，这不仅是学校对我最大的肯定，也是我求知旅程中的重要收获。从此，我在人生和教育的道路上有了更加坚定的信仰。

### （三）智造之都的奋斗

2010 年，我来到了东莞市长安镇，这里被誉为粤港澳大湾区智造之都，不仅拥有着雄厚的经济基础，更是储备了来自五湖四海的高端人才。我很荣幸正式成为长安镇第一幼儿园的一名教师，在幼教一线岗位上一做就是 13 个年头。在长安这片沃土上，我获得的不仅是教师的职业角色，还拥有了丈夫这一家庭角色，继而又晋升为父亲的责任角色。可以说，长安赋予我的不只是一份工作，更多的是一份责任。这份责任让我始终坚守对教育的热情，时刻保持对生活的热爱，就像每天期待看到孩子们纯真的笑脸、听到妻儿银铃般的笑声一般。我想这就是归属感带来的幸福味道。

我的教师工作成长过程可以归纳为 3 个阶段。

第一个阶段——迷茫彷徨，这要从一节重上了 2 次的比赛课讲起。在正式步入工作岗位快半年的时候，我迎来了在幼儿园的第一次"教学比武"活动。当时我信心满满地准备了一节语言活动，整节活动自认为设计得较为良好，但课堂效果却是一塌糊涂。尤其是在评课环节，在场的老师给予了很多意见，总结起来就是从目标到结构，那节课好像都有问题，就像老师们说的那样："这节课需要修改的地方太多，不如重新设计一节来得快。"当时可能领导想给我一次重拾信心的机会，也或许想再验证一下我的个人能力，于是决定让我重新展示一节教学活动。我将之前实习时荣获市二等奖的课例搬了出来，想通过获奖的课例来扭转窘困的局面。但在第二次上课现场，当园领导和老师进入课堂的时候，我突然感觉仅有的那么一点自信瞬间消失了，我开始变得有些焦虑和害怕，在授课过程中语句卡顿、忘记流程、机械操作等问题频出，课堂效果比

化"有形"于"无形",思"有限"于"无限"

上一次还要糟糕。评课老师总评价为:课堂沉闷无趣、幼儿互动不强、教材把握不准。那次教学比赛对我的打击特别大,之后的很长一段时间我都在思考自己适不适合做幼儿教师。

第二个阶段——清晰明确,这要从幼儿园之前的副园长讲起。她是我在内心中一直感谢的人,在很多人质疑我的时候,她却选择相信了我,并给予我很多支持。有很长的一段时间,她经常来我班推门听课,一听就是一整节,刚开始我总认为她是针对我,怕我带不好班,所以来盯我上课。说实话那时我内心很排斥,主要还是出于对自己上课不自信的原因,不愿意别人看着我上课,很怕出错。但是随着相处时间的延长,我开始慢慢放得开了,对于她来听课我已经习惯成自然。过了很久,我们有过一次偶然的交谈,她说:"其实通过观察,我发现你很不自信,尤其是在有人听你课的时候,你显得很慌张,因此你要学会适应和克服,逐步找到属于你自己的上课感觉。"谈话时间不长,但让我感触很深,于是我尝试在教学活动中找定位、聚焦点、抓细节。通过一段时间的努力,我慢慢找到了适合自己的上课方式。于是,在第二年"教学比武"中,我将一年的思考和经验融入所展示的科学活动"小蚂蚁学本领"中。那节活动得到了老师们的一致好评,荣获了一等奖的成绩。从那之后,我开始享受与孩子们的活动过程,开始努力构建心中理想的课堂模式。到后来每次幼儿园开展课例展示、"教学比武"的时候我都充满向往,那既是我展示的舞台,也是我实现梦想的地方。

第三个阶段——优势融合,这要从我的爱人讲起。她和我一样也是一名幼儿教师,我们的聊天三句话离不开孩子。在平时的聊天中,她不止一次问过我这样的问题:"你是一名男幼师,其实有很多瓶颈,如果你想一直坚持这份工作的话,你还能做多久?"我爱人问的这个问题我没有深入地想过,但是很现实。随着年龄的增长,幼儿教师尤其是男幼儿教师的职业发展有着诸多的瓶颈,怎么让自己的幼教之路走得更稳、行得更远、做得更实,这确实是急需解决的问题。通过思考,我决定大体从两个方面着手:一是深挖特长,我作为一个东北人,可能天生有着语言表达方面的优势。我可以通过书籍学习、名家模仿等方式不断提升语言的规范水平,同时积极参加各类演讲及朗诵比赛,向优秀的伙伴学习,取长补短,探索尝试将语言的幽默融入日常和孩子们的教育活动中,让自己的课堂变得更有色彩。二是深耕科研,我深知突破自我的前提是具有解决问题的能力,科研就是很好的途径。随着教学经验的不断提升,会发现和遇到各种问题,我就将问题转化为课题,主动参与课题研究。例如在省级课题"岭南幼儿园自主游戏的实践研究"中,我清晰地认识到怎样让自主游戏活动的开展更加科学有效。在市级课题"区域教育管理部门支持幼儿园游戏活动科学开展的实践研究"中,我从区域教育管理的角度出发,学会如何

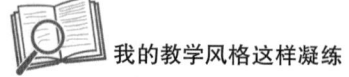

通过政策引导、资源整合、专业指导等方式，为幼儿园游戏活动的科学开展提供有力支持。深挖特长、深耕科研让我从观念更新到理论水平、从知识拓展到有效实践都得到了提升，也促使我在幼教的成长道路上不断蜕变。

▶ 我的教学实例

## "纸币 你好"
## 大班数学主题游戏活动案例

（一）设计背景

在幼儿园教学活动中，教师要善于抓住日常生活中的教育契机，选择那些幼儿生活中常见的、能引起他们兴趣的事物进行游戏情景创设，并且以真实游戏的方式让幼儿参与其中，提升知识经验。

在幼儿园晨谈活动中，我发现很多幼儿都喜欢分享和爸爸妈妈逛超市购物的经历，并且这个话题往往会引发孩子们"激烈"的讨论，这说明孩子们对逛超市是很感兴趣的。于是，我就以"超市"为主题开展了一次主题教学活动。

（二）预期目标

（1）幼儿能够在游戏情景中自主进行游戏活动，在游戏环节的不断深入中获取一定的知识经验。

（2）幼儿可以在活动中自主发现问题，并通过思考、合作找到解决问题的办法。

（3）幼儿在银行情景当中，能够自主填写取款单，能在银行里取得面额和取款单上数字相同的纸币，并初步了解银行的取款规则。

（4）幼儿在超市情景当中，能够观察商品价格并根据意愿自由选择，同时可以根据手中纸币的面额购买相应的商品，购物后，主动进行结算。

（三）活动过程

1. 讨论环节

（1）提出预设问题。

问题一：在超市购物的时候，我们需要注意些什么呢？

问题二：结算的时候需要用到什么呢？

问题三：钱从哪里来？你们知道它们有多少种面额吗？

（2）幼儿讨论结果。

化"有形"于"无形",思"有限"于"无限"

在超市里要有秩序地根据需求进行购买,购买商品时要轻拿轻放。

购买商品时要看商品标签价格。

购买结束后要自觉排队结算。

结算需要用到钱。

分析:在此环节中,幼儿针对问题开展激烈讨论。在讨论中,幼儿根据自己的想法开展游戏,并延伸出"钱"要去银行取,取钱需要填写取款单等问题。教师充分发挥幼儿的主体性地位,为接下来游戏活动的顺利开展奠定基础。

2. 游戏环节

(1)情景一:银行钱没有了。

游戏活动进行得很顺利。正当大部分幼儿取款即将结束的时候,我发现萌萌小朋友还在取款台前拿着取款单转来转去,有些不知所措。银行工作人员(教师扮演,下同)观察了一会儿后,确认出现了"问题"并及时上前了解情况。"您好!小顾客,有什么可以帮到您?"萌萌小朋友嘟着小嘴说:"我填写好了取款单,可是我没有看到有10元面额的钱呀!我的钱没有了。"原来是自主柜台上10元面额的纸币都被其他小朋友取光了,看到其他小朋友都取好钱奔向超市,萌萌小朋友都快急哭了。这时有几名平时表现比较活泼的小朋友看到萌萌小朋友哭了,都围过来看热闹。银行工作人员向其他小顾客说明了情况,并表示现在银行10元面额的纸币已经没有了,其他小顾客可不可以帮忙想想办法呢?这时君君小朋友把手抬得高高的,指着银行柜台上其他面额的纸币说:"萌萌,你可以拿其他面额的钱,凑成10块钱呀!你和我一起去取。"于是几个小伙伴就一起去取款,并成功凑够10元钱。银行工作人员及时向小顾客分享了银行遇到的"危机",并把萌萌小朋友取款的经验分享给了大家。再回头看萌萌小朋友哪里去了?她早就擦干了泪水,挤到超市里购物去了。

(分析:在这个游戏情景中,萌萌小朋友填写的取款单面额与纸币面额不符,取不到钱,但是银行工作人员的角色引导以及小朋友的讨论很快就让萌萌受到了启发,可以通过多张纸币组合凑够取款单的数目。同时取款过程中,教师也可以根据幼儿是否按照取款单取得等面额的纸币,检验幼儿的游戏情况,帮助他们潜移默化地对数学认知10以内的合成加以巩固并应用到生活中来。)

(2)情景二:我的钱多了。

超市的"生意"可是真好呀,有些小朋友很快就买到了心仪的商品。但是,轩轩的购物经历就没那么顺利了,他在结账的时候被超市引导员(教师扮演,下同)拦截下来了。他捧着喜欢的玩具车一脸茫然,还大声地说:"我结账了呀,你怎么不让我走?"超市引导员表示:"你是结账了呀,可是你的玩具车是9元钱,你给我10元钱,你要自己进行结账找零呀!"此时,旁边等待结账的小顾客们也都说:"是呀,你要自己找零钱呀,你多给了1元钱,快拿回来呀。"很快这种"可以找零"的购物模式开始被很多小朋友采用,小朋友们又投入到新的购物游戏中。

分析:在这个游戏情景中,幼儿根据日常生活经验开展活动。幼儿的自主参与让他们对超市购物的规则和细节有了更深刻的了解。出现的结账找零问题让幼儿再一次学习和巩固数学认知10以内的分成。教师提供商品的价格不同,纸币的面额不同,本身就是材料的多样化,通过两种不同的组合,既满足了能力一般的幼儿进行数学问题练习的需求,也在一定程度上为能力较强的幼儿提供了更多的挑战机会。

(3)情景三:把钱放在一起吧。

在经历了超市购物后,孩子们都得到了自己喜爱的商品,有的是食物,孩子们开始品尝起来;有的是玩具,孩子们聚集在一起玩耍。可是没过多久,食物吃完了,对玩具也没兴趣了,孩子们就开始想再次去超市购买商品。经过第一次购物后,孩子们手中的纸币也变得所剩无几了。这时有两个小朋友还在那里讨论。"刚才在超市有个小飞机很好玩,可是我没买。"明明小朋友说。咚咚小朋友马上接茬说:"真的很好玩吗?去给它买过来呀。"两位小伙伴很激动,都嚷嚷着要去买。明明小朋友提出:"我们的钱不够呀,怎么买?"他们开始寻求超市引导员的帮助,超市引导员说:"也许一个人的钱是不够,但是很多人在一起也许会有办法。""对!把钱合起来,一起去买,一起来玩。"咚咚小朋友大声说着。于是在咚咚小朋友的带领下,几个小朋友开始凑钱,很快就手牵手把小飞机买回来了。这次成功的购物开启了一段新的购物旅程,很多小朋友开始纷纷效仿,用剩余不多的纸币合作购买商品。

分析:本节游戏情景中,在幼儿面对自己购物款不足的问题下,教师有效介入,引导幼儿尝试合作购买商品,使幼儿认识到了合作的意义,并且通过两人及多人的合作,培养了幼儿的集体意识,认识到了合作的重要性,提升了学习品质。

(四)活动亮点

(1)本次主题游戏活动从实际生活出发,加深了幼儿对周围事物的认识和了解,使其获取了一定的数理逻辑知识和社会性知识,并在动手操作与思维训练的过程中,加深了对事物的认识,增长了经验。

(2)游戏活动全程由幼儿自主参与,自主地发现问题、解决问题,促进了幼儿思维能力的发展,也让幼儿的想象力、创造力和问题解决能力等得到了一定的发展。

（3）教师在游戏活动中提供真实的情景创设及材料，以游戏化的方式开展教学活动，突出幼儿的主体性地位，做到准备充分、策略支持有效、教学过程无痕，让幼儿在潜移默化中学习知识。

## ▶ 我的教学主张

孩子是上天赐予我们的独特礼物，他们像一颗颗种子，会长成一株株小草、一朵朵花或者是一棵棵参天大树，这取决于在教育过程中我们给予的生长环境以及对孩子潜力的挖掘。所以，我的教育理念一直秉承两个观点：一是相信幼儿有无限生长的可能，这是基础；二是教师要用正确的方法加以引导，这是手段。两者要相辅相成、相互作用、相互促进。

### （一）"无形"教育，让幼儿成为中心点

"无形"教育是一种独特而有张力的教学方式，它以不直接传授知识为特点，在幼儿的发展中起到了间接而深远的影响。与传统的讲解式教学相比，无形教育更注重教师的积极创设和引导，通过游戏情景的构建，将教育准备融入幼儿的游戏过程中，从而让幼儿在玩耍的同时获得知识与经验。这种教学方式不仅能够激发幼儿的主动性，还能够培养幼儿的合作意识和解决问题的能力，使他们在快乐中成长。

首先，"无形"教育的前提是教师会精心设计游戏情景。教师在准备教育活动时，会为幼儿创造一个轻松愉快的学习氛围。在传统教育中，教师往往扮演着知识的传授者的角色，以教导的形式向学生灌输知识。然而，"无形"教育则采用了不同的方式，通过游戏的形式使幼儿主动地投入学习中。幼儿在其中通过模仿、观察、实践等方式来探索和学习，在潜移默化中将所学知识吸收为己有。

其次，"无形"教育的核心是引导和支持幼儿的自主学习。教师通过观察幼儿的兴趣和需求，积极引导他们主动探索。当幼儿在游戏中遇到问题时，教师不会立刻给出答案，而是提供合适的提示和引导。这种方式能够培养幼儿解决问题的能力，激发他们的创造力，促进他们思维能力的发展。

最后，"无形"教育还要重视合作学习的方式。在游戏过程中，教师会引导幼儿之间相互合作，共同完成任务。通过合作学习，幼儿能够与他人分享自己的想法和经验，培养团队合作精神和沟通能力。这不仅有利于幼儿的个人发展，也能够培养他们在团队中相互尊重和理解的品质。

总之，"无形"教育是一种充满乐趣和互动的教学方式，它以游戏为媒介，激发幼儿的学习兴趣和积极性，培养他们的合作精神和解决问题的能力。通过无形教育的实施，幼儿能够在快乐中学习，感受到知识的乐趣，并将所学

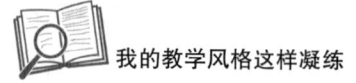

知识应用于实际生活中。"无形"教育的实施不仅对幼儿的发展有着积极的影响,也是教师们不断探索的一个重要方向。

## (二)"无限"可能,让游戏成为金钥匙

游戏是人类社会中不可或缺的一部分,它不仅仅是娱乐的方式,更是一种重要的学习和发展工具。通过游戏,幼儿能够在愉快的氛围中获得知识、培养技能和发展各方面的能力。因此,我们应该认识到游戏的重要性,并善于运用游戏手段来促进幼儿的全面发展。

首先,游戏在幼儿的成长中扮演着重要的角色。幼儿时期是人类一生中最关键的发展阶段之一,此时大脑正在迅速发育,认知、语言、社交和情绪调节能力都在不断地成长。通过游戏,幼儿能够积极地参与各种活动,主动探索和学习。游戏为幼儿提供了一个自由发挥的空间,他们可以通过模仿、角色扮演和创造性的活动来培养自己的想象力、创造力和解决问题的能力。

其次,我们可以运用游戏手段来促进幼儿的发展。游戏可以分为自主游戏和指导游戏两种形式。自主游戏是指幼儿根据自己的兴趣和需要自主选择游戏内容和方式。指导游戏是在教师的引导下进行的游戏活动,目的是帮助幼儿学习和发展。在自主游戏中,幼儿可以根据自己的兴趣和需要选择适合自己的游戏,他们可以通过游戏来培养自己的观察力、注意力和记忆力。在指导游戏中,教师可以通过提供适当的游戏材料和指导让幼儿参与到游戏中,从而帮助他们学习和发展。例如,在数学游戏中,幼儿可以通过计数、排序和分类等活动来学习数学概念和技能。

最后,游戏对幼儿的全面发展具有积极的影响。通过游戏,幼儿可以培养自己的社交能力和情绪管理能力。在游戏中,幼儿需要与其他人合作、分享和解决冲突,这有助于他们建立良好的人际关系和培养解决问题的能力。此外,游戏还可以促进幼儿的身体发展和运动能力提升。在游戏中,幼儿可以通过跑、跳、爬等活动来锻炼身体,提高自己的协调性和灵活性。

总之,游戏是幼儿发展的金钥匙。通过游戏,幼儿可以在愉快的氛围中获得知识、培养技能和发展各方面的能力。因此,我们应该认识到游戏的重要性,并善于运用游戏手段来促进幼儿的全面发展。让我们一起为幼儿创造一个丰富多彩的游戏环境,让他们在游戏中快乐成长,开启无限可能的未来!

## ▶他人眼中的我

我在广东省学前教育高质量发展实验区进行项目调研时认识了李闫老师,初识的印象是:他是一位帅气、幽默的老师。在后期的项目研究中,我发现他对学前教育有自己独到的见解和特有的情怀。他是一个不可多得的活跃在学前

化"有形"于"无形",思"有限"于"无限"

教育一线的实践研究人才。他主张将"有形"的教学准备转化为"无形"的教学引导过程,用"有限"的成长空间和时间充分挖掘孩子"无限"的发展潜能,这非常符合幼儿的发展规律和发展需求。期待李闫老师能坚持自己的教育主张,实现自己的教育梦想!

**(广东省教育学会　王蓓蓓)**

李闫老师是我市学前教研队伍中不可多得的男性教研骨干。共事多年,他给我的印象是生活质朴,好学上进;待人真诚有礼、热情大方;做事沉稳踏实、努力而不张扬。他具备学前教研人刻苦钻研的精神,对学前教育教学有独到的视角和专业的见解,并逐渐形成了自己的教育理想和思想主张,在工作中沉淀了很多好的经验做法。希望李老师继续发挥自身的优势和专长,以梦为马,不负韶华,在学前教研路上成就他人、成长自己,书写幼教事业新篇章!

**(东莞市教育局学前教育教研员　邹丽琼)**

以广博的学识,在教研中游刃有余;
以敏捷的才思,在教学中推陈出新;
以严谨的态度,在管理中精益求精;
以洒脱的性格,在生活中挥洒自如。
——这就是我的同事、好友,李闫老师!

**(东莞市长安镇教育管理中心语文教研员　岳林杨)**

李闫老师给我最大的印象是真诚。

工作中的他——真。一个爱"较真儿"的东北汉子,他的这股子爱研究、好探索、好打破砂锅问到底的劲儿一直影响着身边的我们。他风趣幽默、见多识广,设计的教学活动形式多样、操作性强,师幼互动就像爸爸和孩子一样亲密无间,深受同事们喜爱和赞赏。"让孩子在实际操作中学习"是他教育实践的代名词,为了备好一节教学活动,他经常忙到深夜还在为孩子们细心地分配材料、设计活动流程,对着镜子一遍又一遍地练习,拉着我们一帮小伙伴听他试讲,现场辩论,凡事都要力争做到更好。正是这种敢于较真儿的精神,使他成为大伙儿眼中鼎鼎大名的真(求真精神)老师。

生活中的他——诚。生活中的他像极了大家口中的"活雷锋",东北人出了名的热心肠、讲义气,为人豪爽。谁有困难,想方设法第一个去提供帮助的绝对是他。他积极乐观的生活态度就像一股暖流直奔人心田,大伙儿都爱围着他聊生活、谈理想,论人生百态。

如果用一个词来形容我眼中的他,那就是亦师亦友。他严谨而求真的工作作风是我学习的榜样,他坦率而真诚的为人是我们相向而行的标杆。我们是相互的老师,亦是一路的挚友。

**(东莞市长安镇第一幼儿园教学主任　康朱惠)**

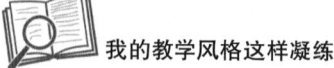

【点评】

化"有形"于"无形",思"有限"于"无限",是李闫老师教学风格的关键词,也是他成长历程和工作状况的真实写照。在他看来,"化"与"思"是相互辩证的,"化"是手段,"思"是目的,"化"为"思"提供有效途径,"思"为"化"提供理论支持。李闫老师认为,教师的教学要从前期准备的"有形"到教授过程的"无形",幼儿的发展应从相对固定的"有限"到发展潜能的"无限"。

(广东第二师范学院教授　闫德明博士)

# 润物无声，赏待花开

东莞市长安镇中心幼儿园　梁万华（学前教育）

> **个人简介**
>
> 　　梁万华，女，东莞市长安镇中心幼儿园教学副园长，小学二级教师。东莞市优秀教师，东莞市名师培养对象，长安镇"品智教师"，长安镇"最美教师"，长安镇优秀班主任。音乐教学活动设计《快乐淋浴》发表于核心期刊《幼儿教育》，活动案例《放手，奏响离园"和谐曲"》获东莞市幼儿园"一日生活"活动优秀案例评选一等奖，主持市立项课题"利用废旧材料开展创意美术活动的实践研究"并结题，主持东莞市教育科研"十四五"规划2022年度幼儿园课程游戏化专项课题"幼儿园戏剧教育课程游戏化的实践与研究"并结项。

## ▶ 我的教学风格解读

　　我的教学风格是"润物无声，赏待花开"。我主张一种自然、退位或者说是让位式的教育，把学习和生活的主动权交还给孩子们。老师以一个成年的智者身份给孩子们做辅助，是引导者、激励者、成长环境和发展条件的创造者。

　　"润物无声"，指的是渗透于日常生活中的、言传身教于无声处、留白的教育。"赏待花开"，指的是尊重孩子的成长节律、发展规律，从而进行的启发式教育。

　　对于孩子的成长，我们不能着急，更无法代劳，我们能做的就是静心等候，因为这是成长的过程。我们最应该做的就是和孩子一起成长，享受这个过程，让孩子健康地按照自己的节奏成长。

### （一）用好生活中的教育资源

　　"一日生活皆课程"是每一位幼儿园老师都必备的课程观。如何在生活"课程"中润物无声地渗透教育呢？我是这样做的：在培养孩子基本的生活自理能力的基础上，更注重把生活的主动权还给孩子，从自我服务到给他人提供帮助，进而为他人服务。从小培养孩子良好的服务意识。

　　培养无小事。在小班，我注重培养孩子们独立进餐、盥洗、穿脱衣、喝水、起床等生活自理能力，使他们成为完全能自我服务的小达人。在中班，我把孩子们能独立承担的事情分成N个难度不同的项目，有意识地引导他们根据自己的能力主动承担任务。有些孩子自我效能感很低，我会鼓励他们：先试试看，如果不行我们再想办法。扫地、擦桌子、挂毛巾、准备学具、检查区域整理情况，甚至是到医务室送晨检卡。每个"岗位"一月一换。看似微不足道的事情，经过一天又一天的坚持，我惊喜地发现：在信任和放手过程中，孩子们发生了从"我不会"到"我试试看"，再到"原来我可以""我能行"的自我认知转变，变得更主动、更自信、更有责任感。

生活育人。当孩子做出利他、利集体的行为时，我会表达欣赏，并毫不吝啬地给予表扬；当孩子得到认可时，他的自我效能感、归属感和价值感就会得到不断提高。"我能行""我可以做得到""我可以做得好"的认知印刻在孩子的脑海里，进而其自信心和成就感、内驱力也会越来越强，不断交融在一起就会形成一个不断上升的螺旋式发展过程，从而促进孩子们不断向好发展。

## （二）用好生活中的教育契机

"生活事件皆教育契机。"生活中每每出现的偶发事件，都是一次次可遇不可求的教育契机。退位的视角让我更理性，我时刻保持情绪稳定，善用生活中的教育契机，试着把生活的决策权交给孩子，与他们共同解决难题。

当我被过道上的椅子绊倒时，我会拍下图片，进行儿童会议，引导他们商讨解决方案，孩子们从中学会了照顾自己、照顾老师、照顾更多的人；当室内出现闹哄哄的情况时，我会用手机抓拍，事后进行个别访谈，将内容反馈到集体中，让大家谈谈感受，孩子们决定共同制定班级公约；当生活中孩子们出现争执时，我会与他们共同回顾事情的发生经过，说出自己的观点和想法，对可能发生的结果加以讨论，寻找避免坏结果发生的方法和途径，他们决定把"遇到争执要冷静"纳入班级公约，大家相互提醒，师幼共同遵守，形成舒适、幼幼良好互动的班级氛围；当孩子们损坏幼儿园的公共物品时，大家觉得做错事情要负责，"肇事者"主动要求我带他找负责的老师面对面商讨解决的办法，而我则为孩子提供辅助的工具和材料，引导他邀请好朋友一起帮忙共同完成任务。这些孩子们遇事敢于面对，有责任、有担当；当班级鱼缸养育的小鱼失去生命时，孩子们决定让我带他们把小鱼葬于大树下，还要求我给他们讲生命的故事……

在生活细节中，用好每一个教育契机，言传身教，培养孩子们良好的社会秩序感，让教育最终回归生活。

## （三）用好生活中的碎片化时间

古诗是中华文明灿烂的历史长卷中的绝妙华章，也是人类文化瑰宝。古诗词主要通过诵读来学习，教师诵读的语言作用于幼儿的听觉，产生刺激，然后通过神经系统传导给大脑的相应部位，便形成了感知。

我喜欢诗词，仰慕腹有诗书气自华的人，希望带孩子一起进入诗词的世界。我巧用幼儿园一日生活中的碎片化时间，如排队、盥洗、换衣服、进餐、起床、整理区角等，带孩子们进行诗词的听读和吟唱，一边整理区角一边播放音乐，熟悉古诗，一边排队一边诵读古诗，一边换衣服一边吟唱古诗，一周学一首、两周学一首。幼儿喜爱游戏，我则想办法为古诗学习赋予游戏性——对暗号："床前明月光"对"疑是地上霜"；"举头望明月"对"低头思故乡"。我还会开展"小老师"游戏，让小诗人担任小老师，带领其他孩子共同学习他们知道的古诗，把学习的主动权交给孩子们，我从旁协助和激励。巧用时间，活用场景，善用激励，让古诗词润物细无声地融入他们的生活。

在碎片化的时间里，我尊重孩子们的学习特点和成长节奏，找合适的机会带他们感受中国的诗词文化。春天我带孩子们学习"竹外桃花三两枝，春江水暖鸭先知""春眠不觉晓，处处闻啼鸟"；遇到下雨时，我带孩子们学习"随风潜入夜，润物细无声"；看到蜜蜂时，我带孩子们学习"采得百花成蜜后，为谁辛苦为谁甜"；冬天，我带孩子们学习"墙角数枝梅，凌寒独自开"；毕业季，我带孩子们学习"桃花潭水深千尺，不及汪伦送我情"……我希望诗词对孩子的教育和滋养，潜移默化地影响他们，成为伴随他们一生的财富。

## ▶ 我的成长历程

### （一）童年的"百草园"

田野间的嬉戏不拘泥于纵横的阡陌，野性中绽露出纯真是我童年生活的主旋律。小时候，爸爸妈妈忙于工作，给了我自然生长的空间和时间，我的学习和生活几乎接近于"旷野放养"，但他们总会抽空给我立"规矩"，适时地"纠偏扭正"，让我不至于"废了"。

#### 1. 敢想敢做

大院里每一棵树我都爬，无论树长得有多高、多奇特，我总会想办法爬上去，甚至静静地躲在树上玩捉迷藏。有段时间我沉迷于踩高跷，会不断观察哪条树枝的形状与高跷最接近，发现后就偷偷地带着砍刀把它砍回家，一遍又一遍地练习。树上的果子、路边的花我都会摘下它们尝尝味道。屋后的石头登山路，因为登了无数遍，我至今依然清楚地记得一共有489级阶梯，偶尔我还会另辟蹊径从不同的角度爬上去。我喜欢登上塔顶，在风吹塔摇中，感受"会当凌绝顶，一览众山小"的豪迈。只要有想法，我就想尽办法做到，敢于挑战"不一样"。

#### 2. 好玩趣探

大自然为我提供了很多特别的"玩具"：拾捡山上透明的水晶石，迎光寻找七彩光；收藏奇形异石，用有颜色的石头涂涂画画；在山脚下追蝴蝶、躲蜜蜂，发现蝴蝶翅膀的粉对皮肤有伤害、蜜蜂不能看到静止的物体；在池塘边抓蝌蚪，人工池子里捕迷你虾，悟出速度的重要性；在菜园里抓毛毛虫，才知道不是所有的毛毛虫都能变成美丽的蝴蝶，有些会变成蛾子；带着蜡烛探洞，知道了不是所有的山洞都"友好"；徒手抓蝗虫并观察它的翅膀，知道了薄如蝉翼的真正样态，研究它腿部的"强大武器"，原来是结实的大腿让它弹射力极强，锯齿状的小腿让我在捕捉被弹时嗷嗷直叫……在"百草园"里，那颗在生活中学习与成长的种子早已埋在了我心里。

东徙西迁的日子里，周遭事物变化无常，父母一贯的教育，让我像小草一般野蛮生长，于是乎总能结识许多有趣的朋友，总能给大院里的小伙伴们带去出其不意的惊喜，总能带着他们一起探寻后山的秘密，感受野性的自然浸润，观察小草的坚韧生长，这些都要感谢我的"百草园"。

三年级那个夏日的夜晚，我拉着小伙伴组成了一支"大院小合唱队"，我担任指挥，给路过的大人们演唱《让我们荡起双桨》，热烈的掌声让小伙伴们和我兴奋了一晚。记得有位阿姨说："大院里大大小小都那么愿意听你指挥，你长大很适合做幼儿园老师啊！"这句话就像一则预言，冥冥中就像一道光，照亮了我未来的路。

### （二）校园的"三味书屋"

大学里的海量知识、目不暇接的人群、一个接一个崭新领域的发现，让我有一种近乎疯狂的渴望，久旱逢甘霖的渴望，那种疯狂让我的大学没有一点儿遗憾。

1996年，我离开家乡考入了肇庆市西江大学（现为肇庆学院）教育系。我以惯用的海绵式思维度过了我的大学生活，除了专业理论知识以外，钢琴、手风琴、唱歌、舞蹈、绘画、书法……每一样都认真学习、吸收，优异的成绩让我有幸被评为"南粤优秀师范生"。我是学校舞蹈队的一员，参加过全省舞蹈比赛，参加过"校园歌手"大赛，还是学校管乐团的鼓手、系里合唱团的指挥。同时我也很爱运动，是系里篮球队的队长、健美操队的成员，篮球、乒乓球、排球都能玩两下。

大学里的闲暇时间充裕而丰富多彩。课外时间我热衷于参加各类社团活动，尤其是体育舞蹈。我在偶然的机会下成为体育系老师眼里的苗子，成为学校唯一的跨界体育舞蹈队成员。由于普通话标准，我也成为学校广播站的其中一员。见缝插针地接触每一个社团，让我连轴转了起来。三人行，必有我师！社团活动的经历，是我从学校迈向工作的重要一步！它让我可以轻松地面对复杂多变的要求，感谢我的"三味书屋"。

相逢即是缘。在1999年的师范毕业季，我随找工作的同学来到长安镇中心幼儿园。园外坐在车上的我看见那时建筑上的"城堡线",不禁心中感叹:如果以后也能在这个城堡里工作就好了!这缘分冥冥中就像一条线,连接起了我未来的路。

### (三) 事业的"追光者"

光照耀着每一片土地,这片土地就成了我施展才华的大舞台!空间自由,肢体方能舒展,方能无限蹦跶!追光而舞,追逐光源,沿着光的轨迹而舞,丝柔顺滑,流畅自然!它润泽着每一个阶段的我,使我的专业水平不断发展,逐渐沉淀,也使我在追求教育理想的路上永不停步。

#### 1. 追职业成长之光

一出校门,我就很有幸加入了长安镇中心幼儿园这个大家庭。徐维亚园长就像一道光,照亮了我的职业成长之路。我从新手型教师成长为教学型教师,轻松驾驭活动内容与师幼互动,学会退位,把学习和生活的主动权交还给孩子们,这才有了在"全国音乐教育南北对话会议"上展示的机会,有了前往南京、青岛、郑州等地对外推广幼儿园教育教学特色的机会,有了前往欧洲、美国交流研学的机会。这些机会渐渐拓宽了我的视野与思维,我也在一步一步沉淀自己、定位自己并规划自己的职业发展。

#### 2. 追教育研究之光

各路名师、专家就像一道光,照亮了我的教育研究之路。我从教研型教师走向导师型教师,从专业视角、儿童视角研究教法与学法之间的关系,探索教师如何教才是科学的、有效的,用什么方式教才符合孩子的学习与发展规律与需要,如何激励才能让他们有兴趣、有驱动力地进行学习。实践证明,在轻松、有趣的氛围中,孩子们才愿意学习;在松弛、有爱的关系中,孩子们才乐于学习;在开放、包容的理念中,孩子们才敢于探索并求证。

#### 3. 追儿童发现之光

多年的教育沉淀,让我有了自己的教育想法,碰到的孩子越多越让我觉得该为孩子多想想,多做一些事情。"不积跬步,无以至千里;不积小流,无以成江海。"我开始将目光聚焦于孩子,沉心于教育一线,对孩子的行为、情绪、学习、游戏进行观察和研究。借助《正面管教》《感觉统合训练》《绘画心理学》《科学的早期教育》《儿童游戏通论》等书籍的帮助,我渐渐在生活观察中读懂孩子,树立自己的儿童观、管理观,形成自己管理班级的模式,在影响孩子的同时也影响了家长,建立起志同道合、共赢的家园关系。

工作年限越长,我就越坚定我的想法:教育需要尊重每一位孩子的成长发展规律,为他们制定个性化的教育,用发展的眼光看待孩子、欣赏孩子;把教

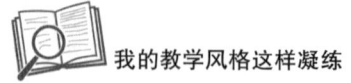

育生态做好，让他们自主、自由地成长，做独一无二的自己，也成为最好的自己。而在追光的路上，我也成为了更好的自己，并逐渐形成了自己的教育教学风格——润物无声，赏待花开。

### （四）管理的"摸索者"

"教而优则仕。"我在教育岗位上经历了二十四载的春秋轮回，捶打磨炼，走上了管理之路。换了一条赛道，开始还真有点措手不及，一度手忙脚乱，毫无头绪。感恩的心一直教我做好每一件事，感恩每一个人。幸好参加了"品智班"，我遇到不断鼓励我的"伯乐"蔡主任，在管理成长路上被发觉、被发现、被培养。"品智"同行的路上我也遇到许多眼界开阔、思想独到、风格各异的良师益友，他们让人仰慕、欣赏、想要追随。我们一起在北上广南深耕研学，白天上课，晚上写作业，我们在一起沉心学、静心思、潜心创，同脚步、同方向、同力量。与智者同行，让我成长更迅速。

"入芝兰之室，久而不闻其香。"我开始放慢脚步，阅读管理类书籍，仔细观察与思考身边的人和事。在忙碌的工作和研学期间，我渐渐打开管理思维，被影响、被鼓励、被同化。我寻找到了方向！我摸索学习，处理好向上、横向以及向下三重关系。向上面对园长时，在幼儿园管理上保持目标高度一致；横向管理时，和各个部门相互配合，保障幼儿园的高效运行；向下面对教师时，倾听教师的心声，读懂他们的需求，寻找他们个人的发展节律，帮助他们在原有水平上取得进步以及在职业道路上实现个人追求。

在教学管理的道路上，我现在依然是摸索者。"路虽远，行则将至；事虽难，做则必成。"一直在学习、在模仿、在内化，我也期待"赏待花开"。

## ▶ 我的教学实例

## 大班歌唱活动"小雨点跳舞"

【设计意图】陈鹤琴先生指出："大自然是活教材。"自然中丰富的资源都可以成为我们的教育资源。下雨是人们生活中的常见现象，幼儿对雨也有一定的感知经验。《小雨点跳舞》是一首轻快、活泼的三拍子歌曲，整首歌以四句"小雨点在哪里跳舞"为主，歌词反复简单，四个乐句的前半部分旋律相同，易于学习。大班幼儿能够结合自身的生活经验对歌词进行创编，有一定的歌唱经验，能够进行齐唱和小组轮唱等形式的歌唱。《小雨点跳舞》歌曲学习一方面有利于进一步丰富幼儿对不同演唱形式的经验，另一方面对"在哪里跳舞"的大胆想象及表征，也有利于幼儿丰富歌曲的演唱方式以及发现并感受自然的美。

（一）利用自然资源，谈话导入

师：（下雨天带幼儿到室外，观察下雨的情景，感受雨落在手上的感觉，看雨落在地面、植物上的样态后回课室）小朋友们，今天是晴天还是雨天？

生：是雨天。

师：这是小雨还是大雨？

生：小雨。

师：（追问）你们还见过什么样的雨？落在身上和脸上有什么感觉，会发出什么声音呢？

生1：我见过小小的雨，从天上飘落下来，落在脸上凉凉的。

生2：我见过大大

附：

**小雨点跳舞**

$1=C \dfrac{3}{4}$

$\underline{3\ 5}\ \underline{5.5}\ |\ \underline{6\ 5.1}\ |\ 2\ 1\ -\ |\ 3\ 1\ 0\ |\ 3\ 1\ 0\ |$

小雨点在　哪里　　跳舞，　滴答　滴答，

$\underline{3\ 5}\ \underline{5.5}\ |\ \underline{6\ 5.1}\ |\ 4\ 2\ -\ |\ 4\ 2\ 0\ |\ 4\ 2\ 0\ |$

小雨点在　哪里　　跳舞，　滴答　滴答，

$\underline{3\ 5}\ \underline{5.5}\ |\ \underline{6\ 5.1}\ |\ 7\ 6\ -\ |\ \dot{1}\ 6\ 0\ |\ \dot{1}\ 6\ 0\ |$

小雨点在　哪里　　跳舞，　滴答　滴答，

$\underline{3\ 5}\ \underline{5.5}\ |\ \underline{6\ 5.1}\ |\ 2\ 1\ -\ |\ 3\ 1\ 0\ |\ 3\ 1\ 0\ |$

小雨点在　哪里　　跳舞，　滴答　滴答。

的雨，落在我的雨衣上滴滴答答的，落在脸上有点疼。

师：（点评）哇，（面向生2）你用了一个很棒的词形容雨落在雨衣上的声音，奖励你一个大拇指，（面向全体）你们知道是什么吗？

生：滴滴答答。

师：说得真好，雨落下的时候有时无声无息，有时滴滴答答，有时淅淅沥沥，有时哗啦哗啦，这雨点可真调皮，今天调皮的小雨点用唱歌的方式向小朋友们提问，我们一起听一听，调皮的小雨点问了什么。

（二）倾听歌曲，感受情绪，利用视频，拓展思维

师：（教师清唱歌曲《小雨点跳舞》）

师：小雨点问了什么？（出示图片：4个雨点和4个问号，形成图谱）

生：小雨点问，它在哪里跳舞。

师：嗯，我也听到了，那小雨点会在哪里跳舞呢？我们一起来看看视频。

师：（播放视频，唤醒幼儿已有经验，为迁移经验做准备）小朋友们仔细看看小雨点都在什么地方跳舞呢？

生1、生2、生3：我看见小雨点在（树叶上/屋顶上/操场上）跳舞。

师：视频里的小雨点在树叶上、地板上、屋顶上、操场上跳舞，你还见过小雨点在哪里跳舞呢？老师在桌面上准备了一些纸和笔，请你把它画出来吧。

### （三）利用倾听，熟悉旋律，利用绘画，创编歌词

【设计意图】根据幼儿的生活经验，确定艺术表现表达的主题"雨点跳舞"，引导幼儿围绕主题展开想象，进行艺术表现。幼儿艺术表现时，教师循环歌唱全曲，有利于幼儿在无意识中熟悉并记忆歌曲旋律，有效降低旋律记忆难度。

师：小朋友们回忆一下，生活中，你看到小雨点在哪里跳舞呢？请将它画下来。（教师循环清唱全曲，巡回观察并进行有效师幼互动）

生1、生2、生3、生4、生5：小雨点在小河里/草地上/雨伞上/大树上/天空中跳舞。

师：还有一分钟，没画完的小朋友们要加油啦！（教师继续循环清唱全曲，并观察幼儿完成情况）

【设计意图】对时间即将结束进行温馨提醒，有利于给孩子营造安全的心理氛围，也有利于孩子有计划地安排接下来的行动。

师：请小朋友们把笔放回原位，小组长把各组作品收齐拿上来。

师：（出示生1作品）小朋友们看看这幅画中小雨点在哪里跳舞？

生：在小河里跳舞。

师：（清唱歌词第一句，用生1作品替换图谱中第一个问号，出示生2作品）那这幅画中的小雨点在哪里跳舞呢？

生：在草地上跳舞。

师：（清唱歌词第二句，用生2作品替换图谱中第二个问号，出示生3作品）这幅呢？

生：在雨伞上跳舞。

师：（清唱歌词第三句，用生3作品替换图谱中第三个问号，出示生5作

品）这幅呢？

生：在天空中跳舞。

师：（清唱歌词第四句，用生5作品替换图谱中第四个问号）现在我把全曲唱一次，小朋友们仔细听，小雨点分别在哪里跳舞，会唱的小朋友小声跟我一起唱。

师：（钢琴伴奏，教师慢速歌唱，着重让幼儿听清楚新填的词）你听到歌曲中小雨点在哪里跳舞？

生：小河边，草地上，雨伞上，天空中。

师：小朋友们发现了吗，小雨点跳得越来越高了呢，先跳到小河里，再跳到草地上，然后跳到雨伞上，最后跳到天空中。我们再唱一次，会唱的小朋友声音大一点，还没学会的小朋友声音小一点跟着唱。

附：

**小雨点跳舞**

$1=C\ \frac{3}{4}$

35 5.5 | 6 5.1 | 2 1— | 3 1 0 | 3 1 0 |
小雨点在 小河里 跳 舞， 滴 答 滴 答，

35 5.5 | 6 5.1 | 4 2— | 4 2 0 | 4 2 0 |
小雨点在 草地上 跳 舞， 滴 答 滴 答，

35 5.5 | 6 5.1 | 7 6— | i 6 0 | i 6 0 |
小雨点在 雨伞上 跳 舞， 滴 答 滴 答，

35 5.5 | 6 5.1 | 2 1— | 3 1 0 | 3 1 0 ||
小雨点在 天空中 跳 舞， 滴 答 滴 答.

师：（点评）生1、生3唱歌时好听的声音，就像跳进我的耳朵一样。请他们来唱一唱。

师：你们听出来了吗，他们唱出了小雨点调皮的感觉，滴答滴答像是跳起来一样（教师示范唱）。接下来我听听看还有谁也能唱出小雨点调皮的感觉。

生：（钢琴伴奏，齐唱歌曲《小雨点跳舞》A段）

师：（点评）你们都把雨点调皮的感觉唱出来了，在歌词上，有没有哪里不清楚的呢？

【设计意图】创造机会和条件，对学习感到有困难的地方进行针对性解决，帮助幼儿客观反思自己的学习状态以及寻找解决的办法，培养孩子的学习品质。

生6、生9、生15：最后一句"天空中"我会唱错。

师：小朋友们谁有办法帮帮他们？

生7：老师，在上面写个"中"字吧，他认识"中"字。

师：（向生6、生9、生15确认）你们觉得这个主意能解决吗？可以的话请这幅画的作者把"中"字写上去。还有其他困难吗？

生：没有了。

师：接下来你们唱前面 A 段，我来接后面 B 段（钢琴伴奏）。

（点评：唱得太好了，太喜欢这些调皮的小雨点了！）

师：这次请男孩子唱 A 段，女孩子唱 B 段，雨下大了，看哪一组的小朋友能唱出调皮大雨的感觉（钢琴伴奏）。

（点评：女孩子的大雨声音听起来很舒服，男孩子的大雨声音听起来太大了，听起来不舒服，需要控制一下哦，我们再来一次。）

师：（钢琴伴奏）这次，男孩子对声音的控制非常好，唱出了调皮大雨的感觉，点赞。接下来互换一下，女孩子唱 A 段，男孩子唱 B 段，这次请大家唱出毛毛雨的感觉哦，毛毛雨要用什么样的声音来表现呢？

生：轻轻的声音。

师：是的，就像飘下来的一样，轻轻的。（钢琴伴奏，老师动作提醒唱出毛毛雨的感觉）

（点评：声音轻轻地飘出来，我就像看到天上下起了毛毛雨一样，你们太厉害了。）

（四）利用图片，替换歌词

师：（把图片"天空中"换成"大树上"）那我把最后一句"天空中"换成"大树上"你们还会唱吗？

生：当然会啊。

师：真的吗？你们唱给我听听看，是不是真的会，这次你们唱全曲哦。

生：好。

师：（钢琴伴奏）换了歌词都难不倒你们了，你们是怎么做到的？

生1：唱第三句的时候我就先想到第四句了。

（点评：你这是用了提前扫描法啊，我学到了。）

生9：我跟生1一样，唱第三句的时候眼睛就看着大树上的图片，就没唱错了。

师：看来是个很有用的方法。

生2：我是按照从矮到高的顺序记的：河里、地上、雨伞上、大树上。

师：哦，原来你用的是空间记忆法，也非常好。只要能找到适合自己的方法都非常棒，奖励你们大拇指！

【设计意图】鼓励幼儿梳理及表达自己的学习方法，并引导幼儿进行分享及相互学习。

（五）利用歌曲，延伸区角，回归生活

师：孩子们，今天我们学习了《小雨点跳舞》这首歌曲，知道了雨有大有小，会落在生活中的不同地方发出声音，以后下雨时都可以观察一下，雨落在了哪里,发出了什么样的声音,再把它编进歌曲里,带回来大家一起分享哦。

【设计意图】从生活中来,又回到生活中去。我鼓励幼儿在接触自然、生活事物和现象中获得有益的直接经验和感性认识,发现、感受和欣赏生活中的美。

师:(结束语)今天其他的作品和图谱我会放到音乐角,喜欢的小朋友餐后或区角游戏时间可以和好朋友继续玩替换歌词的游戏。

## ▶我的教学主张

### (一)让教育在生活中随时发生

教育者,非为已往,非为现在,而专为将来。《幼儿园教育指导纲要(试行)》中指出:幼儿教育应为幼儿的终身发展奠定良好的基础。很多人认为大学教育比幼儿园更重要,但实际上真正的教育在幼儿园。

46岁的霍金在回答记者提问"您在哪所大学、哪个实验室学到了您认为最重要的东西"时,回答道:"在幼儿园。我在幼儿园里学到了一生中最重要的东西:把自己的东西分一半给小伙伴,不是自己的东西不拿,东西要放整齐,吃饭要洗手,做错了事情要表示歉意,学习要多思考,要仔细观察大自然……从根本上说,我学到的东西就是这些。"这不正是幼儿园一日学习与生活的内容吗?而这也正好与我国著名教育学家陶行知先生提出的教育理念相吻合,他指出:"全部的课程包括全部的生活,一切课程都是生活,一切生活都是课程。"

从孩子们踏入幼儿园的第一天开始,教育就与其密不可分。生活中蕴含着取之不尽的教育资源:每一次探索与发现,每一次交流与讨论,每一次操作与触摸,每一次游戏与争执,每一次思考与表达,每一次好习惯的坚持,每一次错误的纠正……都是教育。可以说:教育是随时随地发生着的,要充分利用好让教育随时发生的每时每刻,让孩子习得一生中最重要的东西。

### (二)让教育在影响中悄然发生

教育是一个"细活",是生命潜移默化的过程。教育的变化极其缓慢、细微,是"润物细无声"的,它需要生命的沉潜,需要"深耕细作式"的关注与规范。

孩子的学习方式主要是模仿。从出生开始,他的大脑就开始被周围的人影响着:说话的语气、做事的态度、行为的方式等,就像一块海绵,快速吸收着。

进入幼儿园,他们主要模仿的对象就是共同生活的老师,我非常注重言传身教。我希望孩子们做个敢于试错的人,于是我用尊重和接纳的行为方式影响他们:做错事了不要紧,吃一堑,长一智;我希望孩子们能正确面对争执和矛

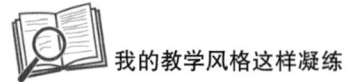

盾，于是我用共情和同理引导和影响他们，让他们明白遇事要冷静；我希望孩子们养成爱阅读的习惯，于是我餐后常常读书给他们听，一起分享故事中有趣的事情，影响他们养成睡前看书的习惯；我希望他们做个腹有诗书气自华的人，于是我带领他们一起学习古诗，用游戏的方式一起感受古诗的韵律美，让他们在潜移默化中喜欢上诗词。

幼儿教师是一份用生命影响生命的职业，我要用我的一言一行、一举一动影响孩子们，让教育在影响中悄然发生。

### （三）让成长在坚持中必然发生

儒家提倡格物致知，诚意正心，修身齐家治国而平天下。倒推过来也就是说欲平天下者必先治其国，欲治其国者必先齐其家，欲齐其家者必先修其身，欲修其身者必先正其心，欲正其心者必先诚其意，欲诚其意者必先致其知，致知再格物。最后落到了格物，格物指的是与外界进行更多的接触，以便打开孩子的五感（指形、声、闻、味、触，分别对应人的视觉、听觉、嗅觉、味觉、触觉），充分跟这个世界接触。

幼儿园教育提倡在观察中学习，在体验中学习，在操作中学习，在探索中学习。一日生活处处都在利用视觉、听觉、味觉、嗅觉、触觉。你听到了什么？看到了什么？闻到了什么？尝到了什么？感受到了什么？这些接触会打开五感，让孩子产生更多的智慧。

我坚持在生活中为孩子们创造多触摸、多感受、多聆听、多观察、多表达、多动手、多思考的机会，创造刺激孩子们突触生长的机会，在生活中打开五感，孩子们的成长就会自然发生。

星光不问赶路人，时光不负实干者。在每一天教育的时光里，我坚持"润物无声，赏待花开"。在不断追求教育理想的过程中，我惊喜地发现：孩子们的能力远比我想的要强，孩子们的想法远比我想的要多，孩子们的潜力远比我想的要大，他们的未来不可估量。只要我们用自然而行的教育观和教育方法引导孩子，用欣赏和发展的眼光看待每一位孩子的参与和成长，打破我们对孩子发展的固有认知，相信他们做得到也一定能做得好，那么孩子们的成长就会水到渠成，如是绽放。

### ▶他人眼中的我

作为教师，梁老师从孩子中来，到孩子中去，用爱与公平对待每个"教育之生命"；作为管理者，她努力用自己的"眼前一亮"，带领着全体的"眼前一亮"。

（东莞市长安镇中心幼儿园园长　赵晓卫）

我眼中的梁万华，是个努力的人，是个认真实干的人，是个心中充满爱的人，是个教学能力和引领能力很强的人，是个为了矫正孩子心理障碍、不良行为而不断努力尝试和不达目标决不罢休的人，是个为了把活动办好带着病孜孜不倦、默默伏案的人，是个积极努力为学生和老师创造各种教育条件和机会的人，是个非常乐意手把手带好中层和一线老师成长的人，是个能歌善舞、能言善道、精通美育、精通环境布置且温柔、善解人意的人。我眼中的梁万华就是一个从容、知性、专业、全能的幼儿教育人。

**（东莞市长安镇中心幼儿园副园长　卢雪英）**

初见梁老师时，她温文尔雅、含蓄蕴藉，在舞台上光芒四射、热情奔放，如灵动的小鸟。生活中，她常给人春风细雨般的关怀，温柔的语言、耐心的倾听，总能让人安定思绪，平静地思考。工作中，她的教学以学为先，从幼儿出发不断创新，关注幼儿的心理成长，深受孩子们喜欢。在管理上，她开拓进取、不断创新，善于学习并发现问题，指导教师共同解决问题，关注教师的不同需求，亦师亦友。

**（东莞市长安镇中心幼儿园教师　徐莉红）**

梁老师对每个孩子都特别用心，而且是因材施教，对孩子在幼儿园的生活和学习时刻关注，并及时跟家长沟通反馈，让家长一百个放心。何其有幸，得遇良师。

**（东莞市长安镇中心幼儿园家长　王沛恩妈妈）**

第一次听她叫孩子"铭豪哥"的时候，就觉得她是把孩子当朋友，后来我们家都跟着叫孩子铭豪哥了。

**（东莞市长安镇中心幼儿园家长　洪铭豪妈妈）**

【点评】

梁万华老师把个人教学风格的关键词概括为"润物无声，赏待花开"，这与她"野生成长"的愉快童年、个性绽放的大学时光和不断求索的教学工作密切相关。她主张把学习和生活的主动权交还给孩子们，让教育在生活中随时发生，在影响中悄然发生，在坚持中自然发生。老师要用好生活中的教育资源、教育契机和碎片化时间，成为孩子成长的引导者和激励者。

**（广东第二师范学院教授　闫德明博士）**

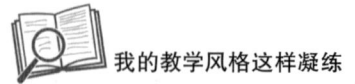
我的教学风格这样凝练

# 春风化雨，桃李芬芳

东莞市长安实验中学　林春桃（班级管理）

> **个人简介**
>
> 　　林春桃，女，东莞市长安实验中学后勤保障中心主任，中学美术一级教师。东莞市名班主任工作室主持人培养对象，东莞市第六批初中班主任带头人。2016年获得东莞市班主任专业能力大赛一等奖，曾多次获评长安镇优秀班主任、长安镇优秀教师。2017年获广东省中小学优秀德育科研成果二、三等奖；2021年获广东省中小学优秀德育科研成果三等奖。参与课题"初中班级自主管理创新模式下公民意识培养的实践研究"，参与出版著作《家庭教育100个怎么办》。

## ▶我的管理风格解读

　　从小在父亲的耳濡目染下，我爱上了教师这一职业并走上了教师工作岗位，继而爱上了班主任这个角色。父亲常说："一个教师，不当班主任是个遗憾，只有当班主任了，才能拥有完整的职业生涯。"因此，在教育教学过程中，思考"如何成为学生青春期的重要他人"是我的奋斗目标。

　　春风化雨，润物无声。教育就是一棵树摇动另一棵树，一朵云推动另一朵云，一个灵魂唤醒另一个灵魂。在我看来，教育应该是纯粹的，是春风化雨的过程。教育如同春风润物，温和、细腻，涵养着学生心灵，雨泽众生。春风化雨，润心前行。这是一种美好的感觉，它让人感到舒适、温暖、柔软，就像春雨滋润大地一样，给人带来生机和希望。润物无声，润心有声；润心如雨，润物如春。如同班主任在班级管理中，运用专业的知识与智慧的艺术方法，通过高质量的班级生活，滋润学生的心灵，让学生成为有梦想、有希望的人。

　　春风细雨，润物无声；润心如雨，润物如春，永远是教育的最高境界。

　　今朝滋兰树蕙，明日桃李芬芳。成长是一个漫长的过程，走着走着花就开了。教师、班主任的定位是什么？我想，作为教育者，我们可以成为学生现实与未来的连接者，让未来的光指引学生成长。成长是需要时间的，持续积极地吸纳与消化才能壮大学生的"精神和素养之躯"；成长是需要过程的，要与自己的惰性做斗争，不断用"积极之我"战胜"消极之我"，在循环往复的坚持与自我超越中，日复一日、一点一滴地积累才干、享受成长，把潜能变成实力，一步步地接近梦想。学生站在人生的一个个路口，靠着一张张通行证，通往未来。我们用心地帮助他们获得这些通行证，静心地等待他们抵达未来的星辰大海、诗与远方。

桃李芬芳是教育的一派欣欣向荣的繁华景象，桃李芬芳是教育实在落地、成长真实发生的教育众生图。努力向前，珍惜当下，期待未来，便能桃李芬芳。

我的名字——林春桃，就寓意着春风化雨，桃李芬芳。我的名字寄寓了家人对我美好的期许，或许冥冥之中我与教育有了前世的邂逅，于是也就有了今生的缘分。踏上三尺讲台，从此开启了我的教育之路。这一路，信念在左，行动在右，走在教育之路的两旁，随时撒种，随时开花，将这一路点缀得花香弥漫。使穿枝拂叶的学生，迎着春风，和着雨露，踏着阳光，迈向属于他们的星辰大海，也让我迎来属于自己的桃李芬芳！

▶ **我的成长历程**

## 拔节成长，淬砺绽放

### （一）青春7班，萌芽拔节

我校于蓉萍老师是东莞市名班主任。她刚被认定为名班主任工作室主持人的那一年，正担任阳光4班的班主任。我有幸成为该班的科任老师，与于老师在同一个办公室。耳濡目染之下，我感受到智慧班主任的魅力。两个学生因为一件小事而闹到于老师跟前，学生做错事惹怒了数学吴老师而集体道歉，每日的课间打闹，班干部汇报……这些都让我觉得学生是如此的可爱纯粹，让我萌生了当班主任的念头，更让我立志向于老师学习，当专业型的班主任。从那时候起，我开始有意阅读有关班主任的书籍，《班主任兵法》《爱的教育》《与家长过招》等都在我的阅读书单中。就是那时候，我暗下决心，打算申请当班主任，并且为当班主任而做准备。闲时，我会搬张小板凳坐到于老师身旁，请教她一些关于班主任的管理问题、看书后的疑问等，她很耐心地讲解，我也很认真地做笔记。笨鸟先飞，为了能当好班主任，我这只"笨鸟"提前做准备，好让羽翼逐渐丰盈。

第二年，我主动申请当班主任。于是，我成为了青春7班的班主任。经过一年的能量储备，我准备摩拳擦掌大干一场。严是我的风格！我站在门口板着脸瞪大眼睛，学生已毛骨悚然。在各项规章制度、条条框框之下，学生被"驯服"成"别人眼中的孩子"。可是，平静之下的是暗流涌动。

刚带班的第二个月，我需要外出学习，临行前一万个不放心，也以为学生们会想念我。结果，回校后，班长小佳对我说："你不在学校的这两天，班上一切都挺好。没有发生什么事，我们反而觉得挺轻松自在的。因为你在的时候整天板着脸，让我们有种压抑的感觉。"这一番话犹如晴天霹雳，没想到是从一个我很看重的优秀孩子口中说出来的。"我有那么恐怖吗？"这个问题一直萦绕在我的脑海里，我把开学以来的记忆都查找了一遍。这时，《完美教室——中国百合班的故事》成为我的案头读物，作者俞老师的带班风格对我产生了深远的影响，我对这本书爱不释手，对这样的班主任喜欢不已。当时的我还夸下海口，要打造一个属于学校的"百合班"。于是，我朝着这个方向去努力。

青春 7 班的孩子中，小豪给我印象最深刻。小豪体格健壮，是体育方面的佼佼者，被选为班上的体育委员。体育委员负责每天集队带操，我对体育委员的要求比较高，每次看他集队，总能挑出毛病。因为被我挑刺、被我批评是常事，所以小豪对着我也没有好脸色。除了体育优势，小豪还是钢琴王子，这一点，是在那年的器乐大赛中大家才知道的。他报名参加初赛后找到了我，说要交一个背景，我说："行，我来搞定！"他顺利进入了复赛，我们都替他高兴。我在网上特意为他挑选了一个领结，在班会课上，我当着全班的面夸奖了小豪在舞台上弹钢琴的迷人魅力，并把领结送给了他，说："希望这个领结陪伴着你顺利完成复赛，并为你带来好运。"小豪害羞地接过领结。复赛中，小豪获得了一等奖，并且有机会在迎新晚会上进行表演。迎新晚会当晚，他在后台等待着我，一看到我，他马上走过来，我拿出带来的化妆品，为他简单地化了个妆，他腼腆地对我说了声"谢谢老师"。那年的迎新晚会很特别，钢琴设置在人群中间的高台上。当灯光射到中间高台上时，早已坐在钢琴前的小豪开始弹奏起乐曲，他穿着西服，戴着我送给他的领结，帅气与优雅在指尖跳动。看着他的表演，我不禁泪流满面。

"桃姐，准备篮球比赛了，我想买块篮球战术板。""桃姐，你不要把我批得那么狠嘛，我给你带了手信。"……慢慢地，我与小豪的心靠近了，他感受到我一直以来对他的严，其实是爱。我们成为了彼此信任的师生、互相支持的朋友。当青春 7 班的孩子们升上初三，我们各奔东西，他们有了新的班主任，我有了新一届的学生。我们在各自的新生活中忙碌，小豪还是常来找我，跟我聊初三的学习与生活。

高考后，青春 7 班的孩子们齐聚一堂，我成为他们的特邀嘉宾。聊起初一、初二那两年的难忘时光，小豪说："刚开学的时候我挺讨厌你的，你老是挑刺，但是，慢慢地我就挺喜欢你了。"多年后的这一句话，仿佛是对那两年的一个定格。多年后，我们仍然很怀念有彼此的那段时光。

那两年的班主任初体验，让我倾听到了自己生长拔节的声音；那两年，我内心对自己的成长也有了更为笃定的坚持。

### (二) 灵点10班, 生长孕穗

灵点10班是我在军训后临时接手的一个班级。军训后回校的第一个晚上,我走进教室,学生纷纷投来好奇的目光,那时的他们都以为我只是临时代班的年轻老师。我站在讲台上,环视一圈,学生见我没说话,也就安静了下来。我开口说话:"从今天起,我就是你们的班主任,你们不需要知道为什么,只需要知道我很厉害。"之后的每次"忆当年",学生都对与我第一次见面的这份"霸气"津津乐道。

有了前两年的经验,我多了一份自信,但是这些经验还不足以让一个班级越来越好,不足以更有效地助力学生成长。于是,我加入了东莞市于蓉萍名班主任工作室,认识了很多志同道合的小伙伴。每个月我们都会去工作室小伙伴所在的学校参观学习,观摩一节精心准备的班会课,聆听一节切合当下的讲座。我不断采撷精华,并将其内化为个人的能量。志同道合的人同频共振,共同成长,独行快,众行远。在工作室里,我得到了很多锻炼的机会,在一次次的展示班会课和讲座的锻炼下,我越发自信与从容,这让我的班主任之路,多了一份笃定。

正面管教的学习给我开了另一扇窗。机缘下,我被派去参与正面管教的系列学习。为期三天的学习,使我大为触动。一个自暴自弃的学生,认为自己什么都不行,他的"内在小孩"是怎么样的呢?我不自觉地想起小睿。这个学生打架了,扣三朵小红花,那个学生课上认真听讲,奖励一朵小红花,这种奖惩方法是否有效?不禁让我想起我们的操行分评比……在课上,每一次的情景再现,都会让我与现实产生联结,不禁反思自己日常的行为方式。小睿每周末都不完成作业,找他聊天、问他原因,他都不理睬。于是,我很生气地叫他家长过来,可是结果还是一样,他每周末还是不完成作业,还是整天一副无所谓的样子。经过正面管教学习后,我了解了他这种行为背后的动机,也就不再生气了。我改变了与他的对话方式,也注重平时对他的"看见",看见他的进步,看见他的长处。对于他的一点小进步,总会进行一番大鼓励。就这样,小睿在不知不觉间发生了改变。他的周末作业完成了大部分,跟他沟通,他有了回应,也会主动找我聊天。初中毕业后,他去了一所职校学习厨师技能,每周都能看到小睿妈妈晒朋友圈,小睿的周末作业都是色香味俱全的佳肴。

为了对学生有进一步的了解,为了与家长有更好的沟通,为了在带班时多一种方式,为了让家校合力达到最大化成效,我到广州进行了深造,成为正面管教美国认证导师。最重要的是,我在带班育人上多了一种工具。

小杰是留守儿童,刚从老家来到父母身边就读初中,对这里的一切都表现得无所适从。班级学生排斥他，为了保护自己，他时刻处在戒备状态。开始，我对待他的方式是简单粗暴的。他没完成作业，我批评他；他跟同学发生矛盾，我教育他；他逃避值日工作，我惩罚他。我自以为在他身上花了很长时间，自以为跟他父母"促膝长谈"后，我便很了解他。其实不然，我把他找到跟前的时候，他对我是充满敌意的，我跟他谈话，他一脸的不耐烦。学习了正面管教之后，我重新审视自己的教育方式，发现了存在的不足。后来，我看到更多的是小杰的感受，当他与同学发生矛盾，气鼓鼓地站在我面前时，我会尽量体会他的情绪感受，对他说："老师知道你现在很生气，而且有点难过。"我还学会了用真诚的语言鼓励他："我听数学老师说，你这次测验有70多分哦，有些比较难的题你都做对了，你是怎么做到的呀？"当值日组长跟我投诉小杰不肯去倒垃圾时，我用调侃似的语调对他说："小杰，今天轮到你去倒垃圾是吧？那你现在可以去了，时间刚刚好，辛苦你了。"他不好意思地笑着提起垃圾袋跑了出去。就这样，慢慢地，他对我放下戒备心，愿意与我靠近。周末回校后，他兴奋地跑到我跟前，跟我聊着周末在家发生的事，聊他的奶奶和弟弟。平安夜，他手里捧着一个红苹果，递给我说："老师，平安夜快乐！"那一刻，他那张绽放的笑脸如同绚烂的烟火。

学生的成长没有固定模式，每一朵花都有各自的花期。就算只是一根小草，也有生命的张力。教师应尊重每一位学生，接受他们的不完美，爱与尊重才是教育的主题。

语文考试作文写的是一封情书的小轩，总是给人冷冷的感觉，他是班上的"特殊学生"。经过两年时间里多个回合的较量，我们最终彼此信任。初三分班后，他每周都来找我聊几句，给我带上我喜欢的巧克力或他喜欢的饮料，让我出乎意料却又温暖感动。

班里的女生对生活老师的管理有所微言，双方闹得不愉快。放学后，我把全体女生留下来，与她们开启了一场女人间的对话。第二天，我收到了全体女生的一封信，她们在信中表示会支持我，听我的话，会跟生活老师好好相处。

小然是我们班的"百灵鸟"，歌声动听，先天嗓音条件优越的她却十分有个性。初一那年的校园歌唱大赛，她不愿意去参加，我尊重她的意愿，没有动员她让她一定参加。结果初二那年，她自愿报名，并在家认真练习，她说她要参赛获奖，为班级加分。

打开学生心灵的密码是情感的联结。人与人在一起，便有了关系，关系一旦建立，教育才会发生。班主任与学生之间的情感是纯粹的、流动的，情感联结到位，一切自会水到渠成。

罗振宇在演讲时说过："教育没有选择性，每个学生都是礼物。我在教人，就要让成长真正地发生。"不论是什么样的学生，都值得被看见。既是礼物的馈赠，便用心呵护，彼此成就，共同成长。

带灵点10班的两年，让我不停地审视自己。坚持的力量，让我对未来充满了信心。生长孕穗的过程充实且快乐！

### （三）青橙3班，撷光成长

擅长于班级文化建设的我精心打造了"青橙"品牌，于是，便有了青橙3班。这可谓一个高起点、高标准的班级。当青橙3班的班主任，仿佛注定是要面临大压力、大挑战。

从军训开始，就感觉一切都不那么顺利。小彭被教官单独拎了出来，我走到他跟前，问："你怎么被罚出来了？""反正我就是做不好，老师都说我少了根筋。"小彭的回答让我无言以对。就这样，我迅速记住了这个新生，就这样，貌似冥冥中注定我与小彭有段深厚的缘分。"你看看你们班小彭的试卷！"英语郑老师把揉成一团的三张试卷放到我桌面上，"我还上着课呢，不知道他跑去哪里了"。安抚了郑老师后，我马上跑出去寻找小彭，好不容易在四楼的一个角落找到了他。我生气地批评他态度不对，责骂他不应该跑掉。他生气地站在那一动不动，紧握拳头，喘着大气。突然，他把原本戴在头上的帽子往楼下一扔，我吓了一跳。他总能给我制造"惊喜"。接下来的日子，各种"惊喜"接踵而来，我每天都忙于应对，疲于奔命。

很快，一个月过去了，第一次自查的成绩更是给了我致命一击。我班成绩在年级排名倒数第三，看到班级成绩的那一刻，我的眼泪决堤了，我趴在办公桌上哭了许久，一个月以来的委屈和不易都随泪水奔流而出。可是，困难并不能把我打倒。记得开学初，我跟学生分享了一件事：在上洗手间时，旁边厕所传来一个女生的抽泣声，听着让人心疼。我当时跟学生说的总结语是："人生本就不易，大哭一场，还是好汉一条。泪可以流，勇气不能丢，你不勇敢，谁来替你坚强？"这段话在我耳边回响。于是，我抬起头，擦干眼泪，反思过去一个月的带班策略，我调整了工作重心，转变了带班方法，一切重新开始。那次的家长会，与以往的常规家长会不一样。我把班级现状、学生情况、家庭问题一一摆出，带着恨铁不成钢的腔调，激情澎湃地对着家长进行"演讲"。犀利的语言、残酷的事实，血淋淋地呈现在所有家长面前。"演讲"过后，家长们响起阵阵掌声，我知道，他们内心是沉重的，是被我击中要点的痛与沉重。自此，家长们与我站在同一阵线，配合度、支持度都空前高涨。

此后，我们如卧薪尝胆般蛰伏。学生每天按照我的安排，认真完成任务，我们全班一心，一步一向前。

很快，迎来了广播操比赛。在一地鸡毛的日子里，还得抽空拉学生去练习。场地有限，时间有限，只能见缝插针。让我印象最深刻的是有一次，我们集中在茶吧下，一开始，学生像打了鸡血似的，动作有劲，口号响亮，我被震撼了。突然，体育馆内传来响亮的体操音乐，把我们的音乐声覆盖了。在我思考该怎么办的时候，没想到，这群"猴孩子"自发喊节拍，一边喊着节拍，一边做动作，他们整齐划一的行动瞬间感动了我。总是制造"惊喜"的小彭也在不经意间制造和谐画面外的小插曲。当我纠正每个学生的动作时，也很自然地点到小彭的名字，示意他的手伸得不够直。没过一会儿，他居然跑掉了，我没有追出去，更没有去找他，因为这样的小插曲是家常便饭，见惯不怪。我们练习完毕回到教室，看见小彭早已在教室了，他把座位搬到了走廊，我没有理会他，给他空间和时间的自由。晚修课后，小彭主动找到了我，表示想要搬回教室。

广播操比赛的日子来临了，全班穿着洁白的校服，系上红鞋带。为了呼应他们，我也特意穿上了红外套。我们精神抖擞，尽情享受这金秋十月送来的爽朗。坐在主席台上的我，紧张地注视着台下参加比赛的他们，他们没有辜负我的期待，都记住了我说的要点：拍掌时喊"哈"、节拍7时要停顿等。最后顺利完成了任务，我们都松了一口气。宣布比赛结果时，我们屏住呼吸，"第一名，3班！"我们雀跃而起。那天，绿茵场上留下我们灿烂的笑容，那是对未来的坚定。广播操比赛的成功，对学生和我来说尤为重要，经历了第一次自查的低谷，我们需要在努力中找寻自信，那次比赛来得正好。我们用行动证明，只要肯努力，未来仍可期。从低谷中爬起，在努力中看见曙光，这是我对学生的励志教育。少年不惧岁月长，彼方尚有荣光在。

从第一次自查的倒数第三名，到期末考试的顺数第三名的完美逆袭；从广播操比赛获得第一名的曙光，到之后每次大大小小评比的荣光，我看到了学生的无限可能，也看到了成长中的自己。遇到困难，毫不畏惧，想方设法，从容应对，那是以前的我所追求的目标。如今，我做到了。

在对小彭的教育上亦如是。开始，我苦恼生气；后来，我冷静应对；最后，我微笑处之。初二，与小彭立下君子约定后，我大胆地把他的位置调到最前面。他从家里带来了台灯，每天晚修时架起台灯，静静地做着作业，他那认真的样子真迷人。他的改变，也伴随着我的成长。

成长并成熟的我在青橙班级里带领学生做最好的自己，遇见更美的自己。我们追光前进，我们撷光成长！

三个班级，三届学生。在熙熙攘攘的人群里，我们彼此遇见，注定是不平凡的缘分。一路跌跌撞撞，我们紧紧相依，彼此照亮，共同成长，互相成就。萌芽、孕穗、成长，我在蜕变中认识自己，在蝶变中完善自己，在破茧中成就自己！这三年，我一路修行，一路成长！回首成长历程，见天地、见众生、见自己！如见初心，淬砺绽放！

## ▶ 我的管理实例

### 主题班会：追光吧，少年！

**（一）班会主题**

以积极的态度、有效的方法迎战生地中考。

**（二）主题班会设计背景和目的**

离生地中考还有一个月的时间，时间紧迫，任务繁重，而班级学生却呈现出不同的样态。有的学生放任自流、我行我素；有的学生盲目努力、不求方法。身为班主任，我看在眼里，急在心上。激发学生内在的潜力和拼搏心，让学生以积极的态度、有效的方法迎战生地中考是当时最紧急的任务。

**（三）教学目标**

（1）认知目标：让学生明确生地中考的重要性，认识生地中考讲求方法的重要性。（认识重要性）

（2）行为目标：促使学生端正态度，明确目标，掌握生物、地理的复习方法，提高复习效率。（掌握方法）

（3）情感目标：增进生生、师生、家生之间的情谊，增强班级凝聚力；以情动人，激发学生学习热情、努力备战中考的信念与决心。（激发能量）

**（四）环节设置**

1. 导入

开场语：银河掉进大海，月光散落森林；牡丹花开与棉花播种的时节，乘风破浪的我碰上元气满满的你们，会擦出什么样的火花呢？

欢迎大家来到生地中考创造营！今天在创造营我们会收获什么呢？请大家拭目以待！

【设计意图】开门见山，创设情境。

2. 热身营"一起拍手吧"

师：我们先来玩一个小游戏："一起拍手吧"，这个小游戏的规则是：耳听，目看，做动作。（学生跟着视频音乐节拍动起来）

师：在游戏中你收获了什么？（学生回答）

总结：只有注意力集中了，我们才能跟上节奏，就如同我们现在集中火力备战生地中考。

【设计意图】热身活动，以"注意力"来引出备战生地中考。

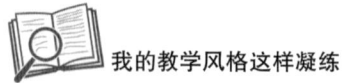

### 3. 脑洞营"我们在行动"

师：6月底我们将要迎来生地中考，这是我们的中考第一仗，你们知道是哪一天吗？（学生回答）没错！那就是说，离生地中考仅剩多少天呀？（在黑板上贴上大标题）原来，中考离我们是如此的近。

师：现在，我们正在紧锣密鼓地备战中，为了日渐接近的那一天，我们在行动，在行动过程中，你有什么感觉呢？就是在现阶段，你有什么困扰或者难题？（学生回答，请一个学生上台帮忙把学生说的写在黑板的白纸上）

师：面对这些困扰，你是怎么去解决它、缓解它的呢？（学生回答，请一个学生上台帮忙把学生说的写在黑板的白纸上）

【设计意图】头脑风暴，认清目前遇到的难题，认清目前自身的做法，以此来认识生地中考的重要性。

### 4. 宝藏营"青橙少年秀"

师：身为备考生的你，又是如何度过现在的每一天的呢？请看我们的《青橙少年秀》，看看有没有找到你的缩影。

播放情景剧《青橙少年秀》。（情景剧根据真实情况由学生拍摄而成）

师：《青橙少年秀》中所演绎的是我们班级的现状，你看到我们的现状是怎样的呢？（学生回答）

师：这样的你们，我看在眼里，急在心上。我们有放任自流、我行我素的自由派；有盲目努力、不求方法的焦虑派；有勤奋认真、方法得当的智慧派。纵观青橙的各类行动派，老师在此想跟大家分享一些面对生地中考的方法。

（呈现《面对生地中考的正确打开方式》PPT）

总结：千千万万个事实证明，努力＋方法＝成功。好的方法可以事半功倍，可以少走弯路，可以提高效率。

【设计意图】以真实情景唤起学生的共鸣，寻找自身身影，认清自身存在的问题，从而对症下药，讨论可行的方法并加以掌握。

### 5. 鼓励营"与梦想合拍"

（1）播放回忆视频。

师：孩子们，还记得我们的班训是什么吗？（学生回答：青之梦，斑斓；橙之念，执着。）

师：我们都是追梦人，追梦路上，有我有你有他，青春路上，我们携手同行！（点击观看班级活动视频，边观看边说以下台词）最美的花季，庆幸我们在青橙相遇，时光荏苒，回首过往点滴，幸福满满。我们一起笑过、哭过、闹过，我们一起追光追梦。在接下来的日子里，也让我们一起为生地中考而拼搏！奋斗的青春最美，奋斗在青橙最甜！

（2）书写鼓励语。

师：追梦人，勇追梦，与梦想合拍，挑战生地中考。面对生地中考，你最想跟自己说的一句话是什么？就是给自己鼓励打气的话。请把它写在刚才发的这张纸上。（学生写）写完之后，你可以把这张纸放进口袋里哦！

（3）筑起鼓励圈。

师：我们既是同窗，亦是战友，让我们一起来互相打打气、加加油好吗？有你的支持，我们会一战到底，越战越勇哦！

师：我们一共52位同学，需要26张凳子围成一个圈，请前面这26位同学把凳子搬出来围成一个圈，并坐在凳子上，在保持安静的情况下，26张凳子围成一个圈需要多长时间？（学生回答时间）好，现在开始！（学生马上行动围圈）

师：这26位同学已经坐好了，那现在请其他同学随意站在一个同学的身后。（学生站身后）请听我说活动规则：首先，请坐着的同学闭上你的眼睛，站着的同学凑近你前面这位同学的耳朵，悄悄地对他说你刚刚在纸上写下的那句话，一个说完，我们顺时针转动，再对下一个同学说同样的那句话，以此类推，循环一圈，大家明白吗？希望大家在这个过程中真心诉说，用心聆听。好，活动开始！（播放轻柔的背景音乐）

师：（学生走完一圈后）我想请一个坐着的同学说一说，在刚刚活动的过程中，你的感受是什么？（请几个坐着的同学分享）

师：那站着诉说的你们呢？又有什么感受？（请几个站着的同学分享）

师：当我们对同伴重复说着同一句鼓励自己的话的时候，就像自己为自己鼓励打气；当我们闭上眼睛用心倾听同伴对我们说的鼓励打气的话的时候，顿时内心无比感动；这就是我们给予自己的能量，是同伴给予我们的力量。累了困了，不要忘了给自己加加油，或者是互相打打气，充足能量，继续向前。（请站着的同学坐回原位）

（4）家校齐鼓励。

师：在这场没有硝烟的战争中，除了有同学与你并肩作战，还有我们的科任老师和家长给予我们支持，他们都是我们坚强的后盾。大家一起来通过视频感受他们对我们的款款深情和暖心鼓励吧！（播放科任老师、家长的鼓励视频）

师：此刻，内心的感动无以言语，唯有努力方能表我心。

【设计意图】以情动人。以两年回忆视频，唤起学生间的情谊，与"鼓励圈"产生链接，促使"鼓励圈"达到最佳效果，这是来自同学的鼓励。再以来自科任老师和家长的鼓励，激发学生的能量。

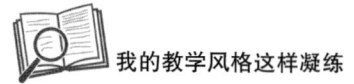

### 6. 总结提升

结束语：生地中考的号角已经吹响，面对现状，"我们在行动"！正视问题，直面问题，才能解决问题。"青橙少年秀"中展示了班级同学的不同表现：无视中考、态度不端的应该明确目标，端正态度；过分焦虑、方法不当的要调整状态，寻求方法。面对初中阶段第一次重要的考试，我们应该积极面对，冷静处理，努力进取，在有限的时间里寻找最有效的方法。

孩子们，我们不是孤身作战，我们身边有并肩作战的同学，我们背后有认真负责的老师，有无私关爱、默默支持的父母，幸福就如这般。

孩子们，青春韶华，不负自己。"与梦想合拍"，在最好的季节里，全力向前！

追光吧，少年！

【设计意图】结束语引用了每一个环节的名称，总结每一个环节的意图，突出整节课呈螺旋式上升的设计，层层递进，层层深入。

### 7. 课后延伸

以"生地中考的正确打开方式"为题完成一篇德育周记。

## ▶ 我的管理主张

## 润物无声，教育无痕

我要带出什么样的班级？我的班级气质是什么？我要培养出什么样的学生？如何利用班级文化打造高质量的班级生活？这是我在班级管理中一直思考的问题。班级气质，是通过独有的班级文化呈现出来的，什么样的班级气质就会有什么样的学生。一种充满相互关怀、激励、建设性的互动与积极向上的班级文化，一定有助于学生的进步与成长，也一定有助于教师从教学相长中获得更充实、更积极的职业生涯体验。班主任是班级文化建设的领导者、培育者与核心成员，作为班主任，我一直都深深认识到班级文化建设的重要性。于是，我的三个班级的班级文化在传承与创新中绽放着各自的精彩。

### （一）文化浸润启心智

班级文化的主旨是主流文化，整个班的文化都围绕着主流文化而建设。主流文化旨在关注学生的价值感，价值感决定学生飞得多高。主流文化是要引导学生形成正确的价值观，主流文化是要为班级工作定调子。我三个班的主流文化都是这四个关键词：梦想、敬畏、拼搏和温暖，这四个关键词就是我的教育思想。围绕着主流文化衍生出我们的班级文化，三个班的文化各不相同，但是核心教育思想是一致的。

班级文化其中的两个部分是环境文化和制度文化。

首先，我会精心布置班级环境。人总是在一定的文化环境熏陶中成长起来的。当学生走进优美、温馨的教室环境中，自然会被这样的环境所熏陶，从而注意自己的一言一行。如看到书柜上的一盆花，为了不打翻，会约束自己的行为而不在教室里打闹。每次新带一个班级，新到一个教室，我做的第一件事就是把教室里不合适的物品换掉，小到粉笔盒，大到书柜，目的是让学生走进属于我们的班级环境中，身心愉悦。"让每一面墙都会说话"是我努力的方向，墙壁是班级文化最好的展示地，作为美术老师，我会重点考虑墙上宣传栏的色调，如青橙班教室布置选择了橙色和青色作为主色调，一暖一冷，却又清新柔和，既能稳定学生的心绪，又让班级文化无处不在。环境布置方面，我会和学生一起参与，小组分工合作完成，布置教室环境的过程就是班级文化构建的过程，就是增强班级集体主义观念、增强班级凝聚力的过程。

其次，制度文化是一个班的骨架。无规矩不成方圆，制度文化能培养学生的规则意识和公民意识。一个班级就像一个小社会，学生就是公民，遵守所定规则，才能和谐相处，共同成长。制度文化以规章制度、公约、纪律等为内容，是一个班的每日常规。我把制度细分为班规、卫生、学习和杂务几大方面。每个方面都会有具体的操作方法，具体细致，可操作性强。关键的是，这些制度的制定要让全班参与，要放手交给学生制定。通过分组讨论，最后形成一系列规章制度，让学生参与制度制定的过程就是对班规认同的过程和自我教育的过程。

一花一草，一图一画，一墙一壁，无不带给学生心灵上的浸润，如春雨般，浸润人心于无声处，启发学生追寻属于自己的诗和远方。

## （二）精神引领至远方

建设好班级环境文化和制度文化，只是给班级做了一件好看的外衣，班级真正的精神体现还要靠精神文化建设，精神文化是班级文化建设的核心和灵魂。注入精神文化的过程也是培养班级气质的过程，精神文化是在引领学生到哪里或成为什么样的人。

在精神文化建设方面，我会先在确定的一个"团体"上下功夫，思考如何把一个班级从"虚"变"实"。就像企业的VI（视觉识别）设计，可以对学生传播相应的理念，快速地塑造班级形象。这就要集合集体智慧把班级的基本元素具体呈现出来。基本元素有班名、班徽、班歌、班训、班服等。每个班都有一个班名，这个班名一定要有内涵，而不是随意而起，班名可以让他人直观地了解班级的精神内核，是教育理念的表达、班级骨气的集中体现，所以一

定要跟学生好好解释班名的含义。如青橙班，"青橙"二字虽源自灵机一动的灵感，但我赋予它释义，便使其有了灵魂。渐渐地，"青橙"在学生心中根深蒂固，"橙子"成了学生认可的、喜爱的昵称。班歌的选定也必须由学生来主导，先从众多学生推荐的曲目中投票选出一首作为班级的班歌，再由学生根据班级实际情况和班级精神修改歌词，如此一来，班歌就能流传更广，更深入人心。在平时的活动中唱班歌，既能活跃气氛，更能凝聚人心。一系列的班级基本元素配套完成后，在校运会等活动中展示，可以使其他师生注意到本班的特色形象标识，有助于学生对自己班级产生认同感和自豪感。

　　精神文化建设中，活动文化是重点。班级的精神引领应以活动为载体，撬动文化的发展。如此，班级文化建设才能不流于形式，教育也不再是空洞的说教，让文化的"种子"真正地根植在学生的心田。班级活动要结合班级的实际情况，依据社会主义核心价值观、中小学生核心素养、学校的核心育人理念和中小学生的德育目标，同时结合学生年龄的特点、学校的教学工作、时令特点和传统节日等精心设计。

　　活动设计上，我主要分为三大部分：节日活动、课间活动和主题活动。节日活动的设置可增强节日的气氛，增加仪式感。仪式感是在培养学生的价值观，教会学生尊重生命、尊重生活，重视每一个值得珍惜的日子。如中秋节，我会邀请家委到班教学生做冰皮月饼，并让学生把做好的冰皮月饼带回家与家人分享；元宵节，我会跟学生一起做汤圆，做好后再一起煮，一边吃汤圆一边猜灯谜，班级氛围就是在这样一个个活动中形成的。我所带班级的课间活动也总是丰富多彩，萝卜蹲、二人三足、跳长绳等，都深受学生喜欢。最重要的是，我会抓住活动中的教育契机。如让学生以宿舍为单位进行跳长绳活动时，我会给时间让他们自行练习，学生练习的时候我会在一旁细心观察。一个男生宿舍因不默契、不合拍而频频出错，成员却互相指责和埋怨。事后，我对他们进行了引导，结果在最后的比赛中，这个宿舍获得了第一名。这很好地证明了：说教是苍白无力的，活动才是让学生成长的最好方式，在活动中体验，在体验中成长，让学生在活动中自己感悟、自己反思、自己成长。主题活动是我们班的文化主线，我们班每个月会设立一个主题，围绕着这个主题开展一系列活动。如六月的主题是"不负韶华，以梦为马"，刚好这个月有儿童节，我们班以这个为主题，开展了"永葆童心，拥抱青春"的主题班会、观看青春系列电影、邀请家长进班开展读书会等多项活动。如此丰富的班级活动，更是有助于挖掘学生的创造力和合作力，增进学生间的情谊。

　　精神文化是学生的精神食粮，是学生通往远方的通行证；在良好的精神文化引领下，学生就如同种子在温润的土壤里成长，必定是丰盈饱满的。

　　打造独特的班级文化成了我管理班级的"秘密武器"。春风化雨，润物无声。积极健康向上的班级文化，无形中为学生营造了健康向上的生活空间和学习氛围，在这样的物质空间以及精神家园中成长的学生向下扎根汲取养分，向阳成长绽放芬芳！

## ▶他人眼中的我

坚持最长情的陪伴，以细腻的温暖，赢得孩子们的喜爱，激发他们求真，林老师做到了；讲究文化的浸润与故事的触发，打动孩子们的心灵，推动他们向善，林老师也做到了；保持自身的诗意与美好，以优言与雅行，引领孩子们的生活，推动他们成长，林老师更做到了。

**（广东省名班主任、东莞市名班主任工作室主持人、东莞中学松山湖学校副校长　郑利雄）**

春桃老师怀揣教育热忱，润物无声育桃李。她感性且温暖，她将教育梦想践行于班级管理中，她用热情与信念为学生植根理想。她的班级斑斓多彩，她的学生乐观上进。她执着且坚定地将初心与情怀编织于教育工作中，她用诗意与浪漫为工作加持热情，她将烦琐事务处理得游刃有余，她让身边人如沐春风。

**（东莞市首批名班主任工作室主持人　于蓉萍）**

桃姐是"美"的存在本身，她启蒙了我对于"美"的意识，一种生命之真挚、智性之动人的美。在我逐渐领悟到教育之真谛时，回望做桃姐学生的三年，方知何为最好的言传身教。桃姐对教育的虔诚和对每一个学生成长的守护，让后来的我也对知识报以敬畏之心和纯粹热爱，赋予了学生拥有更加丰富生命体验的能力。用一个灵魂唤醒另一个灵魂，我想，桃姐一定做到了，这正是真正教书大先生的风度。很有幸在价值观塑造时期有这样一位生命的引路人，关于感恩的、爱的教育，都有桃姐不计条件和回报的给予、坚守。

**（上海外国语大学、青春7班学生　何晴溪）**

"书山"的那边是什么？这是桃姐作为老师，引导我思考的第一个问题。桃姐对学生的教导并非简单的教授知识，而是真正的教育。春风化雨，润物无声，她带领着学生审视自我、摸索人生价值、思考学习阶段后的人生之路。她用她的真诚、坚持和智慧，让学生不仅看到眼前的学习，还看到学习之外的另一种可能。桃姐是我探寻生命价值路上的灯塔，因为她的发光，我才能在迷茫的时候，看到"书山"背后，有生活气氤氲，继而不断奋斗，矢志不渝。

**（哈尔滨理工大学、灵点10班学生　刘楚然）**

很幸运可以在三年的初中时光里遇到一位像桃姐这样的师长。教育并不只局限于知识的传授，更多的是激发学生对人生价值的思考，找到属于自己的道路，桃姐深知这个道理，并且真正地运用于对我们的教导当中。犯错时，她给

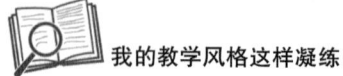

予我们宽容；进步时，她给予我们鼓励。对我们来说，她不仅仅是一位值得尊重的老师，更是一位值得交心的好友。在她的班级中，每一天都显得格外有意义。她的执着与坚定带给我们信心，她的理想与信念带领着我们走向更广阔的未来！

**（东莞市海德双语学校、青橙3班学生　秦创杰）**

【点评】

"春风化雨，桃李芬芳"是林春桃老师班级管理风格的关键词，也是她工作和生活的真实写照。她出生在教育之家，父亲是深受学生喜欢的老师。她的名字被寄寓了美好的期许，冥冥之中她与教育有了前世的邂逅，也就有了今生的缘分。她与学生一起成长的故事，读来感人肺腑。

**（广东第二师范学院教授　闫德明博士）**

# 以戏载文，融合而通

东莞市长安镇乌沙小学　林思岐（小学语文）

**个人简介**

　　林思岐，女，东莞市长安镇乌沙小学副校长、教师，小学语文一级教师。东莞市语文教学能手，长安镇"品智教师"，长安镇"最美教师"，长安镇优秀教育工作者。2022年参加东莞市小学语文素养大赛荣获一等奖，所执教课例曾获东莞市一等奖、全国二等奖。

## ▶ 我的教学风格解读

　　学习主要是通过积极参与和实践来实现的。特别是只有当孩子从感性和知性上都能积极地参与到学习任务中时，学习的效果才会随之产生。我热衷于推行"体验式创新学习"的教育模式，鼓励学生主动参与，使学习过程既有趣又高效。在理想的课堂中，教师扮演着多重角色：既是学习场景的构建者，又是情境的创造者；既是思想的启发者，又是学生成长道路上的合作伙伴。因此，"以戏载文，融合而通"成为我的教学风格。这一风格通过戏剧化的教学途径，为学生营造轻松愉悦的学习氛围，帮助他们深入理解文本，实现知识的融会贯通。

### （一）以戏载文——教学的有效途径

　　在课堂实践中，"以戏载文"是教学的有效途径。它巧妙地利用教育戏剧作为手段，帮助学生理解文本的深层意义，进而点燃学生在情境中体悟文本的兴趣。

　　首先，我鼓励学生自主创编课本剧的篇章。他们通过亲历演绎，会自然而然地提高对文本理解的洞察力。其次，我创设真实的情境，让学生在体验中感悟人物情感微妙的起伏，提升他们的阅读理解能力与口头表达能力。最后，通过即兴表演，他们仿佛进阶为工匠，逐渐领悟到文本结构的精妙与修辞手法的运用。

　　在这个无边的课堂剧场里，"以戏载文"如同一艘语言航船，引领着学生进入故事角色，沉浸于情节起伏之中，感受戏剧文本的独特魅力。

### （二）融合而通——教学的理想目标

　　"融合"指的是将语文教学与教育戏剧相结合，开创一种交叉融合的综合型教学模式。在语文教学中，我运用戏剧的各种元素，如角色扮演、肢体动作、对话表达、情感抒发以及剧本创作等，使学生融入语文课堂的环节当中。通过这种教学模式，让学生在亲身参与戏剧活动的过程中，能够更直观地学习和理解语文知识。

"通"的概念在语文教学与教育戏剧的深度融合中得到了充分体现。在课堂实践过程中，学生通过亲身参与戏剧活动，无形中在多学科知识之间建立了紧密的链接。而这些链接如同纽带般交织，促进了学生核心素养的发展。教育戏剧的巧妙运用，使学生从知识的被动接受者转变为课堂的主动参与者，甚至是创作者。这种转变让语文教育不再局限于课本的框架，而是迈向了一个更加真实、开放、多元的生活化教学场域。这种教学模式不仅打破了传统学科间的壁垒，还为教学赋予了更加鲜活、生动与温情的内涵。

## ▶ 我的成长历程

### （一）启蒙之剧：始于童年的戏剧热爱

自幼时起，我便与电影结下了不解之缘。因为父母热爱电影，他们总是热衷于带我去影院，我们一同沉浸在银幕上的奇妙故事中。这种陪伴不仅让我对电影产生了深厚的兴趣，也为我打开了一个充满想象的艺术大门。那时我只有七八岁，得了个绰号叫"电影迷"。像《宝莲灯》《疯狂的兔子》《哈利·波特与魔法石》《大话西游》等，我百看不厌，甚至连电影里的人物对话都能准确无误地说出来。我开始懵懂地认识到，优秀的影视作品正是凭借扣人心弦的故事情节来捕获观众心灵，引发情感共鸣的。

上小学时，课本剧为我提供了展现自己创意的平台。六年级时，我们迎来了一项特别的任务——自主排演课本剧《草船借箭》。当老师宣布角色可以自由选择时，我毫不犹豫地自荐出演诸葛亮这一重要角色。为了把角色塑造得更加形象生动，我开始了精心的准备。自己摇身一变，成了手工小达人。我利用乒乓球拍，粘上羽毛，制成了一把栩栩如生的羽扇；用黑卡纸裁剪出精美的头饰，佩戴在头上，为自己增添了几分诸葛亮的智慧气质。我还从家中搜罗了各种废弃物品，如布料、旧衣服等，经过巧妙改造，它们变成了诸葛亮的战袍和披风。在准备过程中，我的同桌提出了一个极具创意的建议——使用干冰烟幕弹和手动打鼓来增强戏剧效果。我们立即着手准备，购买了干冰，并制作了一个简易的手动打鼓装置。这些道具的加入，使得我们的表演更加生动逼真。等到登台亮相时，老师赞不绝口，同学们也直呼精彩。那一刻，我感受到了前所未有的成就感。

读高中时，我有幸选修了蔡洁莹老师的戏剧课。对我来说，上蔡老师的戏剧课就如同参与一场寻宝游戏，充满了无尽的乐趣。蔡老师的一句话我至今记忆犹新："人物之所以独特，往往在于那些不易察觉的细微之处，你们需要用心去捕捉并展现出来。"有一次，我勇敢地挑战了一个内心戏极为丰富的角色。在排练过程中，我不断地揣摩角色的内心世界，一边挤眉弄眼、手舞足蹈，一边努力捕捉并表达角色内心的纠结与挣扎。我的努力不仅让自己更深入地理解了角色的复杂情感，也成功地将这种情感传递给了台下的观众，让他们能够感受到角色的真实与生动。

上大学时，我和一群同样热爱戏剧的同学共同组建了戏剧社团。我们的首场演出选择了经典剧目《智取威虎山》。为了给这场演出增添一些新意和趣味，我大胆地为"老虎"这一角色加入了一段恰恰舞。演出时，当杨子荣与"老虎"共舞的场景出现时，全场的气氛瞬间被推向了高潮。观众们被这一创新性的表演逗得前仰后合，笑声此起彼伏。这次成功的尝试让我更加坚定了对戏剧的热爱，也激发了我对角色内心世界深入挖掘的热情。我希望通过每一次的表演，能够准确地把握角色的情感变化，将观众带入戏剧的情境之中，让他们感受到戏剧所带来的真情实感。这种对戏剧的痴迷和追求，成为我大学生活中不可或缺的一部分。

### （二）成长之剧：源于教学的转型思考

2013年，我走上讲台，成为一名人民教师。起初，我严格按照教案授课，自信地认为自己的教学效果会很出色。然而，一个清晨，当我走向教室的楼梯间时，不经意间听到了两名学生的对话："今天又是连续两节语文课，真是无聊透了。"这句话如晴天霹雳，瞬间击中了我。我的内心五味杂陈，羞愧之情油然而生。我试图放慢脚步，掩饰自己的尴尬。但那些话语却像尖锐的刺，深深扎入我的心中。这引发了我深深的自我反思：难道我的课堂真的如此枯燥乏味吗？

痛定思痛，我踏上了自我提升的道路。自己开始积极观摩学习各学科的课堂，从语文、数学、英语到音乐、美术、体育，我都悉心聆听，从中汲取经验。同时，我主动邀请同科组的教师来听我的课。在他们的悉心指导与点拨下，我逐渐认识到了自己教学中的不足——过于依赖教参中的知识点，过度注重知识的单向灌输，导致教学手段单一和机械，课堂节奏固定且缺乏变化，尤其忽视了引导学生与阅读文本进行深层次互动的重要环节。

受到同事的启发，我想起了"讲台即舞台，应以吸引力驾驭全场"的法则，决定从《卖火柴的小女孩》这一课开始进行教学变革。我敏锐地捕捉到课文中的对比叙事手法，即小女孩的悲惨遭遇与她对美好生活的热切向往，以及幻想中的美好与残酷现实之间的强烈反差。这些元素为我将戏剧元素融入课堂提供了绝佳的契机。

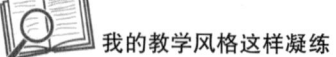

于是，我设计了三个课时的递进式阅读教学。在这三节课中，我巧妙运用了教师角色代入、墙壁上的角色演绎、无声旁白剧等多种戏剧教学手法，为学生们创设了一个真实、生动的戏剧情境。这样的教学方式不仅让学生们更加深入地理解了课本内容，还极大地激发了他们的课堂参与热情。

课后，学生们纷纷围拢过来，分享各自的感悟和心得。他们被这个悲情的故事所触动，也被戏剧所带来的生动体验所吸引。那一刻，我深深地感受到了教育的魅力所在。此后，我乘胜追击，陆续在《司马光》《灰雀》《一块奶酪》等更多课文中融入戏剧元素，学生们反馈道："老师，您的课真好玩！"这样的肯定真叫人满心欢喜。

慢慢地，我的课堂风格渐趋鲜明：创设平台让学生站在讲台的正中央，老师在一侧倾听和观察，而知识就在这种和谐的氛围中悄然浸润他们的心田。我的课堂转型也得到了恩师的赞赏，他的话语令我深受鼓舞："思岐，你在课堂上营造出的活跃氛围极具匠心，令孩子们在愉悦中获得了知识。"那一刻，我似乎也找到了开启教学新篇章的钥匙，而教育戏剧这一理念也由此进入了我的视野。

### （三）追梦之剧：循于理想的探索前行

为了深入探究教育戏剧的核心理念，我系统研读了多本专业书籍，如《通往教育戏剧的7条路径》《教育戏剧：实践指南与课程计划》《戏剧教学法在小学的应用与解析》等。教育戏剧这一理念起源于国外，在我国通常被称为"教育戏剧"（education drama）。它在不同国家有着不同的内涵诠释：在英国，教育界主要推崇"戏剧教学法"和"教育剧场"；而在美国，教育戏剧则更多地被理解为"创造性戏剧"。

尽管诠释各异，但教育戏剧的核心思想是一致的，即在日常教学中灵活运用戏剧手法，创设生动逼真的教学情境。这一理念旨在引导学生通过自主探索、亲身参与和情感体验来建构知识体系并提升综合能力，进而增强教学的艺术性和有效性。我坚信，教育戏剧不仅能够激发学生的学习兴趣和创造力，还能有效促进他们的全面发展。

在深入了解教育戏剧的过程中，我越发意识到自身知识储备的不足。倘若孤立地对待教育戏剧与各学科课程，那么知识传授就会停留在浅层。学生若是仅仅接触到某个单一的知识点或者学科的部分内容，很难实现全面发展。因此，跨学科融合成为教育创新的必然趋势。

当教育戏剧与语文课程相互交融时，学科间的界限被巧妙地打破，文本赏析与戏剧元素得以完美结合，为学生们提供了深入理解课文的全新视角。这种融合不仅有助于学生解决在传统学习中难以深入理解的问题，还能激发他们的学习兴趣和创造力。为了在实际教学中恰当地融入戏剧元素,作为教师,还需具备扎实的多学科知识基础和专业的教学技巧。只有这样,教育戏剧才能自然而然地融入整个教学过程,成为促进学生全面发展的重要手段。

我追求的理想课堂,学生可以自信地展现个性,挥洒创造力,培养合作精神和艺术修养。为了实现这一目标,我致力于将"在体验中创造学习"的理念融入我的教学实践。在运用教育戏剧法时,我不仅注重理论研究,还通过实践研修不断提升自己的专业戏剧教育素养。我积极参与各类教育戏剧工作坊、研讨会,观摩优秀教师的授课,学习他们的教学方法和经验。同时,我也亲自策划跨学科的戏剧教学活动,尝试将教育戏剧与语文、美术、音乐、科学等不同学科相结合,设计富有创意的戏剧教学活动,让学生在参与中体验、在体验中学习。

如此,学生便能在更加开放、包容的学科空间中自由畅游和深度学习。这种教学方式恰好与当前新课程标准对发展学生核心素养的要求相契合,也使我能够突破原有的教学思维框架,开拓更为多元化的教育视野。

▶ **我的教学实例**

## 忆峥嵘岁月,悟英雄气概——《狼牙山五壮士》

【教学目标】

(1)表达方法:学习课文的表达方法,提高学生的表达能力。抓住重点语句,品析语言特色,掌握写作技巧。

(2)情感体验:通过教育戏剧活动,激发学生的爱国热情,以科学辩证的方式看待历史。

(3)朗读训练:有感情地朗读课文,特别是五壮士英勇跳崖的部分。熟读《狼牙山五壮士》,明确文章脉络。

【学习结果】

(1)了解《狼牙山五壮士》的故事背景。

(2)学习文章的写作手法并能自己进行创作。

(3)一起协作完成任务,高效沟通。

(4)从生活中点滴行动,成长为更好的自己。

【演出道具】

白纸(3张,A2尺寸)、马克笔(3支黑色、3支红色)、角色卡片(10张B5尺寸的卡片)、铃铛(1个)、音响(1个)。

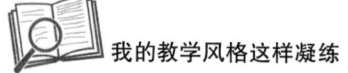

**【情境设置】**

在空间放置音响,营造战争时期的背景音效,在整个课程中音响会随机放出炮弹爆炸的声音、轰炸机的声音、子弹发射的声音等。提前邀请一名同学负责声效部分。

**【教学过程】**

## (一) 入项活动(戏剧游戏热身)

老师向学生们宣布一个重大消息:所有人要以《狼牙山五壮士》为底本进行一场戏剧演出,并在黑板上贴上三张大白纸,分别标为"人物区""剧情区"和"演出区",请所有同学根据自己的喜好进行组别选择。

教师对各区域进行说明:

"人物区"主要是进行戏剧角色扮演,选择的同学需要确定角色的数量、熟悉角色的性格等。

"剧情区"主要是进行背景资料整理,类似时间、地点、人物、情节这样的信息。同时进行段落分解,明确摘取想要表演的情节内容。

"演出区"主要是进行人物设计、场地布置、场景切换、观众互动等部分。每个角色有什么动作,需要如何设计,搭配什么道具等内容都由他们负责。

让学生们自由地按照自己的兴趣进行选择,并且分成三个小组,并由组内成员推举出一名"信息收集官",将各组成员的名字写在黑板的三张大白纸上。

## (二) 游戏导入和思维拓展

### 1. 剧情组制作剧本

教师:如果要拍出一场戏剧,那么第一步需要动起来的小组是哪个?

学生:剧情组。

教师:我们手里都有《狼牙山五壮士》的课文,但是它与真正的演出剧本相比还略有差异。所以第一步,我们需要请剧情组的同学,带领我们一起明确故事的背景资料,并和我们一起摘取课文内的有用信息。

学生:当年,日本侵略军为了消灭中国共产党,对我们的抗日根据地进行了疯狂的扫荡。仅1943年在对晋察冀边区北县区进行的三个月"秋季大扫荡"中,就残杀百姓6674人,烧毁房屋54779间,抢掠粮食2934万斤,抢夺耕畜19300余头……

教师:既然了解了《狼牙山五壮士》的故事背景,接下来就让我们一起开始进行剧本编写。请剧情组带领大家分出自然段落,归纳出几个大家喜欢的剧目场景。并请剧情组的同学将归纳总结的信息填写在黑板上的"剧情区"内。

学生：（接受任务）—（痛歼敌人）—（引上绝路）—（顶峰歼敌）—（跳下悬崖）

教师：感谢剧情组帮助大家捋顺了剧本脉络。

### 2. 人物组分析人物特征

教师：接下来所有同学在人物组同学的引领下，首先确认人物角色的数量及特征。

先请人物组把人物角色分别写在白纸上的"人物区"，以便全体成员都明确记住。然后再将这些角色名写在小卡片上，请人物组的演出成员进行随机抽取。

每个成员都需要表演一个动作，或者说一句台词（也可以根据情节自己创造），但绝不能直接说出扮演角色的名称，然后让其他两组猜。

游戏结束后，大家针对刚才的表演一起总结出每个人物的特征，并逐条写在白纸上。

班长马宝玉沉着地指挥战斗，让敌人走近了，才下命令狠狠地打。

副班长葛振林打一枪就大吼一声。

战士宋学义扔手榴弹总要把胳膊抡一个圈，好使出浑身的力气。

马宝玉抢前一步，夺过手榴弹插在腰间，猛地举起一块大石头，大声喊道："同志们！用石头砸！"

山坡上传来一阵叽里呱啦的叫声，敌人纷纷滚落深谷。

在人物特征总结完成后，教师选择性地把其中一些动词换掉，并请刚才人物组的演员帮助进行演绎。请各位演员现身说法，更换了与课文中不同的描述词之后，再理解和演绎起来，是更加容易了，还是更加艰难了？

### 3. 演出组调整及彩排

请所有同学一起投票选出最喜欢的情节，并由人物组成员分配好角色，进行第一轮彩排。

请演出组的同学旁观，同时进行舞台指导。小组内进行头脑风暴：在彩排中间制定舞台场景的布置方案、人物的造型，努力设计与观众的互动环节。

教师提出引导性问题：目前演绎的这个场景主要角色是谁？大家可以迅速定位吗？

教师请几位演出组的同学坐在远处的位置去观察大家彩排的成果，请他们发表看法。是否会觉得演员的位置和出场不够突出？他们的走位是否流畅？如果看起来会有点混乱，又该如何解决这个问题呢？

教师引导大家去理解全景概念中的"远景镜头"与"特写镜头"的区别

与联系，并找到剧本中涉及的"远景镜头"，请演出组的同学设计如何展现出来。比如通过依次紧密的出场顺序，或者错落有致的站位来解决。

远景镜头就是"面"，特写镜头就是"点"，用点面结合的方法不但可以详细展现每个英雄的言行，而且还能整体塑造人物的性格特点。一篇文章，对于交战场面的描写有点有面，点面结合，非常精妙！因此，我们的课本剧表演中既需要特写镜头也需要远景镜头。

【特写镜头】"班长马宝玉沉着地指挥战斗，让敌人走近了，才下命令狠狠地打。"

【远景镜头】"五位壮士一面向顶峰攀登，一面依托大树和岩石向敌人射击。"

### 4. 演出组调整及展演

教师鼓励学生们再次进行戏剧彩排，并将随时感受到的改进方案写在黑板前贴的白纸上。教师和学生们一起再次捋顺剧本，并在结尾部分加入互动环节。

教师：假如壮士们在狼牙山纵身一跃之后，神奇地穿越到了我们这间教室，他们面对现代人，会想要问什么问题呢？

学生：现在是哪一年？还打仗吗？

学生：你们是什么人？你们都学什么？

学生：最后战争胜利了吗？日本现在怎么样了？我们是什么时候胜利的？

学生：你们现在过得快乐吗？还有外国人欺负我们吗？

彩排顺利完成后，就请其他两组成员在台下坐好，让人物组成员进行一次完整的展示。

（注意：在演出前一定请观众安稳坐好，在开演前和结束时一定要摇铃，作为入戏和出戏的信号，没有响铃声，演员就要一直沉浸在表演中，而观众必须保持安静。）

《狼牙山五壮士》剧本

人物：

马宝玉——班长，指挥沉着机智。

葛振林——副班长，勇冠三军。

宋学义——战士，扔手榴弹高手。

胡德林——战士，胡福才的侄子，枪法很准。

胡福才——战士，胡德林的叔叔，枪法很准。

也村太武——日本军官，凶恶、狡诈。

序幕：1941年秋，日军向我晋察冀根据地大举进犯，七连奉命在狼牙山一带进行游击战阻击敌人。战斗持续了一个多月，七连决定向龙王庙转移，把掩护群众和部队转移的任务交给了七连六班的五个战士……

第一幕：狼牙山山坡上

马宝玉："你们快走，我们当掩护！"砰砰砰砰！（一阵猛烈的枪炮射向日军大营……）

也村太武（瞪大两眼）吼道："这些小崽子，竟敢偷袭我军大营！小的们，给我上！"

"轰，轰，轰！"（宋学义一连几颗手榴弹，冲在前头的敌人倒下了。）

"砰砰砰！轰轰轰！"（一阵激烈的枪炮声。）

葛振林："班长，主力部队和群众已经顺利撤出，安全转移了……我们的任务完成了！我们跟着主力部队走吧！"

马宝玉："不行！跟着主力部队走会暴露部队方向的。看这形势我们得做好牺牲的准备了。德林，你有什么想法？"

胡德林："从参加八路军那天起，我就没准备活着回家，参军两年了，对死一点儿也不恐惧。"

胡德林抹去泪水，反问马保玉："马班长，你怎么想？"

马宝玉（轻声）说："我想起了爷爷说过的一句话：宝玉啊，你是庙里那个拿刀的罗汉，命中注定你要当英雄啊！昨天，指导员向我交代任务时，我就想，爷爷的话说中了！"

战士们热血沸腾，紧跟在班长后面，向狼牙山顶峰棋盘陀撤去。

第二幕：狼牙山顶峰

也村太武："可恶，哪里逃！给我追！"

（日军跟着五壮士上了顶峰……）

宋学义望着天空："飞机，班长，飞机来了！"

飞机从五勇士的头顶上俯冲下来，射出一串串子弹。大家赶紧躲避。

山下的胖军官把战刀一挥，几百名敌人嗷嗷叫着冲了上来。

五勇士拼命扔手榴弹，敌人应声倒下。

胡福才（把枪板一压）："啊，我没子弹了！"

胡德林（叫了一声）："副班长！还有手榴弹吗？"

葛振林（一摸腰间）："我这里没有了！其他人呢？！"

又是一阵机枪声。

马宝玉（眼前一亮）："对了，这山顶不是有许多石头吗？用石头砸！"

五个人分别拿起石头往下砸，山下传来鬼哭狼嚎。

第三幕：跳崖

敌人一步步逼近了……

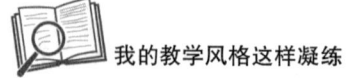

马宝玉回头,与战士们握紧手。

马宝玉:"同志们,死不足惜,我们的死是光荣的,我绝不做俘虏!我先跳了!"

葛振林:"班长,我绝不当俘虏,我和你一起!"

葛振林看了一眼手中的枪。

葛振林:"这枪也是烈士们用鲜血换来的,不能丢给敌人!"

大家和他一起,纷纷将枪扔下悬崖。

胡福才:"我们在这里吃过乡亲们慰问的柿子、核桃,听战友们讲了那么多英雄故事,一起阻击过敌人。现在我们在这里掩护乡亲们突出重围,任务完成了!可以与乡亲们和首长永别了!"

敌人逼上来。

战士们逐一整理军装仪表,一个接一个地跳了下去。

狼牙山上响起了他们壮烈豪迈的口号声:

"打倒日本帝国主义!"

"中国共产党万岁!"

这声音惊天动地,气壮山河!

落幕

教师总结:

同学们,刚才在戏剧的最后,老师加入了一个互动环节,那就是如果五壮士在狼牙山纵身一跃,并没有殉国,而是穿越到了现在,来到了我们的教室里,他们会有什么样的问题想要问我们呢?

这个假设其实非常令人心酸悲痛,因为历史没有"如果",它只有经历过后的残酷与悲悯。但历史偶尔也有奇迹,在当年的"狼牙山五壮士"中,有两位英雄:葛振林和宋学义,被山腰的树枝挂住,幸免于难。他们二人后来也参加了新中国的建设,并且从不居功自傲,非常低调,过着简朴的生活。

命运在1941年9月25日之后,又给了这两位英雄一些时光。而他们周围甚至没有人知道,他们是可以写进教科书的大英雄,他们只是继续按照自己的步调,努力过好属于自己的人生。

不管各位同学未来想要从事什么职业,是不是会青史标名,流芳千古,我都希望大家按照自己的步调,做好身边的每一件小事,成为更好的自己。

课后拓展活动:

(1)不同组别的同学可以互换小组,重新演绎《狼牙山五壮士》。

(2)选择其他感兴趣的故事,创编剧本,成立项目小组,共同演绎新的剧本。

## ▶ 我的教学主张

### （一）以学促思，达成教学目标

随着教育理念的变革，传统的单向知识传授方式已逐渐不能满足学生对知识与思考深层次的需求。特别是对于语文课堂来说，如何通过丰富的教学手段来激发学生的学习热情，培养他们的批判性思维和创新能力，成为广大教育工作者需要思考的问题。在这样的时代背景下，"教育戏剧"作为一种教学策略，以其独特的魅力，为语文课堂注入了新的活力。

教育戏剧是以角色扮演、情境模拟、即兴创作等方式，引导学生深入文本、理解人物、体验情感、思考问题的教学策略。对教师而言，核心任务是运用专业眼光为工作任务的整体性添加建构性的元素，从而使得学生们的整个经历与学习过程更加丰富多彩。在使用教育戏剧的语文课堂中，我观察到学生们的学习状态发生了显著的变化。他们不再是被动地接受知识，而是主动地参与到课堂活动中来，通过角色扮演、小组讨论等方式，与文本进行深入的对话。这种对话不仅让他们对文本有了更深刻的理解，还激发了他们的思考欲望。他们在表演中发现问题、思考问题并解决问题，这样的过程使得他们的思维能力得到了有效的锻炼和提升。教育戏剧以其独特的教学方式，让学生在体验中学习、在思考中成长。

### （二）跨科统整，创新教学设计

在当前小学语文教学中，实施跨学科统整的教学设计，其核心目标在于消融学科边界，实现知识的有机结合。具体设计时，我们可以先从大单元概念出发，同时借鉴《跨学科统整：国家课程的校本化实施》中的实践做法，去设计跨学科项目。这些项目通过真实情境和问题，将语文与其他学科如劳动、科学、美术等紧密联结，通过探究和实践性活动，帮助学生在解决实际问题中深入理解和综合运用多学科知识。

此外，教师需要充分关注学生的个性化需求，依据学生的兴趣、认知发展阶段设计学习任务。例如，在教育戏剧中，我利用角色扮演和情境模拟等方法，去激发学生的创新思维，并促进其语言思维共同发展。同时，我还优化教学活动的结构化，通过单元教学、阶段目标设立和层级任务设计等方式，确保教学过程既有序又有节奏。这样的教学设计能让学生在轻松愉快的环境中逐步构建和深化知识体系，进而培养可持续增长的学习力。

### （三）儿童本位，关注孩子生长

作为一名教育工作者，我深感"儿童本位"的重要性。这一理念不仅是我教学工作的基石，更是实现教育本质和目标的关键。它强调将儿童置于教育

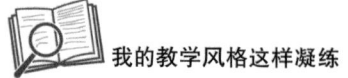

活动的中心，尊重他们作为独立个体的尊严与价值，关注他们的需求、兴趣及个性化差异。

在教学工作中，我始终将学生的需求、兴趣和个性化差异放在首位。我尊重他们的主体地位，针对他们的年龄特点和认知发展阶段来制定教学目标和内容。我遵循"适性生长"的原则，为每个孩子提供个性化的教学策略，致力于创造一个能够激发他们主动学习、鼓励他们自我表达和独立思考的教学环境。这样的环境可以让学生在轻松愉快的氛围中获取知识与技能，实现全面发展。

在教学组织中，我灵活运用多种教学手段，如游戏化教学、情境教学、探究式学习和小组合作等，以适应不同学生的学习风格和节奏。我始终保持对学生们情感状态的关注，确保他们在参与过程中能够主动探究，实现知识的内化和能力的提升。例如，在教授《猎人海力布》时，我引导学生结合语文、美术、音乐、科学等多学科知识，通过角色扮演、情境模拟等多元化的方式，深入理解故事的内涵，同时培养他们的创新思维和团队协作能力。同时，通过定期反馈和评价，我会不断调整教学策略，以确保教学活动始终与学生们的成长步伐保持一致。我坚信，只有真正关注每一个学生的生长，才能实现教育的真正价值。

## ▶他人眼中的我

在课堂上，林老师不会拘泥于传统的授课方式，而是采用多种创新性的方式进行教学。她也注重课堂的互动性，鼓励我们发挥主观能动性，勇于表达自己的观点。我眼中的她是一位在教学上精益求精、在生活中有原则和对学生充满爱与关怀的老师。她用自己的方式影响着每一位学生，教育我们成为更加优秀的人。

**（华南师范大学商学院金融科技 2023 级学生　郝怡）**

林老师的课堂风格很独特，她讲课时声音流畅自然，内容思路清晰。让我印象最深的是她上新课时会让我们参与角色扮演，身临其境，以便于更好地理解课文内容，这极大地激发了我们上语文课的热情。她是一位带给我们欢乐和幸福感的老师！

**（东莞市虎门外国语学校七年级 2 班学生　杨玉淇）**

林老师会用各种方式鼓励我们课前查找资料，以帮助我们一边了解课文背景一边充实课外知识。如果有语言动作描写较多的课文，林老师会让我们对其进行演绎，在欢声笑语中体会人物情感。她的语文课我们都很喜欢！

**（东莞市长安镇乌沙小学学生　胡昕妍）**

思岐总是能够让课本鲜活起来，课本中的情境在她的引导下突破时空界限,进入课堂,学生在情境中与课文内容产生共振,由被动教变为主动学。学生在她的课堂上乐在其中,主动思考,她自己也沉浸其中,教学环节自然流畅,融会贯通。

**(东莞市长安镇乌沙小学办公室主任　孙晓芳)**

【点评】

林思岐老师把"以戏载文,融合而通"作为自己教学风格的关键词,这与她的成长历程和工作状况密切相关。风格体现的就是人本身。林老师从小就是"电影迷",中小学和大学期间沉浸在"戏剧表演"之中,当老师后就把这一特长融入语文教学之中,这种教学方式深受学生喜爱和同行好评。"以戏载文,融合而通",就是打破学科壁垒,把戏剧作为手段,将语文教学与教育戏剧有机结合,促使学生在情境中更加深刻地体悟文本,促进学生核心素养的发展。

**(广东第二师范学院教授　闫德明博士)**

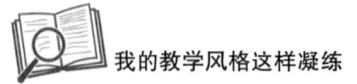
我的教学风格这样凝练

# 道亦有道，法无定法

东莞市长安实验中学　丘海锋（初中道德与法治）

**个人简介**

丘海锋，男，东莞市长安实验中学副校长，初中道德与法治高级教师，东莞市初中道德与法治教学能手，东莞市长安镇初中名校长工作室主持人，长安镇"品智教师"，长安镇优秀教师。曾获广东省中小学优秀德育科研成果二等奖、东莞市微课一等奖、东莞市教师演讲比赛一等奖等。

## ▶我的教学风格解读

"道法"，既是"道德与法治"这门学科的简称，也是这门学科教学的"道理与方法"。在"道德与法治"的教学道路上，我秉持"道亦有道，法无定法"的教育理念，不断探索和实践，力求在教学中形成独特而富有成效的教学风格。

"道亦有道"，源于庄子的哲学思想，意味着道需要遵循一定的规律或原则。在"道德与法治"学科中，这个"道"指的是教育教学规律、青少年身心发展规律、学科知识的内在规律，以及国家课程标准的要求。我们要坚持立德树人、铸魂为要的教育理念，遵循学生身心发展的特点和育人规律，按照大中小学德育一体化的思路，螺旋上升式地设计课程内容，充分发挥课程的思想引领作用，引导学生做个有"道"之人，行己有耻，止于至善。

"法无定法"，源自佛教经典《金刚经》，即没有固定不变的教法或规律。面对复杂多变的现实生活，鼓励人们在认知和实践中保持开放和灵活的态度，不断探索新的方法和解决方案。在"道德与法治"课程中，我们要立足发展学生的核心素养，基于课程培养核心素养的要求，注重学生的生活经验、社会要求和学科体系之间的内在关联，从学生经验和实际出发，选择学生生活的场景和内容、合适的教学方法开展教学。引导学生运用理论分析来解决问题，增强实践创新能力，把道德与法治教育的方向引领与学生的发展有机统一起来。

"道"制约着"法"，是行为的指导原则，它帮助我们加深对道德与法治观念的理解，为学生指明正确的行为方向。而"法"依存于"道"，是这些道理转化为实际行动的桥梁，通过贴近学生实际的多样化教学手段和实践活动，使学生能够在实践中体验、感悟并内化这些道理。只有将"道"与"法"相结合，学生才能主动积极地投入"道德与法治"课程学习活动之中，加强对人生道理的理解，促进自身思想道德观念的形成，并能够提升自身的学科核心素养，不断提升自身的思想觉悟，塑造优良品质。

## ▶我的成长历程

我成为一名道德与法治教师以来，始终坚守"道亦有道，法无定法"的教育理念。我深知自己肩负着立德树人的重任，致力于弘扬道德精神，传授法律知识，以期为社会培养遵纪守法、道德高尚的新一代。我的成长历程，便是不断实践这一理念，不断探索教学方法，努力提升教学效果的过程。

### （一）探索"道亦有道"

2004年，我满怀对教育事业的憧憬，来到了东莞这片热土，成为一名初中"思想品德"（后改名为"道德与法治"）课的教师，开启了教书育人的征途。在这往后几年，我都在探索道法教学的"道"上下功夫。

#### 1. 站稳讲台，素质为要

在教育的启程阶段，我作为一名新踏入教育领域的"道德与法治"教师，站稳讲台是基本追求。而要实现这一目标，专业素质的提升则显得尤为重要。一方面，我深怀对知识的敬畏与热爱，不断夯实自己的专业知识。我追逐学科的最新动态，深入研读，力求每一滴知识都凝聚着智慧的光芒。我坚信，教师只有具备深厚的专业基础，才能激发学生探索世界的热情。另一方面，我怀揣教育初心，努力提升专业能力。我不断尝试创新教学方法，点燃学生的学习热情；致力于教育科研，用研究的力量推动教学的进步；珍视每一次与他人沟通和合作的机会，因为每一次交流都是一次灵魂的碰撞与思想的升华。

#### 2. 精进不辍，优课为标

理论与实践之间存在着明显的差距，经验不足的我以比较传统的方式照本宣科地讲解课本上的知识，奈何教学效果不太理想，这才使我领悟到打造精品课程的重要性，也激励我以优课为标杆、以优课为目标。为了走出困境，首先，我积极参与听课活动，抓住教研组公开课的机会，同时在"一师一优课"等平台欣赏优质课的教学视频，从中汲取教学经验和灵感。其次，我认真学习备课技巧，亲自写教案、制作课件，通过实践不断锻炼自己的教学能力。最后，我也注重评课环节，仔细研究专家评课稿，并在小组内开展评课活动，从他人的评价中发现自己的不足，不断改进和提高。

#### 3. 明道教学，风格为桥

随着教学的深入，我逐渐摸到"道德与法治"这门课的教学门道——除了教学生识记知识点以及刷题，还要搭建清晰的逻辑线索，帮助学生构建完整

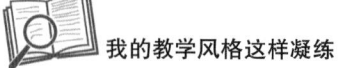

的知识体系，也要设置多样化的教学活动，激发学生的学习兴趣和积极性，拓展知识的深度和广度。正是这样的教学实践，让我在连续三年毕业班的教学中取得了不错的成绩。然而，在不断地探索和实践中，我愈发深刻地意识到教育之路的宽广与深远。为了更好地践行先进的教育理念，实现立德树人的目标；为了找到最适合自己和学生的教学方法，实现教学的可持续发展，我时常陷入深思：是否有更为高效、更为贴近学生需求的教学方式作为连接师生心灵的桥梁？于是，我开启了教学方式和教学风格的探索之路。

### （二）领悟"法无定法"

在循道而行的过程中，我逐渐领悟到了"法无定法"的真谛——具体的教学中并不存在"放之四海而皆准"的固定不变的万能方法，一切都因人、因境而定。每个学生都是独一无二的个体，他们的性格、兴趣、学习方式都各不相同。因此，需要以学生为本，根据学生的特点，选择适合他们的教学方法和手段。

#### 1. 以道育人，活动渗透

内化于心、外化于行是初中"道德与法治"教学的重要目标，这就要求教师加强实践教育，发挥实践活动的育人价值。

有一次，我注意到班上有一部分学生感到法律条文枯燥乏味，难以理解其中的深层含义。为了激发他们的学习兴趣，我尝试将法律知识融入生活场景中。我设计了一个以"模拟法庭"为主题的实践活动。在这个活动中，学生们分组扮演法官、律师、公诉人、被告人等角色，通过模拟法庭的审理过程，了解法律程序的运作和法律条文的应用。此外，我还指导学生结合社会热点及身边的实际案例，自编自导自演法治情景剧，将案例引入课堂，并代表学校参加镇小品大赛获得了一等奖。这不仅让学生们感受到了法律的严肃性和公正性，还让他们在参与的过程中，逐渐对法律知识产生浓厚的兴趣。

该次活动以情境增强学生的学习体验性，紧扣新课标的要求，通过学生合作探究活跃课堂氛围，推动了教学活动的有效开展，促进了学生核心素养的培育与发展。

#### 2. 法无定法，因材施教

俗话说，学生是学习的主体。那么，要如何有效地调动学生的学习积极性？又要如何让道法课堂和教学活动变得更加轻松且高效呢？我始终带着这些疑问，在日常的课堂实践与教学研讨中深入探索，力求找到最佳的解答。

（1）兴趣是最好的老师。学习兴趣是学生学习的最大动力，调动学生的学习积极性就是要激发学生的学习兴趣。通过引入有趣的教学内容和方法，用幽默风趣的语言激发学生的学习兴趣，让他们在轻松愉快的课堂氛围中学习。

每节课，我都会精心挑选与课程有关、贴近学生生活的事例，将事例与课本知识融合在一起，导入、激趣、探讨，让理论知识的学习更有趣味性。

（2）问题是最好的引导。我常常结合教材内容设置问题，导入情境，引导学生去思考、去探究、去发现，让他们在解决问题的过程中实现自我学习和自我提升。例如，在学习"诚信"这一道德品质时，我设计了一个"诚信商店"的情景，让学生分别扮演商店老板和顾客的角色，通过模拟实际情景，让学生体验诚信的重要性。在讲授法治知识时，我选取了一些典型的法律案例，引导学生分析案例中的法律问题，培养学生的法治观念与思辨能力。

（3）尊重是最好的助力。每个人都有自身的独特性，学生们虽然性格、脾气、爱好、学习态度和能力不同，但都一样需要得到尊重与关爱。所谓"因材施教"，其实就是根据学生的差异性进行有针对性的教育。不是所有学生都能取得优异成绩，作为老师，不能眼里只盯着学生的成绩，而要尊重差异，从多个角度看待学生。成绩不理想的，那就多找其他方面的优点，全方位立体式评价，帮助学生树立自信，建立师生之间的信任。

还记得2020年我接手任教初三18班，初一、初二道德与法治从来没及格过的小王同学破天荒地在期中考试中考了70多分。我在全班狠狠地表扬了他，全班同学也非常配合地给了他雷鸣般的掌声。从那一天起，只要上道德与法治课，就能看到小王专注的眼神，他的道德与法治成绩突飞猛进，他甚至好几次考到班级前10名。对于小王同学来说，也许这就是他初中阶段的高光时刻。

类似的例子还有不少。这些师生相处的点点滴滴让我明白，作为老师，眼里要有学生。只有真正从一言一行给予学生尊重和鼓励，才能构建良好的师生关系，让我们的教学更有温度。老师们的一个赞许的眼神、一句鼓励的话语，或许就能唤醒和点燃学生的学习热情和内驱力。

教学实践中，有艰辛的历程，有探索的乐趣，有实践的困惑，有成功的经验，有累累的硕果……作为教师，我们要用生动的案例、丰富的素材、多元的教学手段，为学生营造一个充满活力的学习环境。我们应多关注学生的情感体验，尊重学生的个性表达，让学生在学习的过程中感受到成长的快乐。

在情境创设上下功夫，在任务布置上花心思，使情境创设适切、任务落实具体可操作，让学生在我们的课堂上素养有落地、思维有深度、能力有提升，让学生的成长看得见，让道法课走进学生心灵，实现教、学、研共同成长。这些教学方面的思考、尝试与改变，让我的课堂教学更轻松高效，让师生关系更融洽，也让我更热爱教学，享受课堂。

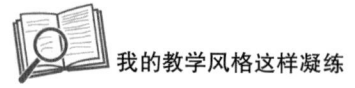

## 我的教学实例

### 道法课"依法行使权利"

#### （一）教材分析

本节课将帮助学生了解如何正确行使权利、维护权利。告诉我们公民权利是有法律界限和范围的，在行使自由和权利的时候，不得损害国家的、社会的、集体的和其他公民的合法自由和权利；并了解依法维权的方式和途径：协商、调解、仲裁、诉讼等。

#### （二）学情分析

学生在学习了公民的基本权利内容之后，已初步树立起权利意识，但是，对于权利应如何行使，以及当权利受到侵犯时应该如何维护自身权利仍旧不甚了解。本节课将帮助学生了解如何行使权利、维护权利。在学习权利有范围时，学生可能会觉得这一内容与上节课所学的政治自由、人身自由相冲突，教师需循循善诱，启发学生，使之明白宪法和法律对公民行使权利所作出的限制性规定是对公民权利的保护。

#### （三）教学目标

（1）法治观念：通过观看《女子阻拦高铁》的视频，分析该女子行为的影响，理解并认同宪法对公民行使权利作出的限制性规定是对公民权利的保护。任何权利的行使都是有界限的，我们在行使权利时要自觉规范自身行为，不得损害国家的、社会的、集体的利益和其他公民的合法自由和权利。

（2）责任意识：通过分析《消费风波》小品、车主为爱车办"葬礼"维权这两个环节，增强学生的权利意识，使学生在现实生活中积极有序地维护自己的合法权利。同时，提高学生参与社会生活的能力，树立责任意识，积极有序地参与社会生活。

（3）道德修养：通过分析女子阻拦高铁和车主为爱车办"葬礼"维权这两个案例中主人公的行为对他人和社会造成的消极影响，让学生认识到要自觉遵纪守法，践行社会公德，把道德规范内化于心、外化于行。

#### （四）重点难点

重点：学会依照法定程序维护权利。

难点：个人的自由和权利不能以损害国家利益、社会利益、集体利益以及他人合法权益为代价。

## （五）教学方法

讲授法、讨论法、情景探究法、启发式教学法等。

## （六）教学过程

环节一：思考、辨别

活动1：看故事，知权利

【设计意图】观看《女子阻拦高铁》的视频，引导学生思考并理解公民的权利是有界限和范围的。此外，通过了解宪法对公民权利的限制性规定，加深对权利范围的理解，并结合选举权过渡引出下一个环节。

导入：观看《女子阻拦高铁》新闻视频，引导学生思考。

（1）女子有什么权利？（买了票，有乘坐高铁的权利）

（2）女子有没有权利拦高铁？

（3）女子的行为造成了哪些影响？（从对个人、国家、社会和他人等角度引导学生回答）

（4）如果你遇到类似情况，可以怎样解决？（改签，推迟出发时间；退票，改乘其他交通工具）

教师小结：法律赋予我们权利，但是我们不能滥用权利，要知道，权利是有界限和范围的，在行使自由和权利的时候，不得损害国家的、社会的、集体的和其他公民的合法的自由和权利。

板书：

> （一）行使权利有界限
> 1. 权利有范围
> 2. 不得损害国家、社会、集体和他人的合法权益

过渡：权利是有范围和界限的，那我们一起看看宪法对公民的权利划定了什么样的界限。

课本第42页探究与分享，查阅宪法，了解我国宪法对公民行使权利作出的限制性规定。学生回答，教师小结，PPT展示。

最后，重点关注选举权（作为过渡）。行使选举权，法律规定要年满18周岁，并进行选民登记、填写选民证等，在规定的时间和地点行使选举权。

通过了解选举权行使的相关法律规定，认识到权利要按照法律规定的程序行使。引出环节二。

环节二：探究、明理

活动2：赏小品，守程序

【设计意图】通过小品《消费风波》，让学生明白要遵守法定程序，依法

维护权利；在了解维权的四种具体方式后，深入了解每种维权方式的特点和适用情况等。通过学生表演小品，调动课堂气氛，激发学生学习的主动性。

板书：

> （二）维护权利守程序
> 1. 依法定程序行使权利
> 2. 守程序的意义

教师小结与过渡：按法定程序行使权利，我们的权利才能得到更好的保障，同时，也能有效避免和化解一些不必要的纠纷。

可是在生活中，难免还会出现权利被侵犯的现象。下面请欣赏同学们自编自导自演的小品《消费风波》。

思考：（1）小品给我们什么启示？（消费者维权遇阻，因为购买商品索要票据，难维权）

答：要依照法定程序行使权利，否则自己的权利也可能得不到保障；要树立依法办事的意识，通过正确的途径和方式维护自身权益。

（2）小品中的消费者采用了哪些方式维权？（协商、调解）

通过小品，引导学生在行使和维护权利时，要在法律范围内，遵守法定程序，依法维权。并以此引出维权方式。

板书：

> 3. 维权方式：协商、调解、仲裁、诉讼

让学生回答，并结合PPT展示。

在讲解时，要让学生明白，在选择维权方式时，一般先采用简单便捷的方式，如协商。

协商无效时，可以寻求第三方帮助，也就是调解。调查方式有人民调解（如老师、村主任等的调解）、行政调解（如消费者问题可以找工商局，教育纠纷找教育局等，重点是行政部门介入调解）、司法调解（法院、检察院的调解）。

合同纠纷和其他财产权益争议，还可以申请仲裁。引导学生回答，教师点拨，了解仲裁的特点：双方自愿、程序比较灵活，具有保密性、区域性等。

维权最权威的方式是诉讼：民事诉讼、刑事自诉、行政诉讼。在讲解时，可以引导学生从违法行为的类别（民事违法、刑事违法、行政违法等）去认识三种诉讼方式。行政诉讼，是指行政机关违法或者明显不当的行政行为侵犯自己的合法权益，可以提起行政诉讼，俗称"民告官"。

环节三：感悟、提升

活动3：明法理，会维权

【设计意图】通过为爱车办"葬礼"的案例，让学生认识到现实生活中还存在种种维权遇阻或没有运用恰当方式维权的现象。引导学生思考，遇到类似侵权现象时该如何合理维权？提高学生的综合运用和实践能力。

（1）案例：保时捷自动熄火酿事故，车主为爱车办"葬礼"维权。保时捷车主维权遇阻，采用极端方式抗议。

思考：保时捷车主的方式是否恰当？他该怎样维权？

通过这一活动，让学生现学现用，运用刚学到的几种方式维权，并引导学生思考，在选择维权方式时是否有先后顺序，车主的维权方式是否妥当，以及是否有更好的维权方式等。让学生明白，要树立法律意识，采用恰当的方式依法维权。

接下来，几个环节和活动都已经展示完毕，让学生进行课堂知识小结。（PPT展示）

（2）展示名言：自由，是在法律许可的范围内任意行事的权利。——孟德斯鸠（法国）

【设计意图】通过让学生谈谈对名言的理解，加深学生对本课知识的理解，并将知识升华为内在的法治意识，转化为实际的法治行为；在富有哲理的名言中，感受真正的自由。

让学生谈谈对名言的理解，并以此作为课堂总结。

教师：权利是有界限和范围的，我们在生活中要树立法治思维，践行法治行为，遇到事情找法，解决问题靠法，做个遵纪守法的好公民。

## ▶我的教学主张

"道德与法治"学科作为立德树人的关键课程，承载着落实国家育人目标的责任，对培养学生的道德修养、法律素养以及社会责任感等方面都具有重要意义。归根到底，可以概括为培养道德与法治观念，养成有德守法的行为习惯。

### （一）道之培育：立德树人，深化道德修养

"道德与法治"的"道"，在教学领域中如涓涓细流，润泽着每一位学生的心田。它不仅仅是一门学科知识的传授，更是一种情感的传递和价值的塑造。

在实际教学中，我将充满感情色彩的"道"描绘出来，这体现在多个方面。比如，当我引导学生们讨论"诚实守信"的重要性时，通过分享一些真实案例，如一个学生因为诚实而赢得了他人的尊重和友谊，或者一个企业因为

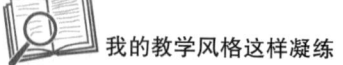
我的教学风格这样凝练

不诚信而最终走向衰败，让学生们深刻感受到诚实守信的力量，也让他们明白在生活和工作中，诚信是立足之本。

再比如，在教授法律知识时，我不仅讲解法律条文，更注重引导学生们理解法律背后的道德意义。通过模拟法庭、角色扮演等活动，让学生们亲身体验法律的威严和公正，同时也让他们感受到在法治社会中，每个人都应该尊重法律、遵守法律。这种教学方式不仅让学生们掌握了法律知识，更让他们在心中种下了法治的种子，帮助他们努力做到讲原则、有底线。

在道德教育的实践中，我常常会遇到各种情景，这些情景都成为道德教育的生动案例。例如，在面对班级内的一次小矛盾时，我并不会简单地进行训斥，而是会引导学生们换位思考、理解对方，从而找到解决问题的办法。这种处理方式不仅化解了矛盾，更让学生们学会了宽容和理解，体会到了道德的力量。

总之，道德与法治的"道"在教学中的体现是充满感情和温度的。它不仅仅是一种知识的传授，更是一种情感的交流和价值的塑造。通过实际教学案例的引入和情境的创设，我想方设法让学生们更加深刻地理解和体验道德与法治的内涵和价值，从而在心中播下美好的种子。

### （二）法之启迪：授人以渔，掌握学习之道

在"道德与法治"教学中，方法的"法"至关重要。当前的初中"道德与法治"教学中，存在着一些问题，如教学内容过于理论化、教学方法单一、学生兴趣不高等。初中道德与法治学科，既要保证教学质量，又要激发学生的学习兴趣，还要落实所承载的立德树人重要目标。为此，作为"道德与法治"教师的我深感责任重大，在"法"的探索中，对自己提出了更高的要求。

学生喜欢上的课大多是妙趣横生并能有所得的，即当堂有所收获。即时的获得感会激发他们更为广泛的兴趣和动力，从而为学好这门课奠定基础。要真正上好这门课，还应跟进考试并有所用，即教师引领学生学会的知识与掌握的能力学生在考试时用得上，能帮助学生取得好成绩。这可以激发学生对这门课程的持久喜爱与深度的拓展学习，进而教师着眼长远的"五育"并举、"六商"并重的渗透教育，才会对学生的全面成长和长远发展产生持久多元的影响。

"道德与法治"学科的绝大部分知识，都可以用经典"三问"的方式（是什么、为什么、怎么做）来探究和学习。通过找到学习规律和方法，提高效率，在提高教学质量与落实素质教育之间找到平衡点；以学生为中心，通过丰富多样的教学方式和方法，激发学生的学习兴趣，调动学生的内驱力。

提炼学习方法。在教学过程中，我不断学习、反思，提炼简明扼要的学习

方法，如分析问题的思路、解决问题方法，寻找不同内容中的共同点，并在博取众家之长后，研究了一套针对道法学科的浅显、通用的学习方法，帮助不少同学增强了对该学科的学习信心。不少已经毕业的学生说，初中所学的道德与法治学习方法在升入高中、大学后依然有效。

创新教学方法。教师要创设生动有趣的教学情境，采用生动有趣的教学方法，激发学生的学习兴趣，提升学习效果。如课内外开展多种主题演讲比赛、辩论赛、小论文比赛、法治小品剧、青春诗歌朗诵等。

注重实践教学。教师要注重实践教学，鼓励学生走向社会，融入社会。通过组织课内外实践活动，让学生在实际生活中感受道德与法治的重要性，培养学生的社会责任感。对此，可设计各类主题的社会实践活动，如参观法庭、志愿服务、问卷调查、社会走访等，并通过主题手抄报、研究报告、小组合作研究展示等多种方式展示学习成果。

丰富多样的学习方式、轻松愉悦的课堂氛围，可以让学生喜欢上道法课；精选作业、严格控制作业量，即使是毕业班也不布置周末作业，让减负增效真正落实到位。作业少，学生学得轻松，教学效果也很不错，学习成绩都能位于年级前列。

随着时代的发展，学生学情和教学目标也在不断发生改变。教师不能仅仅停留在"三授课"原点之上，更应在追求教学三境界即"学会、会学、会用"的同时兼顾学生健全"六商"的培养，将"六商"融入在教学实践的诸多环节中。教师要注重创新教学方法、注重实践教学、激发学生兴趣，提高初中道德与法治教学的实效性，有效地培养学生的道德品质和法治意识，为学生的全面发展奠定基础。

教学实践不是一张蓝图，而是一场静待花开的旅途。于青年教师而言，教学实践道阻且长，但惟其艰难，方显勇毅；惟其笃行，弥足珍贵；惟其磨砺，始得玉成。我们要坚信：山有路可行，海有舟可渡，所以定要跨越山海，一往无前，满载一船星辉，在教学征程中尽情放歌。

## ▶他人眼中的我

丘老师是一位风趣且亲切的老师，我们总戏称他为"高人"，不仅在于他个头确实高，更在于他课堂上的高超讲说，总能激起我们满满的求知欲。他的课堂从来不拘泥于一本书，他讲述的是他那深邃而长久的经验和丰富的经历所形成的别具一格的韵味和风采，我们总能边听边学习，其中也夹杂着我们爽朗的笑声，正所谓"乐亦在其中矣"。

**（东莞市长安实验中学2021级3班学生　匡宇琪）**

不同于照着PPT讲，丘老师更喜欢引发我们思考，将学习内容融入生活。在他的课堂上我们所记的笔记并不多，但条条都是精华。他有独到的解答方法，分模块、分问点、分主体，几个词概括便足矣，这大大降低了学习难度，让我们更加有信心学好道德与法治，效率更高。

**（东莞市长安实验中学 2021 级 24 班学生　展欣怡）**

在我看来，丘老师的教学策略是"结合事例具体解释与理顺逻辑构建体系相结合"。他针对抽象难懂的知识点，会结合贴近我们学生日常生活的简单、有趣、易懂的例子来讲解，使我们的逻辑思维、语言组织甚至是理论联系实际的能力都得到了锻炼。而这样的答案组织方式和知识梳理方法，我至今也一直在运用。

**（东莞市长安实验中学 2019 届毕业生，华南师范大学思想政治教育专业学生　马玥）**

海锋老师的教学立足素养培育，教学目标明确；凸显生本地位，善用情境教学；拓展实践活动，促进知行合一。

**（东莞市长安实验中学教师　谢少环）**

在那青涩懵懂的初中岁月里，海锋老师是我政治学科的恩师，他如同一缕温柔的春风，唤醒了我对世界认知的萌芽。他不仅传授知识，更在我心中播种下思考的种子，教会我如何以理性之光穿透迷雾，他的教诲犹如夜空中最亮的北极星，虽不比灯塔般耀眼，却恒定而清晰，指引着我探索人生的方向。毕业后我回到母校工作，有幸与海锋老师再续师徒情缘，他的话语如同推动帆船前行的和风，引领我在教学海洋中前行，也教会了我用更宽广的视角和更多变的方法去解决眼下教育教学中存在的问题。

**（东莞市长安实验中学教师　陈雅雯）**

【点评】

丘海锋老师把自己教学风格的关键词表述为"道亦有道，法无定法"，这个概括非常巧妙。"道法"，既是"道德与法治"这门学科的简称，也是这门学科教学的"道理与方法"。"道"指的是教学规律，"法"指的是教学方法。"道"制约着"法"，"法"依存于"道"。"道"与"法"相结合，道亦有道，法无定法。丘老师想到了，也做到了。

**（广东第二师范学院教授　闫德明博士）**

# 追求真实的数学课堂

东莞市长安镇教育管理中心　孙佛平（小学数学）

**个人简介**

　　孙佛平，男，东莞市长安镇教育管理中心数学教研员，研训组组长，小学一级教师。东莞市第五批小学数学教学能手，长安镇优秀教师，长安镇优秀教育工作者。主持或参与市级课题6项，曾获东莞市"品质课堂"教学能力大赛（潜力组）一等奖、作业案例设计一等奖等。

## ▶ 我的教学风格解读

　　教学是一项复杂的活动，面对的是一个个鲜活的个体，它既需要教师的精心预设，又需要教师基于学生真正的学情和困惑对学生进行个性化的教学。教师需要根据学生"真"学情随时调整教学策略，由只注重"教师的教"转换为既关注"教师的教"又关注"学生的学"。即教师要基于学生的"真"生成，引导学生自主探索，使课堂真正成为学生个性张扬和能力发展的天空，达到启智育人的目的。

　　因此，"真"一词对数学课堂尤为重要，追求"真实"的课堂也成为我的目标，是我追求的教学风格。那么怎样的数学课堂才叫"真实"？我个人认为有以下特点：一是找准学生学习的"真起点"，二是设计具有表现性的"真问题"，三是引导学生思考后进行"真生成"，四是促进学生学习的"真发展"。

　　什么是"真起点"？"真起点"指需要教师真正走进学生，体现了"以生为本"的教学理念，了解学生的真实学情，从而确定教学的起点。"真起点"包括在学习之前要了解和诊断学生实际学习的知识起点、学生学习的真实思维、学生存在的学习困难等。基于教师对学生的学情诊断，才能更好地围绕教学目标设计教学任务和调整教学方式。

　　什么是"真问题"？"真问题"指课堂驱动任务尽可能结合真实情境，设计指向学生核心素养培育的核心问题或任务。该核心问题具有开放性、低门槛、大空间、多层次的特点。低门槛是指能让每一个学生都能参与进来；大空间是指针对不同思维层次的学生可以有不同的思考或解决路径；多层次是指尊重学生个体，满足个体的差异，同一个问题的解决路径可以有多种思维水平层次，鼓励学生构建自己的答案。

　　什么是"真生成"？"真生成"指基于具有开放性的"真问题"，引导不同

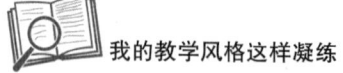

思维层次水平的学生构建出自己的答案。学生在思考方面有差异,呈现出思考后不同思维层次的"真生成",以此作为丰富的教学资源推进教学。基于学生的学情,以"真生成"作为教师调整教学方式的依据,打破以往以教师单一预设推进教学的困境,促进教师进行"真教学"。

什么是"真发展"?"真发展"指通过了解学生的"真起点"透视学情,设计促进学生思考的"真问题",引发思考;引导学生构建自己的"真生成",调整预设,从而对症下药,顺学而导,以"教"促"学",促进不同学生达到不同层次的发展,实现因材施教。

走近学生,了解学生,以精心的设计与实施,让学生的思维活跃起来。依学而教,顺学而异,让学生的学习力得到提升。让学生找到适合自己的学习方式,让学习真实发生,实现真正的成长,这就是我追求的"真实"课堂,也是我的教学风格。

## ▶我的成长历程

### (一)"应试",分数至上

2017年是我真正以小学教师的身份踏上讲台的第一年。

其实当一名人民教师的目标很早就在我心中发了芽,原因是受小时候一位数学老师的影响。三年级到六年级都是李老师担任我的数学老师,他的教学充满了"严厉",但又充满了"慈祥"。李老师的课堂幽默风趣,注重每一位学生,所以数学成绩较差的我,时常有一对一"开小灶"的机会。记得他时常对我说:"你是一个很有数学天分的人,也是一块做老师的料子!"日久下来,也许被"洗脑"成功,也许真的认为自己就是那一块"料子",所以我心中早已埋下"当一名老师"的理想的种子。现在想来,心里非常感谢他,因为他,我才有幸找到一份我热爱并愿意奉献一生的职业,有幸成为一名"养花匠"。

说来有趣,有人问我为什么会来长安镇当老师,起因就是单纯被"长安"这个地名吸引了。"长安"——"盛世长安""长治久安",这是一个在历史长河中时常出现、具有浓重色彩的都城之名。有关"长安"的词语和典故我耳熟能详,它吸引着我慕名而来。

在踏上岗位之前,我一直一边完成学业,一边穿梭于各种培训机构兼职。4年的培训教龄让我认为自己拥有了丰富的教学经验,能在各个学段数学考试的题海中遨游,能培养一批又一批考试能手。在成为真正的教师后,我的目标也是培养一批"高分儿",让自己能"称霸"整个级部。

当时我的教学模式和风格非常直接。严格控制40分钟的时间分配,其中讲授知识10~15分钟,剩下的时间就是"遨游题海"。基础题、必考题、拔高题齐上阵，每一种题型都不落下，为的就是让学生都能考出95分以上的高分。当时我的教学风格是以教师为中心的一言堂，课堂只有"教师的教"，按照自己设计的教学流程，教得"不亦乐乎"，学生接受教师的鞭策，学得"叫苦连天"。如今回想起那一阶段，真为我学生第一年的学习经历感到愧疚，那是一段"独乐乐"的日子。

直到有一天，师父注意到我的课堂模式，说了一句：你的学生喜欢这种课堂吗？为了验证学生对我课堂的态度，我还特意去做了问卷调研，自认为"高分课堂"带来的成绩上的荣耀，肯定是学生所喜欢的，甚至是学生所热爱的。最终，问卷的结果让我触目惊心。回答喜欢我的课堂的学生就那么几个。也许，那几个学生还是因为体谅老师的辛劳付出而回答了"善意的谎言"。调研后，我闷头想了很久，我的目标错了吗？为什么我的课堂学生不喜欢？

### （二）"模仿"，不求甚解

为了改变现状，我决定潜心学习，我相信教育名家这么受欢迎，受到老师们的追捧，其课堂一定是学生所喜欢与热爱的。于是，我把握各种机会，争取外出学习。我像一块干瘪的海绵，疯狂吸收着名家灌溉的"知识的甘霖"。

我认为，名师的课例一定是好课例。只要像名师一样上课，模仿名师的上课方式、上课语言、上课动作等，我就能上好课。于是我搜索名师的各种资源，搜索大量的名师授课视频，包括张齐华、黄爱华、吴正宪等名师。我观察并模仿着名师的授课方式，试图复制他们的教学步骤，记录名师的每一个动作、每一句话，并在课堂上进行模仿与实践。

公开课就是展示我学习效果的绝好时机。我依葫芦画瓢，按照记录下来的笔记，把我学习的那一节名师课例中的每一个问题、每一句话、每一个讲解都复制、粘贴，输出到我的课堂。我想，我模仿的课例，肯定会受到学校老师们的一致好评，因为那是"名师的课例"。

结果，出乎我的意料，砸了！上完课之后，师父并没有如我所愿地肯定和表扬我，只在评课前，问了我三个问题：这课哪里学的？你理解了这节课吗？你关注了你的学生真实的样子吗？几个问题让我内心再次受到巨大冲击。

为什么？为什么我模仿了名师，按照名师的方式上课，却没有像名师一样把课上好？我百思不得其解，就连当天其他老师的评课议课也没有全神贯注地听。我拿着我公开课的录像，反复看了三次，参照名师的课例进行比较，发现：语言还是那些语言，学生却不是那些学生。我认为名师课上得比我好，是因为他的学生更加会表达、思考得更加深刻。原来，课不好的问题似乎出在学生身上。我仿佛为自己找到了这节课没有上好的"真正"理由。

### （三）"融会"，取长补短

继上次公开课的失利后，我只会外归因却没有内归因，直到校内的一次比

我的教学风格这样凝练

赛课,我才"如梦初醒"。好强的我想在那次比赛中取到好成绩,所以认真挑选了一节我认为我能100%模仿的课例,不断地观看和学习。直到比赛的前一天,学生的真实学情,打破了我原有的计划和想法。

比赛那天上的是一节六年级的课例,学生在探索"$\frac{1}{2}+\frac{1}{4}+\frac{1}{8}+\frac{1}{16}+\cdots\cdots=?$"。按照名师的上法,就是通过抛出问题、画图表征、说理验证的几个步骤来学习。但是学生在画图表征并说理的过程中,产生了巨大的分歧,学生的真实学情是没有真正理解结果为什么是"1",学生的真实反馈并不像名师课例中呈现的那般。

当时的我进入了"天人交战"的状态,按照名师的教学步骤,我已经"复制、粘贴"完毕,按照流程应是进入下一个教学任务。但是基于学生真实的生成和学习反馈,学生并不理解和信服其中的缘由。当时的我不禁陷入了茫然:是继续按照流程进入下一个阶段,还是放慢脚步,多花时间引导学生深入一步地理解呢?

突然,我想起师父之前问的问题:你关注了你的学生真实的样子吗?你的学生学情和名师课堂上学生的学情一样吗?你关注的学生的答案是学生最真实的生成还是只是挑选符合你教学设计的答案?你的课是否真正基于学生生成而启发学生?

这一连串的问题从我脑海中蹦出。在课堂上,我突然愣了一会儿,我发现我的课只是单纯地模仿,其实并未深入理解其背后的理念,我的课"不真实"!因为我的课没有关注学生真实的生成,没有基于学生真实的学情启迪学生的智慧,原来我只是一个课例的"搬运工"!此时,我并没有进入下一个任务,而是重新梳理学生的疑惑,再次引导学生针对这个数学问题,提出自己的思考。我找到学生不同层次的"真生成",让学生对比、讨论、合作交流,引导学生思考。经过再一轮的讨论和深入学习,此时"$\frac{1}{2}+\frac{1}{4}+\frac{1}{8}+\frac{1}{16}+\cdots\cdots=?$"的结论得到了学生的全部认可,我终于发现这才是以生为本的课堂,即基于学生真实的理解,因材施教,从自身实际出发,从而让学生掌握知识和发展核心素养,实现"真发展"。

这次经历,让我明白课堂的主体是学生。只有关注学生"真实的样子",了解学生的"真起点",设计"真问题",基于学生的"真生成"动态调整教学环节和方法,针对不同的学情、不同的生成去引导学生理解,才能真正启迪学生的智慧,实现学生"真发展"。名师的课例值得学习,但并不一定全部都能用在我们的课堂上,一切都要基于学生。"真实"这个词,在课堂上就显得难能可贵。

### （四）"求真"，自然生成

随着自身认知的转变，我明白数学教学不仅是知识的传授，更是培养学生的思维能力、解决问题的能力和创新精神的过程。现在，我不再刻意模仿他人，也不再刻意追求教学方法的多样性，我开始追求教学的本质——求真。每一次上课前都有意识地先去了解学生的"真起点"，以"真问题"引导学生深入思考问题，用数学的眼光观察世界，鼓励学生形成自己的"真生成"，培养学生的创新思维和批判性思维，促进学生"真发展"。

我开始深入研究各种教学方法，尝试理解它们的深层含义和优缺点；我开始阅读教育理论书籍，参加各种教育研讨会，与同行交流心得，借鉴他们的优点；我开始取长补短，将各种教学方法融合在一起，希望形成自己的教学风格。在这个过程中，我不再是知识的灌输者，而是开始关注学生的个体差异和需求，根据他们的兴趣、能力和学习风格制定个性化的教学方案。我注重培养学生的自主学习能力和解决问题的能力，让他们在数学学习的过程中自然生成对数学的理解和热爱。

在这之后的另一节公开课，我的课题是"概率与日常生活中的决策"。那时我的教学模式已经发生改变，我通过设计真实的数学情境、学生思考与讨论、分享决策模型、合作交流、优化决策模型、得出结论等几个步骤，引导学生生成，关注课堂中学生真实的样子，并通过探究、展示对比、合作、辩论等形式启发学生探索新知，从而达到教学目标。

通过设计真实的生活情景：比如，在一个购物中心里，一家商店正在进行促销活动，其中有一项是"抽奖赢大奖"。根据商店的公告，顾客每消费满100元就可以获得一次抽奖机会，奖品包括现金红包、购物券和实物奖品等。商店还明确列出了各种奖品的中奖概率，例如，现金红包的中奖概率为1%，购物券的中奖概率为5%，实物奖品的中奖概率为10%，而剩余84%的概率则是"谢谢参与"。在这种情况下，让学生思考：你会参与抽奖吗？引导学生自由讨论，各抒己见，并尝试建立决策模型。

学生根据自己的思考，讨论出不同的思考点。比如，经常在这家商店购物，那么购物券可能就非常有价值。如果正在寻找某个特定的实物奖品，那么它的中奖概率和价值也需要考虑。如果考虑参与抽奖的成本，那么成本就是在商店的消费金额。如果已经计划购买价值100元的商品，那么参与抽奖的成本就是100元，需要将期望收益与成本进行比较，如果期望收益大于或等于成本，那么参与抽奖可能是一个不错的选择；如果期望收益小于成本，那么可能需要重新考虑是否参与。

通过组织学生进行小组讨论，学生可围绕成本、概率大小、个人的参与意

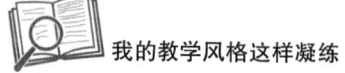

愿等因素，提出初步决策后，理解其他学生不同的观点。基于学生的生成，出现了多样的思考，有的学生可能会质疑仅仅基于概率做出决策是否足够，还可能需要考虑其他因素等。在讨论结束后，我引导学生反思整个决策过程，总结使用概率进行决策的方法和注意事项。学生应该认识到概率是决策的一个重要依据，但也需要综合考虑其他因素。

这节课通过引导学生分析日常生活中的决策问题，让他们真实生成对概率与统计的理解。在这一过程中，教师注重引导和尊重学生，通过启发智慧来培养学生的自主学习能力和批判性思维，因此这堂课也得到老师们的一致好评。

### ▶ 我的教学实例

**（一）游戏激趣，直接引入**

（1）回顾旧知，一枚骰子掷出各个点数的可能性。

师：掷一次骰子可能会出现哪些点数？每个点数出现的可能性一样吗？

生：可能出现1、2、3、4、5、6，因为有6种情况，掷一次有可能出现6种中的一种，所以可能性一样。

（2）游戏激趣，为掷一枚骰子比赛制定公平的胜负规则。

师：如果男女同学比赛，只掷一次骰子就要分出输赢，你能制定出一个公平的胜负规则吗？

生1：一方选择单数，一方选择双数。

生2：一方选择点数1、2、3，另外一方选择点数4、5、6。

师：能不能一方选择1、2、3、4，另外一方选择5、6呢？

生：不行，不公平，因为1、2、3、4有4种情况，5、6只有2种情况，后者赢的机会小。

【设计意图】通过回顾旧知，利用掷一枚骰子出现每个点数的可能性，让学生自己制定公平的规则并比赛，充分调动学生的积极性和参与性，激发学生的学习兴趣，同时明白公平的规则就是比赛双方选择骰子点数出现的等次数性，为后面的"不公平"作铺垫。

**（二）知识冲突，动手探究**

（1）列举"和"的可能：生生游戏1——比比谁的点数和大。

设计核心任务：请学生同时掷两枚骰子，共进行5次，谁的点数和大，谁就赢。

（学生游戏，在游戏的过程中思考：两枚骰子的点数和可能是多少？）

师：游戏时间到，你发现了吗，同时掷两枚骰子，点数和一共有多少种情况？

生：11种。

生：它们的和最小是2，最大是12，就是2、3、4、5……一直到12。

师：理由是？

生：因为一枚骰子上的点数最小是1，最大是6，两枚骰子加起来最小就是2，最大就是12。

【设计意图】通过游戏激趣，让学生积极探究和参与，引导学生应用"组合"的知识，确定点数和的范围，并且判断出最小的和是 $1+1=2$ 与最大的和是 $6+6=12$。两枚骰子的点数和一共有11种，为下面游戏分甲（2、3、4、10、11、12）、乙（5、6、7、8、9）两组进行的比赛"不公平"，增加迷惑性。

（2）明确游戏规则，初步猜测，生生示范。

师：生活中也有类似的掷骰子比赛，你看：

把这11种点数和随机分成两组，甲组是6种点数和，分别是2、3、4、10、11、12，乙组只有5种点数和，分别是5、6、7、8、9，比赛规则也很简单，掷到点数和属于哪一组，哪一组就赢。

师：那同时掷两枚骰子（一枚红色，一枚蓝色）25次，点数和在甲组（2、3、4、10、11、12）还是乙组（5、6、7、8、9）中出现次数比较多？

生：肯定是甲组，因为甲组占了6种情况，乙组只占了5种情况。

师：哪位同学来试一试？

请两名学生做代表试玩，其余学生采用写"正"字的方法统计以及记录点数和出现的组合情况。

| 甲组（2、3、4、10、11、12） | |
|---|---|
| 乙组（5、6、7、8、9） | |

师：最后的结果是哪组赢了？

生：乙组。

师：甲组明明占据了6个点数和，乙组只有5个，为什么乙组却赢了？是因为运气吗？

【设计意图】让学生通过猜想，然后验证，并用画"正"字的方法收集数据，体会统计在解决问题中的应用。学生通过数据记录结果发现与猜想不符，产生认知冲突，并且提出疑问："是乙组的运气比较好吗？"为接下来的深入探究提供可能，并且初步感知点数和出现的情况是乙组比较多。

（三）深化理解，动手验证

（1）小组游戏，验证发现，探究原理。

师：同桌动手掷一掷，按照刚刚的规则，完成下列表格。看看你发现了什么？（要求：必须记录红、蓝两色骰子每次出现的点数，表格全部填完后就停止实验）

| 组合情况 | | | | | | | | | | | |
|---|---|---|---|---|---|---|---|---|---|---|---|
| 颜色 | 红蓝 | 红蓝 | 红蓝 | 红蓝 | 红蓝 | 红蓝 | 红蓝 | 红蓝 | 红蓝 | 红蓝 | 红蓝 |
| 点数和 | 2 | 3 | 4 | 5 | 6 | 7 | 8 | 9 | 10 | 11 | 12 |

【设计意图】表格的设计意图主要有两点：第一，通过区分红、蓝骰子的点数，便于区分和理解3＋4和4＋3是两种不一样的情况，帮助学生理解组合的总数；第二，记录的方式便于学生观察数据，并且在记录的过程中会形成类似条形统计图的直观图，方便学生发现乙组的组合方式更多，出现的可能性更大。

师：好，同学们，刚刚我们请了两个代表上台比赛，发现乙组胜利了，现在我们全班实验了，发现全部是乙组胜利，你们觉得这还是一个偶然的现象吗？

生：不是。

师：谁能说说理由？

生：因为组成点数和为5、7、8、9更加容易出现，而甲组要组成的点数和2、3、4、10、11、12比较难出现。

生：观察数据发现，像6、7、8这些点数和可以由2＋5、3＋4、1＋6等多种方式组合加起来得到，而甲组的2、12只有1＋1和6＋6一种组合方式。

师：也就是说，因为组合方式的不同，所以结果出现这种特殊情况对吗？

生：对！

师：也就是说，乙的胜利其实不是运气好，而是一定的数学道理。

师：那么甲组有没有可能获胜？

生：有，只是获胜的概率比较小。

师：真好，虽然甲组的赢面小，但是也会存在赢的机会，可能性再小都好，也有可能会发生。

【设计意图】经过掷一掷、记录、观察、分析，学生获取了实验数据的支撑，直观地发现点数和越靠近中间的位置，组合方式越多，次数也就越多；而越靠近两边，组合方式越少，次数也越少。也就是掷出的点数和在中间的可能性比较大，在两边的可能性比较小。有趣的活动既让学生保持积极的探究热情，也为后面的进一步思考打下基础。

（2）直指本质，探究组合。

请学生完成组合表并回答问题。要求列举出两枚骰子点数和的所有组合方式。

|   | 1 | 2 | 3 | 4 | 5 | 6 |
|---|---|---|---|---|---|---|
| 1 |   |   |   |   |   |   |
| 2 |   |   |   |   |   |   |
| 3 |   |   |   |   |   |   |
| 4 |   |   |   |   |   |   |
| 5 |   |   |   |   |   |   |
| 6 |   |   |   |   |   |   |

①两个骰子一共有（    ）种组合。

②其中甲组（2、3、4、10、11、12）一共有（    ）种组合方式，乙组（5、6、7、8、9）一共有（    ）种组合方式。

师：说一说，填完表格之后你们的发现。

生：两枚骰子点数和一共有 36 种组合。

生：甲组的组合方式只有 12 种，乙组的组合方式有 24 种。

【设计意图】通过组合的角度去思考原因，让学生理解偶然现象背后的必然性。

### （四）联系生活，深化模型

（1）（引入微课）知识延伸，发现生活的数学。

师：其实生活中还有很多这样的例子，比如：揭露街头骗术、免单营销策略等，我们一起来看看。（播放微课）

（2）课堂总结，谈收获。

【设计意图】通过观看微课，让学生感受生活中的数学，同时对知识进行回顾整理，关注学生的学习过程和情感体验。

### (五)教后反思

**1. 问题引领,充分体验事件发生的确定性与不确定性**

"掷一掷"作为综合实践课,是需要学生动手操作,在操作的过程中经历观察、猜想、实验、验证的学习过程。但是手中有了骰子,学生往往更加沉迷于"玩",而忽略了"想"。如何让学生在"玩"的过程中还能够主动思考呢?这就要求学生带着数学问题进行操作。因此,在让学生玩掷骰子游戏前向学生提出问题:边玩边想,同时掷两枚相同的骰子,把两个朝上的数字相加,点数和可能会是几?由此学生充分理解了点数和不可能是 1 和 13,只能随机出现在 2~12 之间,从而充分地体验了事件发生的确定性与不确定性。

**2. 大量实验,充分感受随机现象中数据的随机性**

要充分体验和感受随机现象中数据的随机性必须基于大量的实验数据,也就是需要记录每一次掷的点数,这是解决问题的必要条件。所以在课堂上,我充分放手让学生操作、记录,通过实验、统计、观察分析,发现数据蕴含的规律。在这个过程中,学生感受到每一次投掷产生的数据组合可能不一样,结果可能也不一样,但无论这些结果怎样随机出现,最后的统计结果都会显示点数和为 7 的可能性最大,点数和是 2 和 12 的概率最小。就这样,他们真切地体验了一次概率统计中数据的随机性:一方面,对于同样的事情每次收集到的数据可能不同;另一方面,只要数据足够多,就可能从中发现规律。

**3. 分析组合情况,发现规律背后的道理**

每组的数据不一样,可是为什么最后大多数组的结果都是乙组获胜呢?规律的背后是否蕴含着某种道理?学生通过分析计算组合情况,发现造成这种现象的原因是,乙组虽然只有 5 种点数和,可是组成这 5 种点数和的组合方式比甲组的多得多,是甲组的 2 倍,所以乙组的赢面大。社会调查中,发现数据规律之后的重要工作就是分析规律背后的成因。本节课的学习过程,让学生在理解数据随机性的基础上,获得了分析数据规律背后成因的体验,获得了运用数据解决掷骰子问题的研究成果,进一步促进了学生数据分析观念的发展。

### ▶ 我的教学主张

我的教学主张是打造以真促教,以理促思的课堂。教育的核心是学生。每人都有自己的潜能和天赋,作为教师,我的任务是引导学生发现并激发自己的潜能。因此,我始终将学生置于教学的中心位置,注重引导他们主动学习和探索,基于学生真实的学习情况和生成,及时调整教学方式,以真促教。同时鼓励学生敢于提问、敢于质疑和说理,注重学生说理能力的培养,让学生在分析与表达中发展数学思维能力,从而培养学生的核心素养。

我的课堂非常注重"引导"。我尊重每一个学生,视他们为独立的个体。我努力做到了解学生,明晰学情,愿意倾听他们的声音,引导他们在"真问题"的驱动下,敢于呈现自己的"真生成",构建出自己的答案,从而推进课堂教学。这就是我教学主张中提及的"以真促教"。我努力创造一个开放、平等的交流环境,鼓励学生与我互动,唤醒和分享他们的想法和见解。只有构建了平等互动的师生关系,才能更好地激发学生的学习热情,促进学生表达自己的见解,从而使不同学生展现出不同思维水平,形成丰富的教学资源,推进课堂教学。

我的课堂非常注重"说理"。语言是思维的翅膀,说理能让学生把思维通过"分析—整理—表达"的模式表现出来,与思维密切相关,不可分割。同时,说理的条理性反映出思维的严谨性;说理的准确性反映出思维的清晰性;说理的连贯性反映出思维的逻辑性。数学说理能促进学生逻辑思维能力的发展,开发学生的智力,激发学生的创新意识。这就是我教学主张中提及的"以理促思"。因此,我的课堂注重学生说理能力的培养,让学生在分析与表达中发展数学思维能力。

我坚信数学知识的价值不仅在于理论,更在于实际应用。我努力将数学知识与真实生活情境相结合,让学生在学习中感受到数学的实用价值,用"真问题"促进"真理解"。让学生通过解决实际问题,基于真实的理解,追求真实的课堂,培养学生的说理能力,促进学生增值性成长,真正实现启迪学生的智慧。"以真促教,以理促思"是我的主张,真实的课堂是我的追求,希望每一位学生都能在我的课堂中得到不同的发展,提升自身的综合素养。

## ▶ 他人眼中的我

在我眼中,孙佛平老师是一个善于反思、追求完美且对教学有独到见解的教师。2017年,我与孙老师一同来到长安镇,虽然不在同一所学校,但还是会经常在一起研讨、交流教育心得。孙老师一直追求真实、互动的数学课堂,在课堂中通过开放性的任务,引导学生表达自己的见解,在交流互动中不断深挖数学的本质。孙老师的教育观与学生观在一次次的公开课和比赛中得到了很好的诠释,同时也给青年教师们起到了很好的示范引领作用。

(东莞市长安镇中心小学教导主任　卢磊)

孙老师是我非常喜欢的老师,他的课我很喜欢,孙老师很关注每一个学生,每个学生都可以在他的课堂上发表自己的想法。他非常注重我们的回答,通过我们的回答去了解我们学得怎么样。他的课堂生动有趣,同时也会举很多生活中的例子,让我们发现生活中存在很多的数学知识。

(东莞市长安镇实验小学学生　林宇祺)

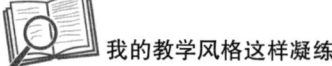

【点评】

孙佛平老师把"追求真实的数学课堂"作为自己教学风格的关键词。何为"真实"？一是找准学生学习的"真起点"，二是设计具有表现性的"真问题"，三是引导学生思考后进行"真生成"，四是促进学生学习的"真发展"。佛平老师是一位年轻的老师，这个立足点非常好。

（广东第二师范学院教授　闫德明博士）

# 化繁求简，绘形激趣

东莞市长安镇中山小学　谭海媚（小学数学）

**个人简介**

谭海媚，女，东莞市长安镇中山小学副校长。东莞市优秀教师，东莞市小学数学教学能手，长安镇优秀教育工作者，长安镇"品智教师"，长安镇优秀教师。曾参与编写《同步学堂导学测》与《数学家智慧故事漫画》并成功出版。曾指导学生创作数学漫画作品30篇以上并发表在《东莞少年报》。近年主持和参与课题5项，其中2项荣获东莞市优秀教育成果奖。

## ▶ 我的教学风格解读

我的教学风格关键词是：化繁求简，绘形激趣。

"简"彰显数学之美，极致精准之精髓。数学源于人们对科学世界的理性描述，其既有形式之繁，也有本质之简。"简"字之中，蕴藏着简约与纯粹的智慧。我认为，数学课应当展露简约、精准且纯粹之美。当然，数学课也有复杂、烦琐且深奥的一面。在这"繁"与"简"的交织中，我坚信，它们可以在以下三个维度实现转化与融合。

简化教学计划——把复杂的数学例题分解为2~3个教学任务进行教授。

简明学习过程——逐步推导，通过算理与直观图形帮助学生思考与归纳。

简练数学题目——精选经典题与易错题进行深度剖析。

从难到易，从繁至简，学生们紧锁的眉头逐渐舒展，然后因新的思考而再次紧锁，最终又因理解而舒展。他们既经历了数学课上高阶思维的挑战，又感受到了数学本质的简洁之美与逻辑之强大。这就是化繁为简的数学美。

绘形体现数学之趣，极致直观之魅力。伟大的数学家华罗庚先生曾说："数缺形时少直观，形少数时难入微。"我思考，笔尖与色彩的融合可以勾勒出"数与形"的趣味。我渴望，在我的数学课堂上，通过直观的图形、点线面的组合，引领学生探索数学的深邃与奥妙，让抽象的概念变得触手可及，让枯燥的故事焕发出动人的光彩。我坚信，绘形激趣在小学数学四大领域能展现其独有的魅力，引领学生沉浸在手绘图形的无穷乐趣之中。

在"数与代数"领域：手绘故事，巧妙地创设情景，诱发认识冲突。

在"图形与几何"领域：借助直观图形展示，结合生动的对比分析，化解抽象思维难题。

在"统计与概率"领域：呈现各式统计图表，帮助学生轻松查找关键数据。

在"综合与实践"领域：指导学生绘制项目式报告，提升学生的综合能力。

在介绍数学史时，我常常手绘数学家的成长轨迹，以此启迪学生的思维，让原本冰冷乏味的数学变得灵动有趣，学生们的投入与聆听，让我的心涌现一种特别的教育成就感与职业自豪感。这就是绘形激趣的数学味。

我深信，在这样的教学风格下，学生们不仅能够轻松愉快地掌握数学知识，更能从中体验到数学学习的乐趣。未来的教学之路，我将继续探索和实践"化繁求简，绘形激趣"的教学风格，为学生们打造更加精彩、有趣的数学课堂。

▶ **我的成长历程**

### （一）运气的背后是挫折

#### 1. 得天独厚的运气

我的叔公是一位资深小学数学教师兼教导主任，教育生涯已逾三十载。自小，他便时常鼓励我成为一名教师，称这是一份崇高的职业。然而，我心中总是萦绕一个疑问：教师这份职业到底有何等魅力，让叔公如此推崇备至？为解此惑，我常观察叔公的教学行为。当他批改作业时，那紧锁的眉头、偶尔的牢骚，折射出教师工作的繁重。在学生取得小有佳绩的进步时，他的欢喜与期望溢于言表。时光飞逝，当我面临报考大学时，依然牢记叔公的叮嘱，毅然选择"英语教育"，下决心成为一名出色的英语教师。然而，毕业后，我四处奔走于各个学校，寻求英语教师的职位，但屡屡受挫。那段时间，我沉浸在失落的情绪中，感觉自己仿佛成了社会的弃儿。正当我感到前路茫茫时，命运的轮盘却突然旋转。一通电话与面试改变了我的命运，我竟然获得了回母校任教的机会。更令人讶异的是，我所要执教的科目竟是数学！这消息让我惊愕之余又带着几分窃喜。也许，这样跌宕起伏的经历注定让我一生难忘。

#### 2. 难以避免的挫折

刚开始执教数学课的我，用懵懂无知来形容最为贴切。我天真地以为每天按照课本讲授新课，学生就能完全理解。然而，残酷的现实如冷水浇头，让我猛然醒悟。中段检测后，我执教的两个班级成绩居然在年级中名列末尾。校长在全校教师面前直言不讳地称我为"薄弱教师"，并期望我能向经验丰富的老教师虚心学习。这意外的评价对我来说犹如一记重锤，让我羞愧难当，泪水不由自主地滑落。那一刻，我深感悔恨。我为何从来没有认真审视自己的教学方法是否正确？那时的我才如梦初醒，意识到自己一直沉浸在虚幻的自信中，忽略了教学的本质。我深刻领悟到了一个道理：骄傲自满必然失败。从今以后，我要不断学习，努力提升自己的专业知识，力争成为一名合格的数学教师。

## （二）争气的过程是蜕变

### 1. 持之以恒的争气

为此，我踏上了疯狂的听课之旅。在数学科组，每学期每位教师都要上一节汇报课，这成为我学习和提升的重要机会。我在听课的同时，还详细记录每位老师的教学实录，以便在闲暇之余深入研究和琢磨。每当市里或镇里有现场课堂教学比赛，我总是第一个踊跃报名，希望能从中学到更多。我全神贯注地观察每个课堂的闪光点，学习老师们的教态，虚心聆听前辈们对这些课例的深入剖析。尽管我付出了许多努力，轮到我上汇报课的时候，"翻车"现场依然时常出现。有时候，前辈们会耐心地走到黑板前，亲自示范如何清晰明了地讲授计算题，手把手地教我如何以严谨的态度对待教学中的每一个细节。每一次听课，他们都会给予我宝贵的建议，引导我走向正确的研修之路。这段经历让我体会到，想要成为一名优秀的教师，需要的不只是热情和努力，更需要持之以恒的修炼和学习。我很幸运，在前辈们的引领下，我在数学教学的成长道路上并不孤单。

### 2. 小有佳绩的蜕变

任教第六年，期待许久的小学数学现场课堂竞赛终于开展了。我怀着一颗跃跃欲试的心，鼓足勇气报名参加。"认识周长"是许多数学老师的成名课例，我观摩过许多名师上这节课，他们都有自己独到的教学风格。我试图模仿他们的教学风格和独到之处。结果不尽如人意，我的教学语言显得生硬、不自然，而学生们的回答也与我预期的大相径庭，我陷入了尴尬的境地。评课环节中，我瞥见了大家脸上失望的神情，那一刻，我心中五味杂陈。幸运的是，前辈们并没有放弃我，他们如同指引我前行的明灯，与我共同打磨每一个教学环节。从周长的精确定义到教学PPT的精心设计，我们一同探讨、修改，不断完善教学内容。同时，他们还亲身示范，教我如何在课堂上激发学生的兴趣，引导他们积极思考。经过多次试讲和深入反思，我终于领悟到教学并非简单的模仿，而是要找到适合自己的方法和节奏，将知识以生动有趣的方式传授给学生。于是，我开始尝试将生活场景融入教学之中，科学地设计教学目标和重难点。我不再拘泥于模仿名师的教学风格，而是努力追求教学的创新与实效。即使学生没有回答出我想要的答案，我依然鼓励学生继续尝试挑战。功夫不负有心人，在又一次的课堂比赛中，我获得了全镇第三名的成绩，一个初出茅庐且是非数学专业出身的年轻教师，终于摆脱了无知与薄弱，换来了进步与喜悦。一年后我再次历练，参赛课例"分数的初步认识"成功获得了全镇第一名的成绩。全科组的数学老师都为我感到高兴,因为他们见证了一只丑小鸭的成长过程。

### (三)灵气的知遇是伯乐

#### 1. 不期而遇的灵气

我爱画简笔画,它是我赋予板书生命力的魔法。每当我为那些冰冷的图形添上一双灵动的眼睛和一张小巧的嘴巴,它们就仿佛被注入了生命,从平面的世界跃然而出,变得栩栩如生。学生们的目光也随之被吸引,他们的眼神中闪烁着对知识的渴望和对这些"活"起来的图形的喜爱。在我的课堂上,三只小蚂蚁成了我解释封闭图形周长的得力助手。当它们沿着树叶的边缘缓缓爬行,每一只都拥有自己的轨迹,这引发了学生们的深思:哪一种路径才能真正地描绘出树叶的周长呢?简笔画,就像是我与学生之间的一道桥梁,连接了我们彼此的心灵,也让他们爱上了数学课。如果没有它,我的课堂可能会变得乏味和生硬。任教第八年,在长安镇小学数学慕课沙龙会上,我有幸遇到了我的伯乐——王金发老师。他是一位富有智慧和幽默感的数学名师,他邀请我与他一同创作数学漫画《阿基米德智测皇冠》。那段时间,我完全沉浸在阿基米德的世界中。要将这位伟大数学家的思考过程以漫画的形式呈现出来,并确保数学知识能够被深入浅出地传达给读者,这确实是一个巨大的挑战。一个月悄然过去,我将稚嫩的初稿发给王老师审阅时,心中其实充满了忐忑。但他的满意回应让我知道,我所有的努力和汗水都是值得的。这种偶然的机遇重新点燃了我对数学的热情,也让我更加坚信自己的职业选择。

#### 2. 独具慧眼的伯乐

常言道:"千里马常有,而伯乐不常有。"有一天,我接到了王金发老师的电话。他幽默且绅士地说道:"《阿基米德智测皇冠》的初稿让我印象深刻,我有个想法,想与你携手创作一本关于数学家成长的漫画书。不知你是否愿意与我合作,共同探索这个全新的领域?"东莞的小学数学名师竟然主动邀请我这个"业余"教师一起出书,这简直不可思议。那一年,我全身心地投入到这本漫画书的创作中。我享受着创作过程中的快乐与纠结,当灵感迸发时,我兴奋得彻夜难眠,迫不及待地要将脑海中的画面呈现出来;而当思维受阻时,我便会像阿基米德一样,在沉思中寻找答案。

经过无数个日夜的努力,《数学智慧故事漫画》终于在世界图书有限公司的代理下问世,与此同时,我也成为学校第一位出版书籍的数学老师。我深知,这份成功来之不易,更离不开王金发老师的鼓励和支持。他是我人生中的第一位伯乐,对此我充满感激。我曾好奇地问王老师:"东莞有那么多优秀的美术老师,您为何选择与我合作呢?我的绘画能力并不出众,甚至可以说是稚嫩和粗糙,您难道不担心会因此影响您的声誉吗?"王老师听后笑了笑,说:"即使没有听过你的课,我也能从你的漫画中感受到你的灵气和活力。我相信你的课堂也会同样充满活力和趣味。虽然专业的美术老师有很多,但你的勤奋和刻苦却是我最为看重的。"王老师的话语如同一股暖流,温暖了我的心房,也让我更加坚定了自己的创作之路。确实如此,对于每一位教育者来说,其教学风格都会潜移默化地融入生活的细节中。在精心准备的教学比赛中,我们可以预设各种教学环节,但生活中的教育情境却是千变万化的。而在这一刻,我更加深刻地领悟到了"教学风格"这个朋友的重要性,它与我们教师的教育理念紧密相连。

### (四)勇气的升华是跨越

#### 1. 坚定不移的勇气

曾经,一位资深前辈向我提出了一个观点:"一个数学老师如果没有参与过各类教学比赛、没有主持过课题、没有开展过微讲座等一系列活动,就不能算作完整或优秀的数学教师。"这番话仿佛为我列出了一张职业发展的"任务清单"。在那之后,我像是与时间竞赛,急切地想要完成这张清单上的所有任务。但当我回顾过去十年的教育生涯时,开始深思查尔斯·汉迪(Charles Handy)在《第二曲线》(*The Second Curve*)一书中提出的观点。他说,很多时候,所谓的"高光时刻",并不总是未来闪耀的日子。而是无人问津时,对自己持之以恒地精雕细琢。我不禁思索着清单上的任务真的是衡量一名优秀教师的标准吗?我必须完全按照这样的标准来要求自己吗?也许我的教育之路并非总是一帆风顺,但每个阶段都有其独特的价值和意义。我顿悟到,根据查尔斯·汉迪的理论,我不应该被一张清单束缚在"第一曲线",也不应该满足于已有的成就,而是应该积极寻找教育领域的"第二曲线"。从那时起,我决定以更加开放和多元的心态来审视自己,鞭策自己。

#### 2. 归零启航的跨越

创新往往需要我们勇敢地摒弃过去的成功经验,走出舒适区。然而,多数人常常不自觉地停留在自己熟悉的"第一曲线"顶峰,被惯性思维所禁锢。这一观点与中国经典古籍《左传》中的智慧相通。即"居安思危,思则有备,有备无患",它提醒我们在稳定中预见危机,在思考中做好准备,从而避免未来的患难。这同样适用于我们的职业发展:不仅需要持续更新知识和技能,更需要及时转换思维方式,才能适应日新月异的环境。近年,数学课程标准进行了重要修订,更加聚焦于学生核心素养的发展,致力于引导学生明确人生方向,并培养其适应未来所需的价值观、品格和关键能力。作为一名追求进步的教师,我决定将过去的成就清零,以全新的视角深入学习新的《数学课程标

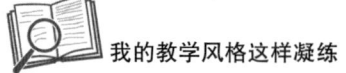

准》,以"新"教师的身份重新上路。为了实现这一目标,我投身于专业书籍的海洋,如张奠宙教授的《数学教学随想集》、汪晓勤教授的《数学文化透视》以及余文森教授的《核心素养导向的课堂教学》等,它们成为我职业生涯的指路明灯。学习犹如孤岛求生,尽管环境孤寂,但文化的浸润如同甘霖,让心灵得到滋润与滋养。学习又如同一场精神的电击,虽然过程痛苦,但理论的武装却如同铠甲,让思想变得坚不可摧。在未来的道路上,我坚信学习将是我攀登教育生涯中第二座高峰的阶梯,它将帮助我发展出全新的"第二曲线",绽放出更加绚烂夺目的光彩。

### ▶ 我的教学实例

## 简易任务　轻松烙饼

(一)情景引入:烙1张饼需要多少分钟?

师:同学们,聪聪和慧慧正在厨房烙饼,你能找到哪些数学信息呢?

生:聪聪说一个锅每次最多只能烙2张饼。

生:两面都要烙,每面需要3分钟。

师:大家都很细心,还有吗?

生:聪聪说他烙1张饼吃,慧慧也烙1张饼吃。

师:原来他们都要吃1张烙饼,请问烙1张饼需要多少分钟?(如图1所示)

生1:3分钟。

生2:我不同意,应该是6分钟。

师:为何不是3分钟,说说你的意见。

生2:因为3分钟是烙一面的时间,一张饼有两面,每面烙3分钟,3分钟加上3分钟等于6分钟。

师:我很欣赏乐于表达的孩子。(教师板书:1张饼6分钟)

【设计意图】遵循学生的理解水平与认知能力。从实际生活经验出发,创设生活情景,激发学生的兴趣,实践从烙1张饼开始,任务简易,容易理解。

(二)教授新知:烙2张饼需要多少分钟?

师:既然我们掌握了烙饼的方法,请大家思考烙2张饼要多少时间?

生1:我认为12分钟。一张饼6分钟,2张饼自然是12分钟。

生2:我有不同的想法,只要6分钟即可。因为一个锅可以同时烙2张饼,正面3分钟,反面3分钟,一共6分钟即可。

师：同学们都解释得非常详细，请他们把想法写在黑板上，一起分析。（如图2所示）

师：两位同学都有自己的看法，大家支持哪一方？请说一说原因。

生3：老师，我支持12分钟，一张一张饼仔细烙，不会烙糊了，我们平时做事就要这么细心。（全班同学欢乐笑）

生4：老师，我喜欢6分钟，因为一起烙，可以省煤气费，也可以让两个小朋友一起吃上饼，他们都不用争了。（全班同学鼓掌笑）

图1 问题一

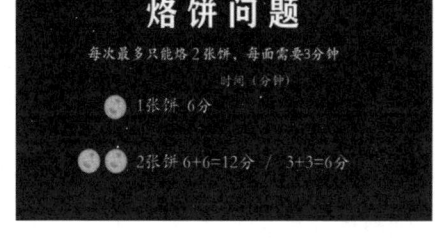

图2 问题二

师：看来，大家都是生活家啊，两种情况都能够说得出理由。那不如，我们一起请同学们投票看看，喜欢12分钟的同学请举手（小部分同学举手）；喜欢6分钟的同学请举手（大部分同学举手）。从大家的投票情况来看，大部分支持第二种烙法，我再访问一位同学，你能说说原因吗？

生5：我支持6分钟，两个孩子可以最快吃上饼。

师：你真聪明，理解吃货的心，最快的速度吃上饼。（板书：最快，尽快）

师（追问）：第二种烙法速度快究竟体现在哪里？

生：第一种烙法，锅中只有1张饼，并且出现了1张饼的空位；第二种烙法，每次锅里都有2张饼，保证了每次都能烙2面，没有给锅留空位。所以第二种比较省时！

师：聪聪听到大家的想法之后，整理了一个烙饼的抖音小视频，一起去看看吧。教师播放微课视频。（如图3至图6所示）

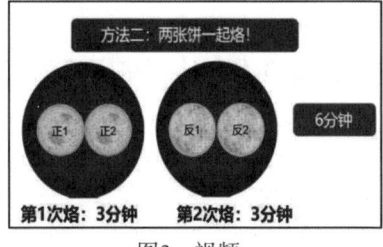

图3 视频一

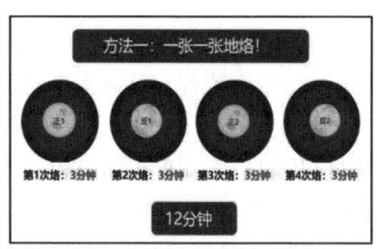

图4 视频二

图5　视频三

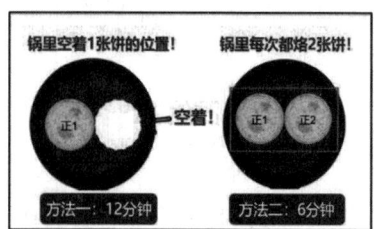
图6　视频四

师：看完聪聪的抖音视频，大家有想说的吗？

生6：我发现聪聪人如其名，他真的很聪明，他告诉我们，想要用最短的时间把饼烙好，就别让锅空着。（板书：别让锅空着）

师：你也是一个聪明的人，你读懂了聪聪的心。

【设计意图】任务升级，通过直观的学具，发现烙2张饼的方法存在时间上的差异，感知"不能让锅空着"。激发学生思考，烙2张饼也要节省时间，提前铺垫优化思想。

## （三）深入探究：烙3张饼至少要多少分钟？

师：这些饼都太好吃了，聪聪有一个想法，不如一起回到厨房看看，好吗？

生：好。

师：这次他们一共要烙几张饼啦？

生：3张饼。

师：聪聪是个孝顺的儿子，他认为这份美味要带给爸爸、妈妈和哥哥。

生：老师，请给我们一个机会烙一烙饼吧？

师：当然没有问题。但是在大家与同伴合作烙饼之前，老师希望大家安静地阅读小组合作的要求。（如图7所示）请在5分钟之内完成。（小组合作烙3张饼）

师：有哪位小组长愿意带着组员上来黑板这里演示一下吗？（如图8所示）

生1：我们是第三小组的成员，我是组长。我们小组烙3张饼花了12分钟。

师：真好，可以利用黑板的学具给我们演示吗？

生1：首先，我们先烙1号饼和2号饼的正面3分钟，再烙它们的反面3分钟，最后烙3号饼6分钟，一共就花了12分钟。

生2：我们小组用的时间更少。

师：那么请第五小组的成员上来汇报小组的方法。

生2：我们同样先烙1号饼和2号饼的正面3分钟，第二次烙1号饼反面和 3 号饼正面 3 分钟，1 号饼烙好了，那么最后烙 2 号饼的反面和 3 号饼的反面。

师：同学们，你们听懂了吗？

生 3：我还是不理解，可以详细再讲讲吗？

师：老师有个建议，两个小组都利用学具，把烙饼的过程摆一摆，好吗？

生 1、生 2：非常好！

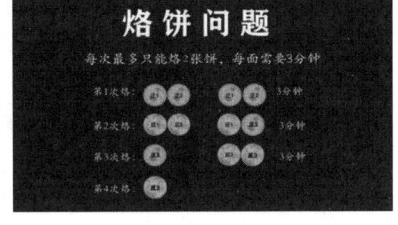

图 7　合作要求　　　　　　　　　　图 8　问题三

师：现在两个小组都把过程详细地呈现在了我们面前，大家仔细看看，他们之间有什么不同？

生 4：我发现了！第五组的同学在第二次烙的时候，先把 2 号饼的反面放一放，然后把 3 号饼的正面先烙了，其实就是交换了位置。

生 5：我们第一小组也是这种方法，这样烙的好处是这个锅没有空着，保证每一次都烙 2 张饼。

生 3：我明白了，这真的是好方法。

师：看来，同学们互相交流以后，终于找到了烙 3 张饼的最佳策略，仅仅只要 9 分钟即可。

师：大家想明白了吗？请把 3 张饼最省时的烙法和同桌互相说说。

【设计意图】教师引导学生小组合作与讨论，通过对比与操作，找出烙 3 张饼的最优方法。教师引导学生详细表达烙饼顺序，重点探究"3 号饼"在第几次进行"交替烙"，找出最优的方案。学生表达越来越清晰，枯燥乏味的数学问题就能转化为富有逻辑的数学语言。

（四）知识迁移：烙双数数量的饼至少要多少分钟？

师：同学们，刚刚我们研究了烙 1 张饼、2 张饼、3 张饼分别需要的时间，假设我们现在要烙饼的张数是双数，如何用最快的速度计算出烙饼的时间？（如图 9 所示）

生 1：每次都是两张两张地烙。

生 2：每烙 2 张饼要花 6 分钟，只要计算饼的张数是 2 的多少倍，就可以利用倍数×6 解决了。

师：你可以举个例子吗？

生2：4张饼是2张饼的2倍，所以烙4张饼的时间是6×2＝12分钟。

师：你真是一位富有计算天赋的孩子。还有其他同学能说说吗？

生3：我们计算6张饼的时候可以这样想，3张饼需要9分钟，6是3的两倍，所以9＋9＝18分钟。（如图10所示）

生4：也可以这样计算，其实6张饼是2张饼的3倍，6＋6＋6＝18分钟。

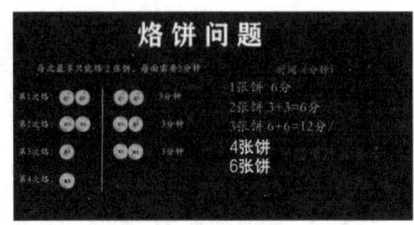

图9　问题四

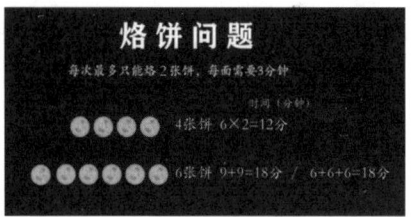

图10　问题五

师：既然双数数量的饼难不倒大家，不妨大家挑战烙5张饼与7张饼的时间的计算方法，在不使用学具的情况下，你还能算出烙5张饼和7张饼最少要用多少时间吗？

## （五）深入探究："烙5张饼和7张饼至少要多少分钟？"

生1：烙5张饼非常简单，其实就是烙2张饼的时间加上烙3张饼的时间，根据我们刚刚计算所得，6＋9＝15分钟。

师：你非常机智。

生2：我是这样想的，烙7张饼也不难，烙4张饼的时间加上烙3张饼的时间，就是9＋12＝21分钟。（如图11和图12所示）

【设计意图】"5张饼"由"2张饼"与"3张饼"组合而成，而"7张饼"由"3张饼"与"4张饼"组合而成，或者由"2张饼"和"5张饼"组合而成。从抽象到直观，再从直观到抽象，培养学生的创新意识与优化意识。

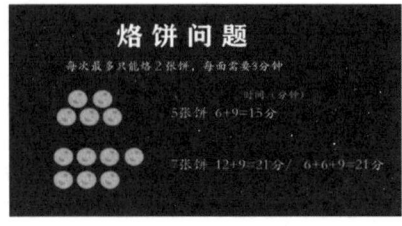

图11　问题六

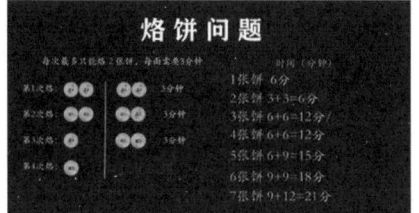

图12　问题七

## （六）拓展提升：研究烙饼至少需要多少时间有章可循吗？

师：其实学习了这么久，我们不妨思考，研究烙哪些数量的饼不需要计算？而烙哪些数量的饼是有规律的？

生1：我们研究烙双数数量的饼时，只要把这个饼数除以2再乘以6即可。

师：为何呢？这有点深奥哦。

生1：因为双数饼永远都是2张饼的倍数，而2张饼最少的时间是6分钟，所以用倍数乘以6就可以算出时间了。（全班鼓掌）

师：那么我们烙单数数量的饼（1张饼除外）怎么办呢？

生2：单数饼的时候，我们永远留3张饼最后烙，其余都是双数数量的饼。

师：看来大家都已经深入了解烙饼问题了。日后不管我们遇到烙多少张饼，只要学会了优化思想，问题都能迎刃而解。你们都是好孩子，相信今天的课堂会给大家带来非常丰富的思考，期待下一次的学习。

## ▶ 我的教学主张

引领学生爱上数学，尽享课堂之乐，深爱作业之趣，是我作为教育者的崇高使命。我坚守"教学相长，尊重每位学生的个性化发展"的教学理念，营造简洁而不失深度的课堂氛围。我精心设计充满趣味且富有挑战性的教学活动，激发学生对数学世界的探索热情，培养他们运用数学的眼光去洞察世界，以数学的语言去抒发内心，以及运用数学的逻辑思维去解决生活中的实际问题。在我的课堂中，每一位学生都能领略到数学的独特魅力，沉浸在学习的欢乐海洋之中。

### （一）引用四则运算，重塑课堂氛围

著名的数学家和思想家笛卡尔曾言，他的一生致力于两件事情：其一是将复杂的事物简单化；其二便是不断地践行第一件事。谈及复杂，我们不难发现，许多数学课都显得过于烦琐。看看学生们那漠然的神情，听听课堂上那沉寂的气氛，再看看满黑板的题目。这样的紧张气氛，真的是一堂数学课吗？笛卡尔的思想为我们指明了方向，我们要做的是"简化"。我们可以从"四则运算"中寻找启示。首先，课堂上的赞美应当如同加法般累积。当教师更多地肯定和表扬学生时，当同学之间更多地互相赞赏时，这样的"加法"会营造出和谐愉快的学习氛围。其次，责备应当像减法那样减少。教师之间少一些责骂，同学之间少一些嘲笑，这样的"减法"代表的是对每个人的尊重。再者，合作应当如同乘法般放大效果。师生合作、小组合作、家校合作，这样的"乘法"能集结众人的智慧，产生更大的力量。最后，面对困难，我们应当将其视为除法，共同分担、共同解决。当师生共同努力，每个人都成为课堂的研究者，这样的"除法"意味着我们能够突破任何限制。第二件事情做什么？

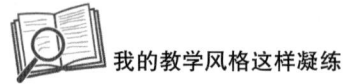

那就是持续地、不断地重复上述的"简化"过程,让教育变得更加简单有效。

### (二)妙用公理体系,重现课堂生态

在数学这个严谨的公理体系世界中,数学大师们几乎从不会发生争执。数学,就像是一种武术,它要求我们以数据和事实为武器。当有人提出新观点时,我们该如何应对?答案很简单:请用数据与事实证明。如果能证明,那么这个观点就站得住脚;如果不能证明,那就意味着这个观点尚未成立。在公理体系的框架下,一切都只有能证明和不能证明之分。

在数学课堂上,小组合作是一个极富挑战性的环节,尤其是小组汇报时,它就像是一场思维的角力。在这个过程中,我们会发现有些学生表现出强烈的"数感",有些学生则通过手舞足蹈来展现他们的"空间想象能力",还有些学生则在逻辑、思路和结构上表现出色。每当有学生自信满满地在黑板上详细讲解自己的思路,并赢得同学们的频频掌声时,我会毫不吝啬地给予他们肯定,因为他们已经用自己的方式证明了答案的正确性。而当学生表现出犹豫,而其他同学又跃跃欲试时,我会温和地指出,这个观点尚未得到充分的证明。我深知,课堂生态中最引人入胜的一道风景,就是那些"看得见的思维"与"说得通的道理"。它们相互交织,共同构建了一个充满活力与智慧的数学课堂。在这里,学生们不仅学习知识,更在思维的碰撞与交融中不断成长。

### (三)巧用评价机制,重构课堂活动

在课堂活动中,评价机制非常重要。它能够点燃学生的学习热情,进而有效地重塑课堂活动,使其更加贴近学生的学习诉求和兴趣点。相较于传统教学中将评价作为教学过程的尾声,我们在重塑课堂活动时,应将评价融入每一个教学瞬间。教师可以通过即时的反馈肯定,帮助学生清晰地了解自身的学习进展与成效,从而引导学生适时调整学习策略。其次,灵活运用多元化的评价方式也至关重要。教师还可以引入学生自评、同伴互评以及成果展示等丰富多彩的评价方式。这种多元化的评价模式不仅能让学生全方位地认识自己的学习状况,更能有效提升学生的学习热情和课堂参与度。对过程性评价的重视是课堂活动重塑的关键环节。教师应聚焦于学生在学习过程中的表现,而非仅仅关注结果。通过详细记录学生在学习过程中的成长与变化,教师可以更精准地评估学生的学习状况,并为学生提供更为贴心的指导。通过评价在课堂活动中的全面渗透、多元化评价方式的灵活运用、对过程性评价的重视,教师可以为学生营造一个更加积极、有趣的学习氛围。

### ▶他人眼中的我

认识海媚源自一次教研活动,我看到了上课教师精美的课件,课后我出于

好奇，打探了课件制作背后的"高人"，原来是谭海媚。

谭海媚是一位活泼、美丽的姑娘，工作勤勉。后来，我们有了一次深度合作，仅仅一年的时间，她便以漫画的形式画出了19位数学家的智慧故事，于是我们有了合作的成果《数学智慧故事漫画》，这本书畅销全国。接触多了，便有了更多的了解，谭海媚还是一个挺有智慧的小姑娘，她一路实践，一路收获，从一名普通的老师到加入我的市、省级工作室，后来逐渐成为教导处主任、副校长，如今又开始了教学风格的凝练，可喜可贺。每一个人的成功，都来自自己一步一个脚印的坚实付出，相信海媚也会如此。

**（广东省特级教师，广东省名教师工作室主持人　王金发）**

初识：那一抹清新与活力。与海媚老师的初次相遇，记忆犹新。她的清新与活力吸引着在场的每一位教师。课堂上，她总是活力满满，能够用生动的语言和有趣的故事，将抽象的数学概念变得具象而有趣。相知：专注与执着的交汇。她创作的数学家故事漫画《阿基米德智测皇冠》，历经一年，经历了无数次推倒重来。她的执着深深感染了我，我看到了坚韧不拔、不惧艰难、勇于探索的求知者。知微：那些温暖与感动。海媚老师常常与青年教师聚在一起，分享自己的教学心得，用自己的经验和智慧去帮助他们，引领那些初出茅庐的青年教师。

**（东莞市茶山镇教育管理中心小学数学教研员　李小华）**

海上明月，皎洁明媚。谭海媚人如其名，明亮而美好！聪明睿智，美丽大方。与海媚老师结缘是在镇慕课工作会上，她热情帮忙，很"nice"。第二次是《孩子》杂志的主编推荐了王金发工作室的数学绘本，当了解到其精美生动的插画出自海媚之手时，我不禁感叹道："她真是个才女。"再次了解是在教学能手比赛上，她机智、生动、有趣的课堂令人拍手称赞。现共事这一年，我们经常就某一数学问题共同探讨。她勤思善学爱钻研，前瞻务实博众长，对工作精益求精的态度深得敬佩。愿她：一路繁花一路行，朝阳相伴映前程。

**（东莞市长安镇中山小学教导主任　姚荐娣）**

谭海媚老师就像是一个会魔法的老师，把枯燥的数学变得很有趣。在她的课堂上，孩子们不仅能够学到数学知识，还能玩得不亦乐乎。她总是能把那些"高大上"的数学概念，用超简单的方式给孩子们解释清楚，让孩子们都能轻松理解。她的教学方法也超级棒！除了传统的讲授之外，她还会带学生玩各种数学游戏或者数学魔术。所以她班上的孩子们很喜欢上数学课！

**（东莞市长安镇金沙小学数学科组长　陈笑芳）**

【点评】

谭海媚老师把教学风格的关键词概括为"化繁求简，绘形激趣"。求简彰显数学之美，极致精准之精髓。绘形体现数学之趣，极致直观之魅力。越是简

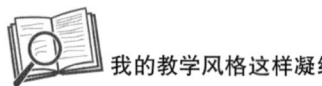

单,越不简单。把复杂深奥的数学问题用简洁流畅的话语和生动形象的图画讲解清楚,是一件非常不简单的事情。"化繁求简,绘形激趣",展现了海媚老师的教学情形,也反映了她的教学追求。

(广东第二师范学院教授　闫德明博士)

# 至纯·至简·至爱

长安镇第二幼儿园　谭娟娟（学前教育）

**个人简介**

谭娟娟，女，东莞市长安镇第二幼儿园教师、副园长，幼儿园副高级教师。东莞市首批学前教育教学能手，东莞市学前教育学科带头人，东莞市第四批名师培养对象，长安镇"品智教师"，长安镇优秀教师，长安镇先进教育工作者。所撰写的论文曾获省、市、镇级奖项20余项，其论文《幼儿园生活化项目课程的实践》发表在《中国教师》，《高质量发展视角下区域教师学习共同体的构建》发表在《广东教学报》。主持和参与多项市级立项课题，主持的课题曾荣获广东省创新成果三等奖。

## ▶ 我的教学风格解读

我从报考师范学校幼师专业的那一刻起，就梦想着自己将来能成为一名纯粹、专业、幸福的"孩子王"。怀揣这份美好的情怀，与幼教结缘23年，任岁月变迁，我心永恒，乐此不疲。我的教学风格可以总结为三个关键词：至纯、至简、至爱。

### （一）至纯

"至纯"通常用来形容事物的纯洁、纯粹、清纯。因为孩子的世界是纯净的，所以"幼儿教师"这个称呼，在我心中代表着一种至纯的使命与责任，至纯是我与幼儿的互动样态。我深知，每个孩子都是一个独立的个体，需要我们用真纯的教育心去看见、去理解、去对话，充分尊重儿童生长的朴与真，享受与孩子们在一起的纯粹生活。

### （二）至简

踏踏实实做人，简简单单育人。至简，可以理解为极度简单、简化的状态或事物。至简是我的专业追求：在教育过程中追求简洁明了、化繁为简的教育方法，以便孩子们更好地理解与接受。

### （三）至爱

师者之爱，没有血缘，更弥足珍贵，为之计深远，爱在明天。一名好的幼儿教师，一定是能真正用爱滋养孩子的心灵健康成长，让孩子感到舒适与温暖、喜悦与安全的人，是那种让孩子们发自内心喜欢的人。我一直凭着心中的

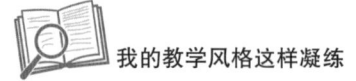

热爱坚守着幼教岗位，努力成为孩子们喜欢的那个人。

## ▶ 我的成长历程

### （一）幼教梦萌芽

我与幼儿教育的相遇并非偶然，而是早有准备的。为什么这么说？因为大家都说我长着一张娃娃脸，天生就是一副"孩子王"的模样。儿时，院子里年龄相仿的玩伴很多，大家一放学或假期就会聚在一起玩：去院子里跳皮筋、踢毽子、抓小石子；去山上摘野花、采野果；去小溪里翻螃蟹、捕鱼虾……而我最喜欢的，还是召集一群小姑娘来到家里，帮她们编各种小辫子，设计漂亮的发型，我喜欢看着她们可可爱爱的样子。于是，在填中师志愿的时候，受初中老师们的耳濡目染，我毫不犹豫地选择了老师们的母校——湖南省桃源师范学校，报考了当时挺冷门的幼师专业。因为成绩优异且爱唱爱跳，我顺利成为这所百年名校的首届幼师生。学校对我们的教育是全方位的，从理论到实践，弹、唱、跳、画、讲，专业知识技能一样不落，所以，我当时的专业及综合能力都很突出。

我与长安学前教育的相遇实属偶然。因为毕业时暂未分配到具体工作单位，机缘巧合之下我来到了长安。2003年的春天，我走进了街口幼儿园（后更名为新安幼儿园，现长安镇第二幼儿园，简称"二幼"），我的长安幼教梦正式萌芽。时光总是带着美丽行走，转眼间，我与长安教育已经共同走过21个春夏秋冬，十分荣幸地见证了长安教育的蓬勃发展。特别感恩长安教育的这片沃土，它孕育了我的成长，让我实现了梦想，也收获了幸福。

### （二）历练中领悟

初到长安时的我朝气蓬勃、充满干劲，什么领域都愿意尝试。一直以来，长安镇的文化活动都丰富多彩，当时街口幼儿园的何凤兰园长也特别重视人才培养，给予了老师们许多外出学习的机会和展示的平台，我也收获了各种锻炼的机会：承担公开课、担任文艺表演的主持、参加镇里的艺术节舞蹈比赛、参加演讲比赛、参与幼儿园画册设计，甚至为幼儿园的宣传片配音，等等，经历了许多的"第一次"，常常带着压力勇敢挑战，有过挫折与沮丧，也赢得了掌声与荣誉。正是这些宝贵的经历，让我收获了专业素养和综合能力的不断提升。

#### 1. 满盈则溢

2006年，在幼儿园市一级评估期间，我非常有幸被推选承担当时的公开课任务。那时的我有一股初生牛犊不怕虎的冲劲儿，立志上公开课一定要自己原创设计。我当时设计的活动是综合活动"长安好地方"，为了上好那节课，我使出浑身解数,做了充足的准备。利用周末时间,我走遍了长安的各大景点,寻找最好的角度去拍摄照片并冲印,再挑选最适合做上课素材的照片。为了更生动地讲长安故事给孩子们听,我还请教了多位本土家长,了解长青街的前世今生、长安门的建筑设计理念等。

当时的活动流程是:导入部分——说长安,先让孩子们说说自己最喜欢长安哪些地方,并说明理由。第二个环节——游长安,一一出示长安的标志性景点图片,比如长安门、长青街、长安公园、长安广场、长安图书馆、长安政府、莲花山等,并在展示的过程中讲解这些地点的功能以及相关的故事。第三个环节——做导游,让孩子们分三组做小导游,景点图片匹配名称文字,为客人老师进行景点介绍。结束部分——颂长安,带着孩子们跳《长安好地方》的秧歌舞结束活动。由于时间把握不当,活动最后草草收场,整个过程未出现特别突出的亮点,而且严重超时,原本 30 分钟的大班活动足足上了 40 分钟。评课时,听课的专家指出:活动设计不错,老师唱、跳、讲能力俱佳,但活动安排太满,让人目不暇接,每个环节只是蜻蜓点水按流程走,缺乏让孩子充分表现的时间。我开始反思:究竟怎样才算一个好的活动?

这个不尽如人意的公开课经历让我郁郁寡欢了许久,直到后来我听了应彩云老师的课后才茅塞顿开。应彩云老师是上海幼教名师,享誉全国幼教界,极富个人魅力,教学风格独特,她的活动设计巧妙,活动过程中语言幽默、师幼互动有趣。她善于随机应变,在活动中捕捉教育契机,让幼儿自然而然地获得启发,她的课堂总是轻松而充满欢声笑语。应老师说,天大、地大、孩子最大!这句话对我触动特别大。它让我意识到:活动中孩子才是主角,活动环节设置够用就行,内容太满往往适得其反;一堂优质的公开课不是为了展示老师的才艺,而是要通过简单而高效的师幼互动,呈现孩子最真实生动的学习状态,更好地促进孩子的发展。

2. 简中求真

于是,在后来的活动设计中,我时刻牢记:以儿童为中心,充分尊重其年龄特点与兴趣。我学会了去繁就简,在活动设计中做减法,鼓励幼儿真实表达,通过简单而有趣的师幼互动达成活动目标。

比如小班科学活动"影子照相馆",活动目的是让孩子们通过找影子、做手影游戏、创造影子等,了解影子的形成,并对自然现象产生兴趣。我借助投影设备和大白墙两个道具,为孩子们创设了"森林照相馆"的情境。活动流程分三部曲:一是找影子,孩子们在投影前自主探索,通过变换各种不同的手影动作寻找自己的影子、同伴的影子;二是拍影子,孩子们两两合作,依次在影子照相馆对应模仿同伴的动作,拍下影子照片;三是造影子,给孩子们提供手电筒，自己打光，用身体制造不同的影子效果。整个活动中，孩子们都处于活动的中心，表现出极强的探索欲望，通过探索与发现、表达与模仿、创造与想象的三部曲，层层递进，让孩子们学会观察比较，学会大胆表达，每个孩子都能将自己尝试、探索过程中最真实的状态呈现出来，活动气氛十分活跃。因为整个活动孩子都在大投影下，每个神态和动作都能被听课的老师捕捉到，大家在评课时感叹：一览无余的真实活动状态十分难能可贵，原来小班孩子的活动也可以如此灵动精彩。

### 3. 简而有趣

作为一名幼儿园教师，五大领域的活动都要会组织。我也在努力尝试，让自己的教学技能更全面。真正打开我的音乐活动组织任督二脉的还是那场全国音乐研讨会。2012年，吴小金园长带我去四川参加了为期一周的全国音乐研讨会，那是我第一次出省参加如此重量级的培训，因此倍加珍惜那次学习机会。第一次观摩来自全国的名师音乐课，第一次聆听奥尔夫音乐大师——许卓娅教授的讲座，第一次体验音乐活动的无穷魅力。我感觉当时观摩的每一个活动都很精彩，这种近距离的接触和体验让我异常兴奋，我开始憧憬自己的音乐课堂也能简单活泼、趣味横生。为了方便反复学习，我当场预定了大会展示的所有音乐活动视频光碟。

回到幼儿园，我开始研究视频：从音乐素材的选择、教案的设计、图谱的运用、教师的活动组织形式、提问的技巧、师幼互动的策略等方面去细致揣摩学习，遇到特别喜欢的案例，我会反复看很多遍，直到在笔记本上从头到尾记录下活动的每个细节、老师说的每句话。就这样，从上模仿课开始，我的音乐活动逐渐变得轻松有趣，我发现孩子们越来越喜欢我的音乐活动，看到他们在活动中快乐享受的样子，我的创造欲望不断被激发，开始尝试自己进行原创音乐活动的设计。当时，有一个风靡幼儿圈的动画片《喜羊羊与灰太狼》，我便锁定这个故事素材。有了故事，还得有相匹配的音乐。为了寻找到合适的音乐，我每天通过各种音乐平台一首一首去听，但一直找不到满意的音乐。一次逛街途中，偶然听到一段旋律感觉挺合适，便立刻找到店员要了曲目名称。就这样，音乐游戏《喜羊羊与灰太狼》在我精心打磨了一个月后，在园级的公开活动中正式亮相。因为取材简单且生活化，故事充满了趣味性，游戏情节是孩子们熟悉与喜爱的，那次活动开展得十分顺利。孩子们对喜羊羊和灰太狼两个角色的把握非常准确，演绎得惟妙惟肖，活动氛围轻松活泼，听课的老师也愉快参与了互动表演，整体评价非常高。

我将这种生活化、游戏化的理念运用到多个活动设计中，如音乐活动"爱我你就抱抱我"、语言活动"花格子大象艾玛"、数学活动"神奇的南瓜屋"、音乐活动"魔法点点点",等等,都收到了很好的教学效果,我的活动设计与组织技巧日益娴熟。

再后来,从自己上公开课变为指导青年教师上公开课,我将"简中求真、简而有趣"的活动设计与组织理念传递给青年教师,在设计教案—试讲—磨课—评课的过程中,一步步引导青年教师。其中,粤剧活动"公尺谱"、粤剧活动"表情变变变"、音乐活动"龙船调"、数学活动"有趣的多米诺骨牌"等多个活动都在园级、镇级公开活动展示中收获好评。看到青年老师们拔节成长,我特别欣慰。我发现:帮助青年教师进步的过程也是促进自我不断成长的佳径。

### (三) 成长中蜕变

从懵懂的年轻教师到经验丰富的班主任,从年级组长到教学主任、副园长,我总是努力做好每一个当下。每一次的角色转变,都让自己在幼教之路上更成熟、更坚定。作为一线教师,我心系每个孩子,付出最大的耐心和爱心;作为中层干部,我心系一线教师,做同事的"知心姐姐",先学先行,引领实践。特别幸运的是,在专业成长路上,我遇到多位好领导:何凤兰园长在我初入长安学前教育时给予的专业指引,吴小金园长在我的专业提升期和我初入管理岗位时给予的培养与信任,还有黄玉娣园长、李燕繁园长给予我的锻炼平台,均为我的成长注入了源源不断的能量与动力。

2015年,我走上管理岗位。在这之前,我只想着每天带好我的学生,组织好班级的每一个活动,突然被赋予一个全新的角色时,其实并没有充足的准备和信心。但我深知,成长不止一面,学习永不止步,那就勇敢迎接挑战吧!当时恰逢幼儿园扩班,从9个班发展到21个班,教师团队成倍增长,教学方面的管理任务很重,对于我这样一位新手来说,更是困难重重。我没有被困难吓倒,而是选择加倍努力,抓住碎片时间,不断学习。在这期间,我很幸运地收获了很多学习的机会,参加了东莞市副园长培训班、广东省骨干教师高级研修班、东莞市第四批名师培养对象培训班、长安镇家庭教育讲师培训班等各类学习。我努力借助培训研修为自己的教学管理赋能,通过理论学习增强教育改革的底气,通过参加各级比赛提升专业能力。2018年,经历过镇级、市级层层考核,我光荣地成为东莞市第一批学前教育教学能手。作为教学管理人员,在东莞市课程游戏化的背景下,我从教师团队的专业化、课程结构的优化、课程实施模式的改进、家园协作等多方面入手,积极推进课程改革。从转变观念到发现教师、看见儿童,感受到幼儿在自主游戏中的主动学习,见证了老师们在游戏观察与支持中的不断成长,生成了一个个生动的活动案例,形成了同频共振的家园协作氛围。

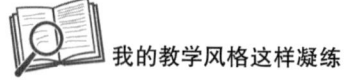

蝴蝶之所以美丽,是因为它有破茧的意志;人生之所以美丽,是因为在不断地进步。成长不设限,我希望自己在幼教路上永远心怀美好,永不止步。一路走来,感谢孩子们、家长们带给我无限温暖与感动,感谢同事们的支持与鼓励伴随着我成长。在奋力向前奔跑的途中,我也收获了快乐与幸福:当曾经带过的孩子在多年以后,依然视我为最喜欢的老师;当曾经的家长在多年以后,仍然带着感激分享孩子的成长;当同事们总在第一时间与我分享班级孩子的新发现;当我的付出被看见与肯定时,这种幸福感无以言表。我想,这就是我坚守幼教的最佳回响与前行动力。

### ▶ 我的教学实例

## 中班音乐活动"魔法点点点"

【设计意图】《点点点》是一本可以让孩子们边读边游戏的神奇绘本。本活动的设计思路是以"身体点点点"作为游戏导入,引导幼儿将自己化身为绘本中的"小圆点",通过识别绘本中"小圆点"在颜色、方位、排序、大小等方面的变化,随着音乐演绎"小圆点"的动态。魔法棒轻触页面即切换图片,"小圆点"的站位随即发生相应的变化,这个过程会让孩子们觉得自己就像被施了魔法,有股神奇的力量,牵引着他们持续投入游戏中。

### (一)活动目标

(1)在听赏中激发幼儿的兴趣,感受音乐的节奏、旋律的变化。
(2)感知绘本中点点空间方位的变化,随乐表现与创造。
(3)乐意参与游戏、体验变化的奇妙,享受与同伴合作的乐趣。

### (二)活动准备

音乐《小星星变奏曲》、魔法棒、各色圆贴纸。

幼儿经验:阅读过绘本《点点点》,知道魔术师变魔术时有些什么神秘的动作。

### (三)活动过程

1. 导入环节:点点问候歌

教师随着《小星星变奏曲》的旋律依次轻触孩子的身体各部位(头、肩膀、肚子、腿……),有节奏地跟孩子打招呼:哈喽哈喽你好吗?哈喽哈喽你好吗?

【设计意图】本环节的目的是激趣,通过教师边随乐唱歌边轻触幼儿身体部位，与幼儿一一打招呼互动，充分调动幼儿参与活动的热情与积极性，同时为本活动后续的动作创编部分做铺垫。

2．引趣游戏：身体点点点

（1）单人游戏。

以游戏导入提起幼儿兴趣，初步感受音乐。

①教师引导幼儿用一根手指随意点身体各部位。

②逐渐加入音乐，引导幼儿随着节奏点自己的身体部位。

③从一根手指到两根手指一起点。

④学习念咒语，创编施展魔法的动作。

（2）两人游戏。

在互动游戏中感受音乐旋律的变化及点点点游戏的有趣。

①教师示范：请一幼儿扮木头人，教师用手指点孩子身体，边点边唱。

②幼儿两人一组，跟着音乐玩点点点游戏，两人互换，最后互点。

【设计意图】本环节的目的是引趣，从魔术师与幼儿的互动激趣，到幼儿单人游戏学习咒语和魔法动作，再到双人游戏创编不同角色的动作，逐步引导幼儿在有趣的身体互动中自然而然地加深难度，增强幼儿的音乐表现力。

3．展趣游戏：点点变变变

（1）发现绘本中点点的位置变化。

①鼓励幼儿做绘本中的小点点，选择喜欢的颜色贴纸贴在胸前，按照图片的位置变化调整自己的位置。（无音乐，看图片变换队形）

②重点解决三竖排、半圆形的站位。（播放变奏段音乐进行游戏）

绘本点点位置包括：散点、三竖排、左边一堆、右边一堆、一横排、半圆形、抱一起、变大。

（2）老师扮演魔术师，幼儿在魔力下随音乐变化表现绘本中的点点。

（播放完整音乐进行游戏）

①教师帮助幼儿梳理故事中点点的具体位置。

②全体幼儿跟着绘本中点点的变化改变自己的站位，尝试跟着节奏点起来。

③请一名幼儿扮演魔术师，随音乐完整地表演。

【设计意图】本环节的目的是展趣，当幼儿熟悉了音乐节奏及相应的动作后，教师引导幼儿化身为"小圆点"，在"魔术师"的指挥下，模仿绘本故事中的小圆点，随着音乐的变化、图片的变化，变换不同的队形。有了魔术师和小圆点的游戏身份加持，枯燥的排列练习变成生动有趣的游戏，同时也有一定的挑战性，让孩子们乐在其中，在轻松而刺激的游戏中完整表现音乐。最后，幼儿扮魔术师的环节，进一步激发孩子们的表现欲。

4. 延伸拓展

（1）在与他人的互动中体验点点点音乐游戏的乐趣，大胆进行表现。

（2）在音乐区投放绘本《点点点》的图片、魔术帽、魔术棒、音乐，供幼儿自主分角色玩点点点的音乐游戏；在美工区投放绘本《点点点》、各色颜料、画笔，让幼儿自由创作点点作品。

（四）活动评价

本活动从幼儿的身体游戏开始，以"魔法师"激趣，奇妙的故事增色，深深吸引着幼儿从单人游戏到双人游戏，再到集体游戏，环环相扣、层层递进，不断升级游戏的难度。在充满魔法的队形变换中，幼儿体验着空间方位的变化，锻炼了注意力、反应力及音乐表现力，体验到音乐游戏的快乐。幼儿在一次次挑战中收获自信与成就感，潜移默化地建立了规则概念。

## ▶ 我的教学主张

### （一）至纯的师幼互动

"纯真"和"真纯"是两个让人觉得内心柔软的字眼，也是两个不同的概念。纯真是因纯而真，是未经世事的明丽，极易受到污染、受到损害。真纯是因真而纯，是由真诚而产生的纯洁，具有极强的自净能力和免疫力，无功利目的，是特别宝贵的品质。孩子们是纯真的，而教师需要真纯，"纯真"和"真纯"的碰撞，温暖有力量。

1. 纯真的表达

幼儿园是一片净土，一半心酸，一半甘甜，即使你全身酸痛，嗓子冒烟，孩子们纯真可爱的笑脸、亲切的问候、有爱的举动瞬间就能把你治愈。当我咳嗽了几声时，几个小天使争先恐后去接水给我喝；当我蹲在地上做教具时，突然有把小椅子送到身后；当我逛超市时，迎面过来一个小可爱，紧紧抱着我说"这是我的谭老师"，仿佛要昭告全世界。这些纯真的表达总是在不经意间一次次地打动着我。

2. 真纯的回馈

与孩子们在一起，我有一个法宝，那就是保持真诚、纯粹、发自内心的笑容。我坚信，阳光般灿烂的笑容可以传递温暖和勇敢。清晨，我笑意满满地从家长手中接过闹脾气的孩子；早操时，我用笑容鼓励孩子们积极参与；当孩子胆怯时，我用笑容为他（她）加油鼓劲……

记得曾经我班有个叫"亦辰"（化名）的小姑娘，乖巧文静，不爱说话，在班上很不起眼，但我发现她的声音很好听，于是经常特意让她回答问题，让她在班上表演唱歌。刚开始她的声音极小，小到孩子们都在"抗议"：我们听不到！或许是因为自己小时候有过类似的经历，我坚信她是可以的，所以没有放弃对她的鼓励和锻炼。直到上中班后，我终于看到了她的改变：会主动找老师和小朋友说话，会大声唱自己学会的新歌。幼儿园的"故事大王"比赛，我们班推选了她去讲故事，经过不断练习，她越讲越好，可站上舞台的那一瞬间，她显得格外紧张，虽然把故事讲完了，却也把动作忘光了。下台后，我没有责怪她，而是紧紧拥抱了她，笑着夸她讲得真好听，下次一定不会忘动作。经历了这次比赛，她变得更自信了。大班时，我又鼓励她去参加幼儿园歌唱比赛，那一次她表现得特别出色，荣获了"金孔雀"奖。毕业典礼上，她作为主角表演了童话剧《小青虫的梦》，语言生动、舞蹈优美、表演十分精彩。毕业几年后的某天，我突然收到亦辰家长的信息，那是上三年级的亦辰写的一篇作文《我最喜欢的老师——谭老师》，写的就是她在幼儿园的这段成长经历，那么多细节她居然都记得。读着那篇饱含深情的作文，我潸然泪下。原来，真纯的鼓励可以如此有力量，赋能孩子的成长！

## （二）至简的教学方式

在纷繁复杂的世界中，有一种简洁的力量，它穿越时空，横贯万物，那就是"大道至简"。这是一种深邃的哲学理念，也是一种生活的智慧。至简，释义为：非常简单，十分简练。至简是我崇尚简洁、自然、和谐的教育方式，简中求真，简而有趣。在教育过程中摒弃烦琐的形式和不必要的干预，让活动更真实高效，让孩子们在自由、宽松的环境中自然成长。我的教育期望很简单：希望孩子们的学是快乐的，而我的教是幸福的。

### 1. 简单的生活素材

"生活教育"是陶行知先生为我们留下的宝贵精神财富，是中国现代教育史上的瑰宝。"教育即生活"对当代幼儿园教育的启示在于：一是回归儿童生活的世界，给儿童提供整体、连续、交互的儿童生活；二是从具身认知到直接经验，推动儿童经验的持续改进；三是"安其所，遂其生"，成就儿童蓬勃向上的生命状态。

（1）洞察真实生活中的幼儿。

我特别注重从幼儿的生活与游戏中挖掘有用的素材，通过敏锐捕捉孩子们眼中、口中、游戏中的新鲜事，发现孩子们鲜活经历中的所见、所思、所感。比如我看到孩子们将一颗彩色糖果投进水杯中，他们看着糖果慢慢变小，水的颜色渐渐变成糖果的颜色，会不停地鼓掌欢呼。大人们司空见惯的溶解现象，在孩子们看来竟如此神奇。于是我组织了科学活动"彩虹糖变变变"，让孩子

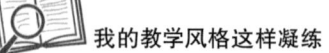

们把彩虹糖在蛋糕碟上围一圈,将杯中的水一点点倒进蛋糕碟中间,观察彩色糖衣逐渐脱落,溶解在水中,形成彩虹模样;让孩子们把喜欢的彩虹糖放进嘴里,再互相观察舌头上面留下的彩虹色;鼓励孩子们探索各种方法,玩转彩虹糖。

(2) 解决真实生活中的问题。

和孩子们在一起,常常会遇到各种反复出现的问题,常规教育方法可能很难解决。于是,我尝试将难题解决藏在游戏活动中,让幼儿潜移默化地在玩的过程中受到启发、得到教育。比如音乐活动"魔法点点点"的设计灵感就源于孩子们排队时的拖拉问题,我将绘本中的点点排列形状与孩子们每天在经历的"排队"巧妙关联,孩子们通过玩游戏的方式学会了随音乐快速排队。当生活中需要排队时,我只要发出"小点点快来排队"的指令,孩子们总能迅速响应排好队。瞧!集体活动源于生活、高于生活,最终收获的经验又被巧妙运用于生活中。

### 2. 精炼的活动流程

陶行知先生曾应陈鹤琴先生邀请为"儿童教育社"创作了社歌——《教师歌》,歌词抒发了他的儿童观:发现小孩—了解小孩—解放小孩—信仰小孩—变成小孩。我将其作为活动设计的思路,遵循"以儿童为主体"的原则,在充分了解儿童的基础上,探索以儿童的视角设计儿童喜欢的游戏。避免为了追求场面的热闹、方法的多样、活动的创新等去设计一些与目标和内容关联不大的环节。在每一次活动设计好后,我都会反复斟酌:如果我是孩子,我会觉得有趣吗?我会喜欢吗?我会愿意参与吗?

我的集体活动组织精简为"三步曲":第一步:激趣——通过创设情境、故事引入、话题讨论、游戏导入等,激发幼儿参与活动的兴趣;第二步:引趣——以游戏化的形式,引导幼儿主动学习、积极探索、大胆表达,在潜移默化、轻松愉悦的氛围中达成教育目标;第三步:展趣——总结提升,激发幼儿的表现和展示欲望,并萌发持续探究与学习的兴趣。

### 3. 精准的问题设计

精准提问是引导幼儿积极参与、深入思考和有效学习的重要手段。教师应根据活动的目标和内容,结合幼儿年龄特点和兴趣,提出有针对性的、通俗易懂的问题,以亲切和鼓励的态度激发幼儿回答的欲望。

一是问题引趣。比如在绘本故事《亨利去丛林探险》活动中,导入部分问:亨利去丛林探险有可能遇到什么动物?遇到什么危险的事情?孩子们急切想知道答案,会十分专注地带着问题听故事,这就是为后面环节巧妙铺垫的好问题。

二是文字精准。比如孩子们听完故事后,老师提问:"故事讲完了,你知道这个故事讲了什么吗?这个故事给你留下什么印象?"这种问法很抽象、不聚焦,孩子们往往听不懂,也不知道如何回答。我们可以这样问:"这个故事中都有谁?你最喜欢谁?为什么喜欢她(他)?"这样的问法简单易懂,更具体化、形象化,很容易让孩子们打开话匣子。

### (三)至爱的教育初心

至爱的教育初心,是对每一个孩子的深深关爱。它让我蹲下身子,与孩子平视,倾听他们的声音,了解他们的需求。这份初心让我愿意付出时间和精力,去关注每一个孩子的成长和进步,去为他们创造一个充满爱和温暖的环境。

#### 1. 眼里有孩子,心中有孩子

幼儿园的每个孩子都有一本《成长手册》,教师每个月要给孩子们写上评价,这是一个很大的工作量,但我觉得这是家园之间一份爱的传送带,所以每次都会一字一句认真书写。当我将孩子们一日生活中的点滴进步、趣事或不足用故事的方式呈现出来,再配上鼓励的小图画时,评价顿时生动了,家长和孩子们总是愿意一起读,一起乐,每次交回来的小册子里,我都会阅读到家长们的暖心反馈。这样一来家园沟通变得有温度,家园关系变得更温暖,教育的幸福感油然而生。

#### 2. 专业有追求,教育有温度

至爱的教育初心,是对幼教的热爱和执着,是教育者的灵魂和动力源泉。它让我坚守教育的本质,追求教育的真谛,不断探索和创新。它让我愿意放下个人的得失,坚守幼教岗位,为孩子们的未来付出一切努力,去帮助他们实现自己的梦想和追求。漫漫幼教路,我始终保持着对教育的热情、初心与激情,投入全部的热爱与能量,努力展现积极的生命状态,不断反思和审视自己的教育实践,去寻求更好的教育方法和策略,创造更美好的幼儿教育。把教育理想深深扎进土里,使教育的情感长成躯干,让教育的灵魂枝繁叶茂,聆听梦想花开。

### ▶ 他人眼中的我

我,何凤兰,曾于2002年6月至2011年2月担任长安镇新安幼儿园(现长安镇第二幼儿园)的园长。在那段时光里,我有幸见证了谭娟娟老师的成长与付出。初识娟娟是在面试考核中,她甜美温柔的外表和扎实的专业基本功给我留下了深刻的印象,在幼儿教师的弹、唱、跳、画、讲等五项全能考核中,她展现了出类拔萃的才华。后来我发现,她不仅将各项特长在工作中发挥

得淋漓尽致，娇小而温柔的外表下还隐藏着一股拼劲儿，是当年新安幼儿园一颗非常亮眼的"幼教新星"。她的教育之路充满了至纯、至美、至真的光辉。

教学实践中，她不畏艰难，勇挑大梁。2003年，幼儿园刚刚推行主题教学，面临重重困难。作为年级组长和教研组长，她带领老师们积极尝试、大胆实践，立足于孩子的生活、兴趣与爱好，结合本土特色，寻找主题资源，开发主题课程，调动家长和孩子的力量，收集主题资源，集三方力量共同创设班级主题教育环境，让孩子在与环境的互动中学习提升，在丰富多彩的活动中获得成长。她结合幼儿园教学实践中的新问题，开展了"以科学教育为中心点的幼儿园整合课程探索"的课题研究，带领老师们共同推进"幼儿园整合课程"教学的尝试，为幼儿园整合课程教学研究和开展打开了新局面。她坚持以课题研究引领教育教学，所承担的课题喜获广东省创新成果三等奖。

多重任务下，她积极热情，毫不懈怠。她身兼数职：班主任、年级组长、教研组长、体操老师，每一项任务都尽全力做到最好。她对孩子格外用心，她润物无声的关爱打动着每一个孩子，是深受孩子们喜爱的好老师；她用高度的责任心赢得了家长的信任，是家长们认可的好老师；她勤奋好学，专业过硬，独特的教育风格赢得了同事和领导的认可，是同事们赞许的好老师。在创评"市一级幼儿园""市绿色幼儿园""省一级幼儿园"的过程中，谭娟娟老师始终发挥着骨干教师的中坚力量。她积极组织老师们听课研课，带领老师们加班加点优化室内外环境，收集和整理评估资料，设计幼儿园画册等，为幼儿园两年三次的评估立下了汗马功劳。

谭娟娟老师用她的至纯、至美、至真之心，为孩子们营造了一个充满爱与关怀的成长环境。她不仅在教学上取得了显著的成绩，也在孩子们的心中留下了最美的身影，更为我们风雨同舟、共同拼搏的教育之路刻下了深刻的印记！

（原东莞市长安镇新安幼儿园园长　何凤兰）

一个人遇到好老师，是人生的幸运；一个学校遇到好老师，是学校的光荣。我十分骄傲与庆幸，在二幼遇到这样一位充满幼儿教育情怀的心灵合伙人——娟娟。

认识娟娟已多年，从普通教师到行政管理人员，我见证了她一步一个脚印地成长。她爱笑、自信、有力量，做事认真很文艺，艺术品位高，综合能力强，在幼儿园各级各类活动中都是活跃分子。她眼里有孩子，心中有孩子，和孩子在一起，永远充满热情和笑容，特别有亲和力，是深受孩子们喜欢、家长们称赞的好老师。她是一位有强烈专业追求的老师，对自己要求十分严格，自我学习能力很强，活动设计能力和课堂驾驭能力突出，教学技巧娴熟，她的课堂生动有趣，和孩子们的互动温暖有爱，总能深深感染听课的人。

作为一名教学园长，她具有高度的责任心、使命感和服务意识，在管理中体现了出色的领导才能和统筹组织能力，能带领教师团队在实践中不断探索新思路、新方法，并将其运用到实际工作中，推动幼儿园的发展。

（东莞市长安镇第二幼儿园园长　吴小金）

她，坚守教育初心，享受纯粹，用爱心与责任构筑幼儿成长的乐园；

她，做事笃行致远，步履坚定，以行动诠释着对教育的执着与热爱；

她，拥有扎实学识，经验丰富，用耐心与智慧引领团队开拓与创新；

她，不断追求卓越，臻于至善，用专业与热情为二幼的发展注入源源不断的动力。

她就是谭娟娟——引领二幼教学发展的核心人物，一位充满激情、智慧与幼教情怀的好老师。

（东莞市长安镇第二幼儿园教学副主任　邱亚纯）

曾经有幸和娟娟老师共事七年，她是我专业成长路上的师傅，也是我生活中的好朋友，更是我学习的好榜样。她是一位积极向上、简单纯粹、充满诗意的老师，一言一行都流露出对孩子们的关爱以及对美好幼儿教育的追求。她被孩子们称为"最爱笑的老师"，孩子们都特别喜欢她。

她热爱幼教，喜欢孩子，平等对待每一个孩子。她坚信每一个孩子都是独一无二的个体，她善于捕捉生活中的教育契机和动人瞬间，努力去挖掘每个孩子的闪光点。她组织的活动温暖有爱、简单有趣，和孩子们的互动轻松自如，总是能轻而易举地赢得孩子们的喜欢。

她勤于学习，善于创新，专业能力突出，具有很强的号召力。工作中的她神采飞扬，充满温柔而强大的力量，让人不由自主地紧跟着她的步伐努力前行。教育教学中遇到困难时，她总是如知心大姐姐般，循循善诱、倾囊相助，让人重燃希望并充满能量。生活中的她乐观积极、真诚温暖，与她相处让人畅快舒适，如沐春风。

（东莞市长安镇乌沙幼儿园教学副主任　潘姿）

【点评】

谭娟娟老师把教学风格的关键词概括为"至纯、至简、至爱"，这是对她课堂教学和为人处事的真实写照。她有至纯的师幼互动，也有至简的教学方式，还有至爱的教育初心。不管是与她面对面交流，还是阅读她的文字，抑或看别人对她的评价，都可以强烈地感受她"至纯、至简、至爱"的风格特色。

（广东第二师范学院教授　闫德明博士）

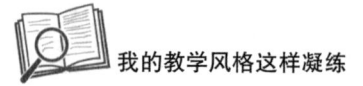

# 散点激活，焦点激能，熔点生成

东莞市长安中学　谭小林（高中语文）

> **个人简介**
>
> 　　谭小林，男，广东省东莞市长安中学语文科组长，高中语文一级教师，东莞市"周剑光名师工作室"成员。曾获"长安镇优秀班主任""长安镇优秀教师"等荣誉称号。参与市级课题"高中语文回归经典阅读的探索与实践"并顺利结题。独立撰写的论文《试论李煜后期词中的悲剧结构与宗教精神》在2017年市中语会年会论文评选中获三等奖，论文《高考作文写作技法之辐射联想》在省级刊物《语文学习报》总第630期全文刊载发表。指导学生参加2016年东莞市高中生《红楼梦》知识竞赛，成绩突出，被评为"优秀指导老师"。曾获2011年东莞市写作教学三等奖、2014年东莞市语文教师读书演讲比赛二等奖、2018年东莞市青年教师说课比赛二等奖等。

## ▶ 我的教学风格解读

　　我的教学风格是：散点激活，焦点激能，熔点生成。

　　散点激活是基于高中语文学科范围边界模糊和知识零散琐碎的特点，打破仅仅依靠教材进行条分缕析式的课堂教学传统，转而以渊博的文史知识吸引学生，以丰富的语文活动熏陶学生，以强大的个人魅力感染学生。

　　焦点激能主要包含两个方面的内容：一是从文本内容的角度，结合教学大纲的要求寻找每个单元、每个板块、每篇课文的重难点，有针对性地整合、筛选、精讲；二是从学生发展的角度，结合最近发展区理论与我校的实际情况，按照应试要求，以集中突击的方式攻克必考点、常考点和薄弱环节。

　　熔点生成则是在课堂教学设计与组织上力求做到依托学生的兴趣点，寻找学生的共情点，挖掘文本的思辨点，自然而非大量预设地帮助学生加深知识印象，建构知识体系。

　　散点激活、焦点激能、熔点生成三者之间是循序渐进、层层深入的。散点激活是为了激发并保持学生的学习兴趣与热情，让学生形成一种"语文是充满乐趣的"的自觉意识，为焦点激能做好充分的准备与铺垫；焦点激能是解决学生学习与应试的主要问题，让学生觉得语文是有用的而非玄虚的，是有一定的理性与科学精神的而非完全感性的，是有一定深度的而不仅仅是语言文字

表达的游戏；熔点生成则是在前两者的基础上对自然生成的课堂效果的追求，同时也是学生语文素养提高的关键环节，更是培育学生核心素养、增进师生关系的重要途径。

## ▶我的成长历程

### （一）水土不服，心理失衡

从我第一次走上讲台至今已有十余年，回顾自己的成长经历，真可谓好事多磨，同时也是五味杂陈。我2010年毕业于一所国内顶尖的部属师范院校，当时因为患了一场大病而没有选择考研，再加上女朋友是广东人，所以暂时选择了一所东莞的公办高中，未曾想过一辈子做一名普通的高中语文教师。顶着名校的光环与初生牛犊的狂狷，我来到就职的学校。可是，眼前的一幕着实让我震惊：这是一所修建于20世纪80年代中期的城镇高中，面积极小，总共就两栋四层教学楼，从古旧寒碜的前门走到后门，不过两分钟。褪色的墙壁，灰暗的地面，一切都与理想中的完全公办高中大相径庭，更与这个号称全国经济强镇的地方格格不入。而当我满怀信心地走上讲台，滔滔不绝地开始讲课时，学生们的反应更是让我大跌眼镜，光趴台睡觉的就有四五个，剩下的吵吵闹闹几分钟才能安静下来，时不时还有学生拿出手机来玩，甚至有男女学生卿卿我我，做出过分亲昵的动作。我清楚地记得，我的第一节课除了短暂的自我介绍外就在不停的纪律整顿中草草结束。印象最深刻的是，被我好心叫醒的一位学生先是极其不情愿、不耐烦地当众炫耀自己家光收租一个月就有十几万入账，接着他责问我辛辛苦苦管教他们一个月薪水多少。这让我不禁感到难堪与窘迫。后来，当领导和同事们告诉我，所教学生大部分为本地纨绔子弟时，我逐渐明白了面临的挑战是多么严峻。

理想与现实的落差让我的心理逐渐失衡。相当长的一段时间内，我的课堂教学是随意的。突出表现在课前备课粗浅片面，课堂组织散漫零乱，教学用语极度感觉化，师生交流几乎为零。毫不夸张地说，我和部分厌学的学生一样期待着下课铃声的响起。自此以后，我的常规课堂往往呈现出这样的场景：我一个人像大学教师一样站在讲台上侃侃而谈或者娓娓道来，下面的学生则好似听众与看客。而每当科组安排我上公开课时，我也只是从网上下载一些现成的资源临时速构，或者按照自己的理解闭门造车一篇教学设计以应付任务，参加各类教学比赛往往是"一轮游"。这毫无疑问地表明，我的教学还处于自发随性的初级阶段。就这样，我经历了长达三年的迷茫期，除了自怨自艾与自我怀疑外，彼时的我只把教书当成一种谋生的手段，根本没有主动探究教学与形成自己独特风格的意识。

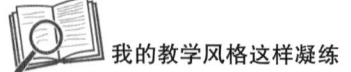

## （二）高人点拨，反思成长

在浑浑噩噩中得过且过地熬过了前五年后，我面临着一个抉择，是怨天尤人且极可能碌碌无为地度过余下的一眼望到尽头的职业生涯，还是果断地另谋出路。种种原因使我决定继续教书，其中最重要的一点是我确认我喜欢语文，我内心也喜欢教师这个职业。于是我开始慢慢改变自己。

一开始，我致力于将高中语文教材的每一篇文章读深读透，并精读有关语文课堂教学的各类书籍与期刊，每堂课从导入到小结力求有条有理，从标题到练习做到讲解精细，学习模仿各类比赛获奖课，追求所谓的课堂的艺术效果。我紧跟时髦的语文教学理念，从"模式化写作"到"整本书阅读"；从"大单元教学"到"任务群学习"；从"高效品质课堂"到"智慧思辨式教学"；等等。我怀着十二分的热情小心翼翼地投入到紧张而繁忙的教学工作中，感到非常充实。但一次教学调查问卷和一堂公开课却让我备受打击，学生们一致的评价是提不起兴趣，跟不上节奏，听不懂讲解；专家的意见是教学徒有其表，过于浅显；当然，最让我想不通的是一位新人老师所带平行班级的语文成绩竟然高出我所带的重点班级好几分。一时间，我又成了学校的"边缘人"和名校毕业却眼高手低、愤世嫉俗的典型。这让我的自尊心受到强烈的刺激，职业认同感也再次降到冰点。只不过，我知道自己已经没有退路。

穷则思变，我必须找到症结所在。但自我反思并没有使我找到这些教学过程中存在的典型问题的答案：我为什么提不起学生的兴趣？为什么模仿优秀课例效果却不能差强人意？为什么带重点班级依旧成绩平平？正好此时，我市著名特级教师、正高级教师黄安生到我校做校长。有一天他将我叫到办公室，在一番长谈后他送给我八个字——"通身是宝""违天不祥"。在一次比赛课培训中，一位曾获得省青赛一等奖的教师在结束时将陆游的那句"汝果欲学诗，工夫在诗外"赫然打在大屏幕上；另外，在一次公开课评课时我与一位同事争得面红耳赤，我强调语文课的特色，他则强调所有学科的共性，一位行将退休的老教师一锤定音：教无定法，只要上出语文的基本味道即"听说读写"即可。应该说，以上三位同行的点拨才真正促使我开始系统反思语文学科的本质及我在教学过程中存在的种种问题并努力寻找可能解决的方案。

首先是关于语文学科本质的问题的反思。我翻阅了大量书籍，相关的解释是具有共性的，那就是语言文字的理解与表达。但在实际的教材编撰与教学要求中，由于承载了太多的意识形态功能，其选篇涉及范围广，知识点零散琐碎，较少考虑普通中学的生源基础与实际需求。所以，原来我按照统一进度不作取舍地照本宣科式的授课方式，必然激发不起学生的兴趣与热情。久而久之，我在学生心中的形象就是一个酸腐的老学究。语文就是一锅由故纸堆里的

散点激活，焦点激能，熔点生成

冰冷文字组成的知识大杂烩，无头绪且乏味，死记硬背多而实际运用少。我凭借自己所谓的专业视角过度追求语文的知识理性与思维深度，而忽略了语文的温度与激情，更忽略了对学生的感染与引导。换句话说，语文学科不同于其他学科的一个重要点是语文本质上是人学，是需要一个个鲜活丰富的灵魂去参与并体验语言文字本身体现出来的美感、情怀及思想。我把语文讲"死"了，现在要让它"活"起来。

其次是关于课堂教学本质的反思。我之前因受公开课和比赛课的影响，很强调课堂环节的完整性与追求艺术效果。但在实际操作过程尤其是平时的常规教学中，因40分钟的时间限制，我常常要计算好每一个环节的用时，甚至精确到每一个问题、每一句点评需要多少时间。这便产生了一个新的问题：我的课堂是为了完成每一个环节而不是考虑学生的实际掌握情况，尤其对那些我和学生都感兴趣的点，或者浅尝辄止，或者意犹未尽，或者草草收场。我逐渐明白，我对课堂环节的理解过于片面和机械了。完整的课堂环节在有限的时间内对于那种知识点明确而清晰、授课要求严谨而紧凑的科目而言是必要且有效的，这样基本可以让学生一课一得。语文学科则很难做到这一点。因为，无论是语言的建构与运用，思维的发展与提升，还是审美的鉴赏与创造、文化的传承与理解，都不是简单依靠教师的零敲碎打式的讲授来实现的。对学生来说，需要在一定的语文基础上通过长期的熏陶与积累才有可能实现。也就是说，与讲究知识逻辑与完整体系的理科教学不同，语文课堂更多的是一种体验和浸染，尤其是文学欣赏课，有很多是只可意会不可言传的东西。这对学生而言就像是参禅，因悟性的不同产生渐悟和顿悟之分。很可惜的是，我没能在课堂中抓住并利用这些点，所谓完整性当然就是"徒有其表"或者说"形同虚设"了。

最后是关于所谓"理想课堂"或"完美课堂"的反思。对于模仿比赛获奖课的教学设计，我印象最为深刻的是当年市高级中学的马永刚老师"为《氓》拟标题"的教学设计获省青赛一等奖后，我依葫芦画瓢，设计了类似的一堂公开课，并在常规教学中找出好几篇文章来效仿，但结果是令人失望的。除却我的课堂驾驭与调动能力有所欠缺外，我开始反思自己对公开课与比赛课的理解，进而思考一些流行教学理念的利弊。应该说，当初参加公开课和比赛课的初衷，是为了在磨课过程中不断发现并改进自己在课堂教学方面的问题，这确实也促进了自己的专业成长。但不得不承认的一点是，这些特意准备和打磨的课堂带有一定的表演性质，或者说是一种理想化的课例，其呈现出来的教学效果是多种因素共同作用的结果。我似乎只看到了表面的亮点，尤其是其中的创意，而并没有思考这些创意背后所反映的教学理念的更新以及教学设计所依赖的客观条件，特别是文本难度与学情基础。更为重要的一点是，在考试压力与评价机制的双重约束下,我未能将学到的创意和教学理念在常规教学中一以贯之。其存在的意义除了标新立异外,所剩几何?因此,我需要搞清楚这些优秀课例的共性,更需要思考其所谓的示范性与引领作用究竟体现在哪里。

### (三) 屡败屡战,逐渐成型

基于上述思考,我做出的最大调整是回归学科教学的本质:激发兴趣,选材施教,催化生成。

首先是激发兴趣。不同于重点中学的学生基础扎实,兴趣盎然,目标明确,只需要教师具有深厚的专业功底尤其是解题能力这一点就足以折服大部分学生,普通中学的学生基础薄弱,兴趣不稳定,目标不明确,我需要全面多点地去激发并保持他们学习语文的热情。我首先想到的是孔子的那句经典名言"亲其师,信其道",我不能只是一个语文知识的搬运工,也不能特意地表现出自己的才学。我要求学生怎么学语文,自己就要怎么对待语文。我要让学生感受到一个语文老师的魅力。我是东莞市的普通话测试员,有一定的声音优势,于是我自己录制了高中教材篇目中适合朗诵的内容,早读学生犯困或课堂范读时便播放出来,这种方式收到了特别的效果;我写得一手好字,板书示范和给学生的批语尤其是期末评语,我都力求手写,学生争相炫耀;我初通音律,会弹电子琴,每每讲到描写音乐的内容,我便展示我弹奏的相关视频,学生连连称奇;我写作功底扎实,每学期坚持写下水作文,平时也常给学生朗诵我的作品。值得一提的是,为了激发学生学习文言文的热情,我仿照《史记》纪传体的写法,虚构了三篇较长的叙事性文言文,几乎囊括了高中阶段要求掌握的文言字词,学生一致认为比教材篇目有趣多了。一次晚自习值班的过程中,一位隔壁班的学生因找不到数学老师答疑解惑而抱着试一试的想法向我询问,我在三分钟内完整地解答出一道数学难题。从此,我精通数学的名声在全年级传开了。至今为止,仍不时有学生问我数学问题。一开始,一些同事笑话我不务正业,领导说我是卖弄才学。我也偶尔会难受。后来我想,我的目的不过是让学生喜欢语文、喜欢语文课而已。于是,我就用易中天先生回应媒体的质疑时说的那句"我哪里是不务正业,我只是不务专业罢了"来安慰自己。在课外活动方面,我一改原来对普通中学学生能力素养欠缺而不宜开展过多语文活动的认识,转而组织学生大量参与各类语文活动。基础年级我一直坚持让学生课前演讲,让学生发表对社会焦点问题的看法,训练学生的胆量与表达能力;每讲完古诗词或新诗单元,我便组织一场诗歌朗诵会;讲完戏剧单元必定组织一次经典戏剧观赏活动;讲完论述类文本,则让学生统一观看一场辩论赛等;鼓励并辅导学生参加各类各级比赛活动。此外,我常常在课堂内外谈天说地,从天文地理到时政要闻,从文坛趣事到娱乐八卦,从人生哲理到吃喝玩

乐。现在想来，以上这些看似与课堂教学无关的东西，像极了散点透视。它们在潜移默化中让我获得了学生的认可，激发并保持了学生语文学习的热情，加上与我矮胖的外在形象所形成的强烈的反差效应，使我从此教授的班级中很少有学生对我本人有微词，或对语文学习不感兴趣。化用前人的话，则叫作"夫欲上好语文课，工夫在课外"。

其次是选材施教。我主要做了两个方面的改变。一是在教学内容上，不再顾及教学进度与篇目顺序的限制，果断放弃逐篇串讲的模式，按照文本属性或单元主题进行重新整合；然后再从这些板块中剔除那些偏、难的内容，以及讲了等于没讲的内容，以确定精讲篇目；最后从这些精讲篇目中找出相对于学生语文基础与能力的重难点，并结合考试要求，集中突击式地逐个攻克。二是在课堂教学方面，主动摒弃"一课一得"立竿见影和追求完整性与艺术效果的想法，不再着眼于某一堂课的教学目标的实现，而是以"一课一点"为目的，用系列课的方式分解完成之前确定的某一个重难点。概括起来说，就是精选内容，精设重点，系列攻关。这又好像是一种焦点透视的方式，通过筛选过滤，直接聚焦学生的学困点；通过去除课堂教学里中看不中用的花招与那些旁逸斜出的噱头，真正提高课堂的效率。我终于开始慢慢跳出以篇目节次为单位的课堂教学设计的藩篱。

最后是催化生成。这是我对优秀课例或理想课例进行共性提炼后的收获。这些成功课例从课堂效果上看几乎都有一个共同的特征，那就是有自然生成，似乎一切都是水到渠成，没有授课教师的预设。但我精读他们的教学设计后才猛然发现，原来这些看似自然生成的点是"有意"为之的，那就是总能找到一个设计好的课堂的"高潮"部分，这个高潮或在感情上使学生产生共鸣，或在方法上让学生温故知新，或在思想上给学生启迪。然后，凭借授课教师高超的调动驾驭与引导能力产生一种自然而必然的效应。我将其称为课堂的熔点，它可以是指向文本内容的兴趣点，也可以是指向知识方法的增长点，还可以是指向思想心理的共情点、思辨点。通俗来讲，就是要追求语文课堂带给学生一点印象深刻的东西。而对于普通中学的学生来说，这个范围甚至可以扩大为一个形象的比喻、一句幽默的玩笑、一个夸张的动作，等等。我开始在自己的课堂上寻找这些点，并努力使其成为课堂生成的催化剂。

平心而论，十多年过去了，我很难说形成了一种鲜明独特的教学风格，只能说在跌跌撞撞中逐渐告别了自发粗放、随性恣肆的教学初级阶段，初步找到了一些适合自己、适合普通中学学生实际的可行策略。我也不是什么名师，但我相信我好不容易树立起来语文老师的职业信念不会改变。最重要的是，我有了自己矢志不渝的方向与理念。以后，我将致力于多丰富一些激活学生的散点，多总结一些给学生聚能的焦点，多产生一些具有课堂生成效应的熔点！

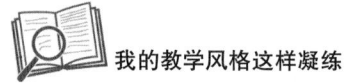
我的教学风格这样凝练

▶ 我的教学实例

## 教学案例《故都的秋》

### （一）课前准备

课前我主要做了如下工作。首先是分析教材与学情，确定精讲内容。《故都的秋》是部编版语文教材必修上册第七单元的第一篇写景抒情散文，是现代散文中的名篇。本单元教学主题为自然风物与人文情怀，还选取了朱自清的《荷塘月色》与史铁生的《我与地坛》，按理说这些文章都是散文经典，都值得深入细致地学习，但《荷塘月色》景物描写太过集中，文字细腻，蕴含的情感复杂微妙；而《我与地坛》长难句多，密度大，且蕴含哲理，过于深邃；《故都的秋》则介于二者之间，文字相对浅显，景物描写不集中但非常典型，也很好地体现了散文形散神聚的文本特征。《故都的秋》通过对北平秋色的描绘，赞美了故都的自然风物，抒发了对故都之秋的向往、眷恋之情。本课也是散文鉴赏的起始课，对后面的散文教学有着示范作用。考虑到我校的生源情况，我将其作为精讲篇目，而剩余文章则安排学生自学。我的施教对象为高一年级的一个平行班，他们在初中学习过《秋天的怀念》《散步》等，感受过散文的语言美、意境美，但调查发现，学生的学习停留在初读和泛读的层面，无法理解文章背后的情感内涵。他们在本册第一单元学习过毛泽东的《沁园春·长沙》，第三单元学习过杜甫的《登高》，在初中也学过马致远的《天净沙·秋思》以及范仲淹的《渔家傲·塞下秋来风景异》等篇目，对中国文人的悲秋情结有一定的了解，但由于地域与气候影响，广东孩子对季节更替的感受比较单一，对典型的秋季景物缺乏直观的感受，因而无法很好地理解中国文人学士为什么会产生悲秋意识。其次是教学设计。基于以上分析，我的设计如下，不考虑课时限制（教参给出的课时建议为3），教学目标为：语言建构与运用——通过诵读，初步体会作者情感中的"清、静、悲凉"；审美鉴赏与创造——分析为何郁达夫笔下的故都之秋有"清、静、悲凉"的特点，使学生感受到故都的秋实际上是郁达夫的心境之秋；思维发展与提升——掌握文中以景驭情、情景交融的写法。重点为体会北国秋的特点以及蕴含的情感，难点为理解作者为什么会产生悲秋感。至于文章的其他内容，则由学生自学或以作业的方式完成。最后是安排学生做好课前准备。我将授课重点告诉学生后，要求学生除了自学以外还要收集与秋有关的古诗词，利用早读将它们熟记下来，组织书写较好的学生以此为素材创作书法作品并配图，还与朗诵出色的学生一起录制范读音频等。

## （二）教学过程

### 1. 创设情景导入新课

以征稿通知的形式情景导入：

征稿通知

近日，本公众号拟出一期秋景专栏，现在向高一年级各位学生征集公众号推送的文稿和插图，希望同学们积极参与。

——长安中学莲峰文学社公众号

仿照央视《中国诗词大会》"飞花令"的形式调动学生的积极性，让学生对有关"秋"的诗句进行接龙，待结束后展示课前学生准备的作品并赠送给优胜者一幅自己的书法作品。

### 2. 检查自学情况

简短回顾文本内容即文章描绘的主要图景：秋晨小院图、秋槐落蕊图、秋蝉残鸣图、秋雨话凉图、清秋佳果图。

### 3. 精讲赏析，突出焦点：品读秋晨小院图

秋晨小院图聚焦于第三段，请一位同学朗读PPT上的内容。其他同学要手脑并用，圈出文中体现秋天色彩的关键景物和关键动词。

（1）品关键景物。

①描写了哪些景物？为什么要用这些形容词？

明确：破屋、破壁腰——体现出北平的衰败感、沧桑感、历史古蕴。

②为什么要在皇城人海中"租人家一椽破屋"来欣赏秋日风景？漂亮的新房不好吗？

明确：破屋更有沧桑感，与故都的整体氛围相契合。"破屋"不只是一座破屋，更寄托了故都数千年历史兴衰的沧桑意蕴，带有历史与文化沉重感的美的体验。

明确："椽"的板书读音。释义：装于屋顶以支持屋顶盖材料的木杆。这个词在南方比较少见。

③从"一碗浓茶"中品出了什么？

明确：茶是中国的一种文化（茶艺、茶道）。浓茶本身就有一种苦涩感，却回味甘甜，这也与故都历史的深沉相似。这里曾经有辉煌的历史，但有些却因为时代的变迁消逝了。

④如何理解"青天下驯鸽的飞声"？

明确：手法——以动衬静，时间是早晨，但北平是大都市，是非常喧闹的。作者连鸽子的飞声这样细微的声音都能听见，说明环境和作者的内心都非

常宁静。【板书：静——以动衬静】

⑤想一想为什么作者说蓝色或白色的牵牛花最好？紫黑和淡红差在哪里了呢？

明确：蓝色或白色——冷色调——萧瑟感。淡红——暖色，会破坏主观色彩的协调统一，紫黑太极端了，白色、蓝色恰到好处，既有萧瑟的味道，又不至于不美。【板书：冷——冷色调】

⑥陪衬的草为何不求茂盛嫩绿，反要疏疏落落、尖细且长？

明确：衰草给人悲凉的感受，故都已不是当年的皇城，已走向颓败。风中摇曳的秋草一如故都的命运，曾经辉煌但毕竟已经过去。【板书：悲凉——环境】

（2）品关键动词。

| 一坐 | VS | 端坐 |
|---|---|---|
| 家里一坐 | | 教室端坐 |
| 姿态洒脱；随性而为；惬意恬淡 | | 拘束、拘谨<br>认真严肃、正式的场合 |

（3）读出特点，读出情感：先让学生自由朗读，再让个别学生试读，再由我范读，让学生模仿读，最后齐读。

4．共情思辨，难点突破

（1）图文并茂，迁移体验：以下为2021年部编版语文教材《故都的秋》中的插画，你认为这两幅插图放在这里合适吗？说说你的理由。图1色调明朗，过于艳丽。灰色为主的图2色调过于凄清和暗淡，不太符合作者哀而不伤的基调。而且房顶、驯鸽与树枝密密匝匝地充斥整个画面，没有闲味。如果是你来设计插图，你会怎样来设计呢？

（2）文本连读，横向对比：阅读老舍的《北平的秋》（节选），思考同样写北平的秋景，不同作者笔下的秋景有何特点？请利用表格梳理，小组讨论并派代表分享讨论结果。

| 篇目角度 | 选取的景物 | 景物的特点 | 意境氛围 | 传达的情感 |
|---|---|---|---|---|
| 《故都的秋》 | 破屋、破壁腰、牵牛花、秋草、落蕊、秋蝉、秋雨、秋果 | 残败、衰颓、落寞、衰败 | 宁静、清淡、哀伤、淡雅 | 淡淡的忧伤、文人式的伤感 |
| 《北平的秋》 | 葫芦形的大枣、清香甜脆的小白梨、像花红那样大的白海棠、黄的红的鸡冠花 | 生机勃勃、饱满、鲜艳 | 清丽、明快、靓丽 | 轻松、愉快 |

散点激活，焦点激能，熔点生成

5. 课外延伸，学以致用

（1）思考同为写秋名篇，郁达夫笔下的秋与毛泽东笔下的秋有何不同，为什么会有这些不同，写一篇文章发表你的看法。

（2）借鉴《故都的秋》学习到的融情于景的抒情方式，动笔描绘身边的秋景，写一则300～400字的文稿投递到我校莲峰文学社公众号。

▶ 我的教学主张

我的教学主张是：多点渐进，有味乃鲜。主要包含以下三方面内容。

（一）释放散点，刺激学生的口味

普通高中的学生，学习的内驱力是极其缺乏的。或者说，对某个学科的专注度往往受到教学内容、课堂设计、教师个人魅力、个人精神状态等综合因素的影响。相应地，要激发并保持其学习热情，就必须从多方面入手，包括教师适时地展示知识的广度与深度、自身的才艺与思想；组织开展丰富多彩的非应试性质的语文活动；多做语文课堂的铺垫准备；善于制造文本"悬念"与捕捉灵感；和学生形成一种若即若离的关系；等等。始终使学生保持对教师的好奇与钦佩，以及对课堂内容的期待与向往。

（二）精选焦点，保证语文的原味

第一，必须根据文本难度与学情基础，选择适合生源实际的教学内容，那些没必要讲的坚决不讲，讲了也没用的尽量少讲；第二，审慎对待各种层出不穷的教学理念，回归语文教学的本真，即引导学生走进能够走进的文本，力求每一种课型、每一堂课都富含字词句段的品析与听说读写的锻炼。

（三）巧设熔点，生成课堂的滋味

语文的课堂生成虽然不用像理科教学那样一味追求知识体系的完整与方法技能的更新，但也绝不能按部就班或"平铺直叙"。要创设出某一个"高潮"，让学生兴奋起来，或是产生阅读的快感，或是产生表达的冲动，或是产生感情的共鸣，或是产生思想的启迪。总之，应追求一种可能的效果：上完一节课或者组织完一次活动，多少能给学生留下一点印象深刻的东西。

▶ 他人眼中的我

谭老师是一个很有趣的人，是一本活的语文书。上谭老师的课很难不集中注意力，他这个人本身就足够吸引人。他的长相绝不会让人与文人、才子、语文老师之类的词联系起来，可一张嘴读课文尤其是古诗词时，我瞬间以为是哪个电台的播音主持来了；他随笔一挥，黑板上就好像在展览一幅书法作品；即

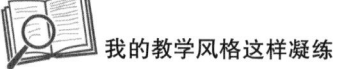

使偶尔走神，也多半会被他的一句令人捧腹的点评、调侃或者是玩笑给拉回来。此外，谭老师上课时，经常给人一种游刃有余的感觉。我总以为他没有备课，结果却恰恰相反。上完他的课，我很明白他这一节课的主题，得到的知识也是成体系的，做题的思路也变得更加清晰。

[东莞市长安中学2024届高三（10）班学生　黄章婷]

谭老师是我们科组乃至全校出了名的文人才子。他读书多而杂，记性好，跟他聊什么话题都误以为他是专家。他能说会写，兴趣爱好也广泛，因此很受文科学生的欢迎。他无论是上公开课还是常规课，似乎从不按套路与规范出牌，尤其不在意什么教学环节完整，经常是一节课快结束了才讲完一个点，但明显的感受是他课前一定针对我们的生源实际做了很多准备。

（东莞市长安中学语文教师　吴炳先）

我是看着谭老师从率性狂妄的名校毕业生成长为个性务实的专业老师的。他仍然或者说首先是一个典型的文人，但说他成熟的一点是他逐渐懂得如何利用自己的文人特征去吸引学生，而不仅仅是孤芳自赏或顾影自怜。他的课堂很难发现某种固定的模式或者说流行理念的影响，甚至有时作为公开课与比赛课，缺少了一点创意，但他总能抓住一些东西给学生与听课老师留下深刻的印象。

（东莞市语文教研员、正高级教师，原东莞市长安中学副校长　王春雷）

【点评】

谭小林老师把自己教学风格的关键词概括为"散点激活，焦点激能，熔点生成"。释放散点，刺激学生的口味；精选焦点，保证语文的原味；巧设熔点，生成课堂的滋味。学生眼中的谭老师是一个很有趣的人，是一本活的语文书。无论是上公开课还是常规课，他似乎从不按套路与规范出牌。在他的课堂上，你很难发现某种固定的模式或者说流行理念的影响，但他懂得如何利用自己的文人特征和语文美感吸引学生，学生上他的课很难不集中注意力。

（广东第二师范学院教授　闫德明博士）

# 触景"生"情，言之有"物"

华南师范大学附属中学东莞长安学校　王曼佳（初中生物）

**个人简介**

王曼佳，女，华南师范大学双专业学士，华南师范大学附属中学东莞长安学校专职副书记，初中生物一级教师，东莞市责任督学，东莞市劳动教育教学能手。曾获得"东莞市优秀教师""长安镇优秀班主任""长安镇优秀教师"等荣誉称号。任教期间积极参加生物学科的竞赛活动，曾获得广东省中学生物教师概念教学竞赛一等奖、东莞市初中生物学"品质课堂"教学能力大赛二等奖。多篇论文和微课获省、市级奖项，如论文《初一生物实验高阶思维教学的微课应用探索》荣获广东省二等奖，微课"二氧化碳是光合作用必需的原料吗？"荣获东莞市二等奖等。

## ▶我的教学风格解读

我的教学风格是：触景"生"情，言之有"物"。

触景"生"情是我的教学手段。我对触景"生"情有两方面的理解，第一方面是要充分调动学生参与课堂的情绪。我认为比起智商，情绪状态对人的学习能力（包括注意力、记忆力和知识吸收能力）影响更深远。今年是我扎根课堂的第11年，我经常遇到情绪低落的学生很难全身心投入课堂的情况，知识的吸收就更加不可能了。因此我认为有效的课堂必然是活泼生动的。每一节课我都会通过变换授课方式来激发学生参与课堂的积极情绪，学生心情愉悦了，这时候的教育才是有效的。那如何让学生愉悦和放松呢？这就是第二方面的解释——要创设趣味情境，让学习真正发生。课堂教学情境创设的目的是营造一种关于教学内容的情境，吸引学生沉浸于这个情境中，激发学生的学习共鸣，引导学生将已有的生活经验、知识智慧迁移异化为即将学习的知识原理，使知识变得有趣、有用而有效。

言之有"物"是我的教学目标。在我的课堂上，我希望学生能够将生物知识应用到生活中，让每一次的表达都充满智慧、富有说服力，这也就是我们经常提到的"学以致用"。生物学是研究生命现象和生命活动规律的一门学科，所呈现的内容与学生的生活紧密相关。我们的新课标也强调："要加强知识学习与学生经验、现实生活、社会实践之间的联系，注重真实情境的创设，增强学生认识真实世界、解决真实问题的能力。"因此我的课堂总结和课后作业经常会嵌入"我会解决生活难题""原来生物这么有趣"等环节，引导学生将课堂知识连接于生活，使其真正服务于生活。

## ▶ 我的成长历程

细数每个人的成长经历，并没有统一的路径和轨迹，每个人都有着不同的成长故事。回顾我自己过往的生活，心里只有满满的感激，我特别感激在我不同人生节点帮助过我的师长们、朋友们。下面我将结合这些恩师益友讲讲我的成长历程。

### （一）那时的我想当一名老师

我出生在一个特别传统的潮汕家庭。在我很小的时候，爸爸妈妈迫于生计就到东莞打工赚钱，我便在爷爷奶奶满满的宠爱下、小姑的精心教育下幸福成长。他们身上善良朴实、无私奉献的精神一直深深影响着我。我的小学生活无忧无虑，那时的我经常和同学们狂奔于农村的各个角落，渴了喝溪水、饿了烤红薯、困了睡稻田……但因为贪玩、学习态度不认真，我的成绩一直稳居低谷，这让远在他乡的爸妈非常担忧，每次见面都念叨我的成绩，直到那件事发生，他们便放弃了唠叨。

那是某个周六的早上，我像往常一样鬼鬼祟祟地躲在床底下，摊开数学试卷，假装家长在试卷上签名，不巧被到床上拿衣服的爸爸发现了。爸爸把试卷一抢，摊开一看——血淋淋的37分，这是他第一次看到我试卷上的成绩，他气得直哆嗦，拿试卷的双手不停地颤抖着，然后一把把我从床底下拖出来，二话不说抢起衣架就把我打了一顿，当天晚上我就从揭阳被带到了东莞，在爸妈身边开始新的求学生涯。说来也奇怪，到了东莞，我的成绩有了翻天覆地的变化。因为语言不通和成绩落后，我重读了五年级，第一次期中考试我就考了全班第二名的好成绩，这给了我很大的信心，使我充满学习动力。就这样，我的小学成绩一直稳居班级前三名。

小学结束后，我在万江二中开始新的求学阶段。因为叛逆贪玩及对班主任的抵触，我的成绩再次一落千丈，有些科目甚至还不及格，这让我又慌又无助。但我没有找到合适的解决办法，一直到我遇到了廖志芬老师。

她是我初三的班主任兼数学老师。她非常和蔼可亲，经常私下辅导我们的数学作业；她也很严厉，在我们做错事情的时候会严厉批评，事后又会笑着鼓励我们改正；她还特别善于发现学生的优点，给予我们表扬和肯定……因此我们全班同学都很喜欢她，学习的积极性大大提高。在廖老师身上，我感受到了爱与尊重，所以我成了她最忠实的粉丝，天天围着她转，经常向她请教数学问

题。她也从不嫌我烦，坚持耐心地讲解，时不时还会表扬我提出的新的解题思路，这大大地激励了我。所以我更努力地学数学，数学成绩开始突飞猛进。短短一个学期，我的数学成绩从不及格一跃成为班级的前几名，我甚至还考过118分的好成绩。因为数学科的进步，我对自己充满了信心，其他科目的成绩也开始稳步增长。最后中考阶段，我以优异的成绩考上了东莞市翰林实验学校的公办班。

那时的我第一次知道，原来一个好老师真的可以照亮学生们的世界，影响他们，甚至改变他们的成长轨迹，帮助他们塑造新的未来。于是，那一刻我暗暗在心里埋下一颗种子——未来我也要当一名老师，用善意、尊重、知识和爱去影响我的学生，帮助他们获得成功。

### （二）那时的我想当一名生物老师

在翰林实验学校成长的那段时光，忙碌而又充实。因为2009年参加高考的时候是传统的"3+×"科目设计，所以高一、高二都是全科学习，高三第一学期才进行专业选科。因为亲切温暖的大强老师，我毫不犹豫地选择了"生物"这一门学科。

高中的学习是紧张而枯燥的，每个老师都步履匆匆，争分夺秒地抢时间上课和辅导学生做练习……但有个"奇葩"的老师，他的课堂轻松高效，充满欢声笑语，作业量也远低于其他教师，他就是我们高一、高二的生物老师——于大强，我们都特别喜欢他，平时都亲切地叫他"大强"。他不仅知识渊博，课堂生动有趣，而且还特别关心学生。路上遇到学生摔跤，他会亲自将其送到校医室；对于考试不理想的学生，他会一个个叫到办公室聊天；对于偶尔周末不回家的学生，他会邀请他们到家里吃便饭……我记得有一次我与爸妈吵架后回到学校，在校门口遇到执勤的大强，他看到我的眼眶泛红，就陪着我在操场聊天，知道事情的来龙去脉后，他主动打电话跟我爸妈沟通，提醒他们站在我的角度考虑问题。那时候的我特别感动，心里对这位老师充满了感激。

我记得有同学在闲聊的时候问过大强老师："大强，为什么你人这么好，对我们都很好？而且你也不像其他老师抢时间，你就不怕我们的生物成绩考差了？"大强当时是这样说的："那你觉得你们的生物成绩很差吗？"我们赶紧摇摇头，大强接着说："教育的重点不是成绩，而是人。教学的重点不是时间，而是兴趣。可能因为我是学生物的吧，比较理解'生物'的需求。"

说实话，那时的我还不太能理解大强老师讲话里深层的教育含义，但是我暗暗给自己加油打气——要成为一名生物老师。教育不应过度关注时长，而要关注教学效果；教师也要结合"生物"需求去给予学生成长的养分，让别人因为我的存在而感到温暖。

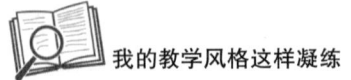

### （三）那时的我想当一名优秀的生物老师

高三的发愤图强让我的成绩突飞猛进，最终高考我以611分考进了华南师范大学的生物科学专业，打开了求学的新大道。

大学的我对学校充满了好奇心，经常参加各种社团和活动。其中一场普法讲座对我触动很大。法学院的教授在讲台上，开展了富有逻辑和法律学识的专题讲座，用独特的视角为我们解说生活中的时事热点，面对观众任何刁难性的提问都能侃侃而谈……听完那场讲座，我久久不能释怀。原来清晰的逻辑、渊博的知识能如此触动别人，我特别敬佩他。于是那个星期我就申报了法学为第二专业，平时工作日我就学习生物科学的专业理论知识，周末和寒暑假就到大学城校区学习法学相关的学科……苦尽甘来，最终我在大四收获了生物科学和法学双专业的毕业证书。最重要的是我收获了理性思考、逻辑清晰的思维模式，这对我的成长才是最宝贵的。

2013年毕业后我就来到了东莞市长安实验中学工作，特别感谢生物科组的每一位老师，幽默风趣的苏校长、真诚直率的志琳级长、博学多识的何钊老师、理论扎实的海哥……他们都待我像家人一样温暖，协助我"突围"入职适应期。当然对我影响最大的是我的两位师傅——肖萍老师和晓丽老师。刚到长安实验中学我便跟着肖萍老师学习，她是个充满魅力和教育智慧的长者，毫无保留地为我做示范，教我上课技巧、待人处事的道理，帮助我迅速地站稳讲台。肖萍老师的课堂是与生活紧密相关的，她用生活经验去启发学生思考，这也潜移默化地影响着我。晓丽老师生物学识深厚，教学创意多，待人体贴友善，这也深深感染着我。除此之外，长安实验中学严谨的教风、和睦的同事关系、互帮互助的优良传统一直激励着我，我迫切地希望成长和蜕变——成为一名优秀的生物老师，然后像他们一样，为这个团队贡献自己微薄的力量。

### （四）那时的我想当一名卓越的教育家

真正对我影响深远的是长安镇明德读书班。还记得2021年的一天，我偶然与陈雪晨校长聊起"阅读"这件事，他向我推荐了长安镇明德读书班。听到他介绍读书分享的模式，我的内心非常向往，于是我向长安镇递交了加入读书会的申请。非常幸运地，我被"录用"了，如愿加入了读书班。那两年的读书生涯痛苦而充实，有点像罗振宇老师在2023年跨年演讲中提到的"持志如心痛"的感觉，但这是值得的，因为那两年我的阅读量远远超越了我过去30年的课外阅读总量，而我的成长和进步也呈现出指数型增长的趋势。我特别感谢闫德明教授两年来的示范、引领及每一次分享的点评和金句"激励"，感谢蔡少霞主任和谢静主任一直的关注和鼓励，感谢我们读书班每一位同"甘"互"励"的小伙伴们，正是因为这个优秀的团队，我们才能在阅读和分

享中不断超越自我，成长为更美好的自己。

那两年的读书生涯，我最大的收获便是有了强烈的阅读意识，并坚持每天睡前阅读的好习惯，从一开始的每天1页、5页、10页，慢慢增加到现在20页、30页、50页。当然，书籍本身对我的启发也是深远的，如《结构思考力》和《认知觉醒》这两本书帮助我更清晰地思考、更有力地表达、更高效地学习、更投入地工作；《五种时间》和《清单革命》则教会我更好地管理时间和利用清单来解决错综复杂的问题，最重要的是我明白了"时间管理和清单并不是管理一个又一个的小目标，而是要先明确人生发展的最终方向，用整体思维去认识生命（事物）发展的意义，明确生命（事情）的优先级"，这才是时间管理和清单成功的关键；《非暴力沟通》和《学生管理的心理学智慧》则从心理学上分析沟通方式和学生管理的技巧，大大地提升了我与学生的沟通效率，也给予了我很多亲子沟通的灵感和启发，帮助我更好地影响学生、孩子和同伴们……受各种教育书籍和名著的影响，成为一名卓越教育家的种子在我的心里生根发芽，我热切地期盼着自己也能在工作的磨炼中总结升华出自己的一套教育理念和思想，为学校教育贡献绵薄之力。

## ▶ 我的教学实例

### "血流的管道——血管"教学片段

师：来，孩子们，正式讲课前，我们来猜个脑筋急转弯吧，在什么情况下，人们会喜欢"一针见血"呢？

生：啊？一针见血！不可能吧？！

生：谁会喜欢这东西？

师：想不到吧？！什么时候我们喜欢插一针就看到血呢？

生：哦哦哦，我知道，抽血的时候，必须"一针见血"。

师：太棒了，小华同学猜对了——抽血的时候，掌声送给他。

（热烈的掌声响起来）

师：我不知道你们是不是跟我一样，每次抽血的时候都战战兢兢，生怕遇到手法不熟悉的护士，她会在我手臂上扎很多个洞才找到血管，这真是一个悲伤的故事。

生：我也遇到过几次，真的令人难过。

生：老师，我在想可能不是护士的原因，因为我白白胖胖的，每次抽血都是千疮百孔，护士说是我的血管不好找。

师：嗯嗯，确实，很多问题都有多方面的原因。

师：那有没有办法来解决这个难题呢？
生：让血管看得清楚一些？
生：把皮肤变白一些？
师：我们把血管"可视化"如何？
生：啊？
师：下面我们来观看一个视频，我们去了解一下新朋友——VeinViewer。
（播放《血管显示仪VeinViewer》的视频）
生：哇，好厉害，有了这东西再也不怕抽血了。
师：是的，VeinViewer是一款"黑科技"神器，准确来说它的名字是"血管显示仪"，由美国医疗控股公司研发，它能够将静脉血管的动态数字影像实时、精准、直观地投射到皮肤表面，这样任何人抽血都可以做到"一针见血"，大大提高医护效率。
生：太厉害了！现在已经在医学界应用了吗？
师：是的，现在中国也已经引入了这一"黑科技"，有些大医院已经投入使用了。
生：科技真的能够改变生活。
师：刚刚细心的同学有发现吗？VeinViewer能实时展示什么血管？其他血管也需要借助VeinViewer来观察吗？为什么？让我们一起开启课堂吧！

【设计意图】通过创设学生真实体验过的情景"抽血"来引入，不仅能充分激发学生学习的兴趣，还能引发学生思考、活跃气氛……同时介绍"血管显示仪"，强调生物学科知识的应用、科技进步的重要性，培养学生的社会责任感。

## "人体内废物的排出"教学片段

师：同学们，正式上课前，我们先来观看一个视频。
（播放视频《暗访净血美容5万一次，宣称能防癌？》）
师：看完这个新闻，你了解到什么？
生1：净血这么贵吗？
生2：把血液抽出来净化，再输送回去真的有效果吗？会变美吗？
生3：老师，我只想知道，视频中的人真的能净化血液而防癌吗？那为啥还会有人因为癌症而死亡呢？
师：我也很好奇，普通人有必要出高价去做"净化血液"的美容项目吗？我们的身体有没有哪个器官或者系统可以帮我们实现净化血液的功效呢？什么情况下人类才需要做净化血液的项目？

师：接下来我们来学习"人体内废物的排出"，学习完毕，我相信你们一定能够解决这几个生活难题。

生：哇，好刺激，感觉我们又要破案了。

【设计意图】以新闻热点来导入，把美容院的项目搬到课堂上并提出疑问，将生活难题抛给学生，这不但能充分调动学生学习的热情，营造积极的学习气氛，而且将生物与生活实践、社会现状、科技发展结合在一起，教会学生要正确、理性地看待新科技对生活的影响，培养学生明辨是非的能力。

## "从种到界"教学片段

师：同学们，这堂课大家可要提起精神，今天我们可是要解决"几百万"的问题啊！

生：几百万？

生：是跟钱相关的吗？

师：没错！今天我带来了森林里的老朋友，大家看看屏幕！

生：老虎。（学生异口同声）

师：是，这是一只可怜的老虎，它不仅身患重病，而且它没有家人朋友，一直都是孤零零地生活在森林里。年轻的时候它一直都很勤奋刻苦地赚钱，现在它有一大笔积蓄，它希望在它离开森林之前，能把财产给跟它亲缘关系最近的动物。

师：我们要帮助老虎找到这笔积蓄的继承者。

生1：亲缘关系最近？那是谁？

生2：这个太难了，森林里动物那么多？会不会漏掉呢？

生3：给老虎就行啦。

师：好，停！老师我还没说完呢。这只老虎很有想法，它呢，前几天就在森林里发出了公告，向全森林征集亲缘关系最近的动物，现场很多小动物都报名了！

生：都有谁呢？

师：大家看看屏幕，这些动物都报名了。

生1：狮子、兔子、猫、狗。

生2：天啊，青蛙和蚯蚓也来了，是来搞笑的吗！

生3：竟然没有老虎。

师：好啦，现在我们要用生物分类的方法来帮老虎分析，让老虎找出亲缘关系最近的动物，帮助它找到这笔积蓄的继承者，大家有信心吗？

生：有信心！

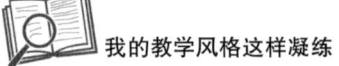

师：那首先我们得先帮老虎分析生物的分类等级。

【设计意图】通过"谁是老虎财产的继承者"这一故事环节导入，将枯燥的生物分类知识变成了一个有故事代入感、有意义的活动，这能大大激发学生探索生物知识的兴趣和激情，也有助于培养学生良好分析问题和解决实际问题的能力。

## ▶ 我的教学主张

### （一）让生活走进生物

生物学是研究生命现象和生命活动规律的科学。作为一门基础学科，生物具有很强的生活实践性，它与我们的日常实际密切相关。因此通过将教材内容与生活真实场景创新性整合，让生活走进生物，那么学生学习的过程就是真切体验生活的过程，这样学生更容易从中受到感染和启发，更懂得将生活的经验与课堂内容相链接，将发自内心的感悟付诸实际行动，我想这样的生物教学课堂才真正具有立德树人内涵的教育效果。

因此课堂上，教师要善于从学生的生活经验出发，精准捕捉与生物教学强相关的生活体验瞬间，创设与学生认知直通的生动形象的生活化教学情景，激发学生的学习共鸣，引导学生将已有生活经验、已有知识智慧迁移异化为将要学习的知识原理。

此外，利用生活化的策略开展生物学教学活动能够在很大程度上将生物学的一些抽象的知识点直观、细化地呈现在学生眼前，深化学生对知识点的理解与掌握，能使学生的思维迅速活跃起来，在欢乐的气氛中轻松地掌握所学知识。

总而言之，以生活为原料的生物教学是将教学的根部深深地植入学生的认知最近区，教学根部有了学生丰富的生活经验的滋润营养，学生就有了有源之本的学科学习先见后识。我想这应该就是生活化教学的意义所在，这样的课堂在内容设置上更贴近生活、内容呈现形式上更饱满丰富，教学目标追求上更注重学生生命观的形成、社会责任品质的培养。

### （二）让生物服务生活

英国哲学家培根（Francis Bacon）在 1626 年所写的著作《谈谈学问》（*Meditations on the First Ten Commandments*）中提出知识不是力量，运用知识才是力量。我国教育家陶行知先生也明确指出，教育只有通过生活才能产生作用并成为真正的教育。但现在我们传统的课堂只重视知识的灌输，大部分学生仅仅是知道课堂内容而已，很少将其应用于生活实践中，无从体会运用这些知识的乐趣，这样的学习既枯燥又低效。

触景"生"情，言之有"物"

近些年，脑科学相关研究也一直在强调"浅层学习只是满足知识输入，而深度学习则注重知识的输出"，所以要真正学习知识，一定要在实践中学习和应用，才能把资料转变为自身的知识。因此，我认为教师应该努力培养学生运用课堂知识去解决生活难题的习惯，教会学生将生活难题与已经掌握的知识或思维方式相联系，从而锻炼应用知识的能力。

当然，我认为生物自带一种"平易近人"的特质，它贴近学生熟悉的、感兴趣的领域，将其转化为学习材料，能促使学生产生更强的探究力。这样一来，学生将课堂所学与自身已有的经验进行联动，不仅熟练掌握了知识点，还慢慢形成了主动将课堂与生活连接、融通的思维习惯，这对生物学科核心素养的培育有着举足轻重的作用。

（三）让学生体验成功

心理学有一个术语叫"成功感"，它是指一个人成功地完成某种活动任务时所产生的一种自我满足、积极愉快的情感。它不仅可以促使个体产生积极的情绪体验，更好地适应环境，从而促进身心健康，而且可以帮助个体增强信心，为个体以后学习新知识提供良好的心境和较强的心理承受能力。

若教学过程中教师能够以生活经验为支点，以生活质疑为起点，以激发好奇心为驱动来开启学生的生物学习，唤醒学生的学科智慧，那么学生在日常生活中积累的丰富的生活经验，就能帮助他更好地融入课堂，为课堂所利用；反之，学生又能将教师传授的知识应用到生活中，那这就能非常有效地激发学生的"成功感"体验，触动学生的心灵，激发学生内心的潜力，从而使其取得更大的进步。

▶ **他人眼中的我**

佳姐是个十分负责、幽默、勤奋、关心学生的好老师。在她的课堂上，我们感到轻松愉快的同时收获颇丰，这让我们对生物充满兴趣和自信。佳姐会用吃甘蔗为我们介绍植物的组织，用"出门运动会变瘦"来帮我们记住动脉的特点。她讲解习题的思路非常清晰，我也将这种思维应用到其他学科的做题中。我在初中这三年，佳姐一直都是我的级长，她每天早午晚都会巡查级部，允许我们在广播站点歌，让我们早读精神振奋。设计级徽时，佳姐会召集各班宣传委员共同商讨和设计。班级发生冲突时，写信给佳姐总能得到及时的解决……她总能以正能量鼓舞学生们，就像学生们成长途中的一盏明灯。

**（东莞市长安实验中学 2022 届学生　陈颖琪）**

佳姐不仅是位好老师，更是我们幽默风趣的好朋友。经常听说："兴趣是最好的老师"，我想说，老师才是兴趣的本身所在，就如同她一般。知识的学

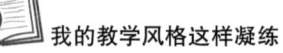

习，不乏枯燥无味，但她总能用轻巧的语调、明朗的笑声和那一个又一个的妙趣横生的小故事，勾起我们的求知欲和学习的兴趣。她待人也很温暖，像暖阳与我们撞个满怀。她教授给我们的从来不仅仅是知识，更是一些生活的道理，我们总戏称其为"心灵鸡汤"，但我想，课堂又怎能拘泥于课本之中呢？

她严而有爱，时而温柔，时而严厉，一心为我们的生活打算，为我们操心劳累，她是我们心中最美的老师，也是能读懂我们和陪伴我们的好朋友。

（东莞市长安实验中学2022届学生　匡宇琪）

曼佳老师的课堂深受学生的喜爱和赞赏。她注重培养学生的探究精神和科学思维能力，她善于设计情境，通过富有启发性的课堂活动和实践性的实验，激发学生浓厚的学习兴趣，能够深入浅出地解释生物概念，将抽象的知识变得通俗易懂。她还特别关注每个学生的学习情况，给予个别化的指导和支持，使得每个学生都能积极参与课堂，并取得进步。

与此同时，曼佳老师积极参与各项教研活动，对生物教学策略有着深入的研究和丰富的经验。她乐于与同事分享自己的教学方法和策略，给予同事们帮助和支持。勇于尝试新的教学资源和技术，不断提升自己的教学水平。曼佳老师的谦逊和乐于助人的态度赢得了同事们的认可和敬佩。

总而言之，曼佳老师是一位深受师生喜欢的初中生物教师。她在教学中注重培养学生的科学思维和问题解决能力，通过设计富有启发性的活动引发学生的浓厚兴趣。在教研方面，她积极参与各项活动并与同事们分享经验，追求教学的卓越。她与同事们建立了良好的合作关系，为学校的发展做出了积极的贡献。曼佳老师以她的专业素养和人格魅力成为同行眼中的楷模。

（东莞市长安实验中学生物备课组长　吴柔褓）

王老师为人幽默风趣，豁达乐观，亲和力强。对于学生，她始终能诚恳、平和地与他们对话，总能跟学生打成一片，深受学生的欢迎。在我心中，她是一个很有教育情怀，对自身工作很有要求的老师，而且，她责任心强、扎实认真、思维活跃、善于反思、敢于创新……因此她的教学方法新颖有趣，能牢牢地吸引住学生的注意力；她的课堂通俗易懂又不失严谨性，能帮助学生理解复杂的科学道理；她的教学内容紧紧植根于生活实际，能培养学生解决实际问题的能力。更难得的是，王老师的课堂气氛活跃，学生在一片欢声笑语中就习得了知识，获得了生命观念，我想这就是真正的高效课堂吧！

（东莞市长安实验中学生物教师　杨冰冰）

【点评】

王曼佳老师把教学风格的关键词概括为：触景"生"情，言之有"物"。触景"生"情是她的教学手段，就是要充分调动学生参与课堂的情绪，创设趣味情境，让学习真正发生。言之有"物"是她的教学目标，就是要让课堂语言充满智慧，引导学生将课堂知识连接生活，真正服务于生活。曼佳老师持续精进，想当老师，当生物老师，当优秀的生物老师，当卓越的教育家，一步一个脚印，从不懈怠，未来可期。

（广东第二师范学院教授　闫德明博士）

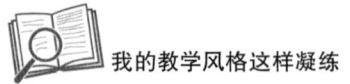

# 追求有趣的数学课堂

东莞市长安镇第二小学　叶瑞德（小学数学）

**个人简介**

叶瑞德，男，长安镇第二小学副校长。全国优秀科技辅导员，CCTV全国海陆空模型争霸赛金牌教练，东莞市科技教育先进个人，东莞市小学数学卓越教师。撰写的《基于"三全育人"的科学融合教育模式实践研究》获广东省教育创新成果一等奖（排名第二）。

## ▶ 我的教学风格解读

在现代汉语中，"有趣"一词意味着"有兴趣、有趣味"，它形容某事或某物具备激发好奇心、引发喜爱、带来愉快感受的能力。于教育而言，我们应该追求具备这种能力的课堂。在跨越20余年的教育教学生涯中，我也一直致力于探索构建能够激发学生兴趣、让学生体验到学习愉悦的"有趣"课堂。我所追求的"有趣"课堂，富有妙趣、理趣和情趣。

妙趣，是借助教学策略的巧妙，引发学生学习的兴趣。在课堂上，我通过生动有趣的故事、游戏和实验等多种教学内容，营造轻松愉快的氛围，让学生在愉悦中学习数学，体验到思考和发现的乐趣，从而激发他们的学习兴趣，让他们享受学习的快乐，并收获智慧的成长。

理趣，是借助简约凝练的学科特性"理"，提升学生学习的兴趣。"理"代表了数学的抽象性、逻辑性和严密性等特性，"趣"则是指学生对学习的喜好和兴趣。在数学教学中，我既注重学科的特质，也关注学生的学习兴趣，并努力寻找二者的交汇点和共生点，让学生的数学学习在情理思相长的过程中，构建起理趣相生的教学样态。

情趣，是借助师生之间融洽的情感纽带，促进学生学习的兴趣。在教学过程中，我善于利用夸张的动作、风趣的语言以及充满爱的眼神，营造出一种融洽而和谐的课堂氛围，让学生在有血有肉的课堂里徜徉，从而激发他们对数学课的浓厚兴趣，促使他们积极思考，主动探索，从而培养起学习的内驱力，进一步提升学习效率。

我始终致力于让数学课堂充满妙趣、理趣与情趣，让学习过程变得更具吸引力，使数学课堂变得更为生动有趣。我深信，通过这样的实践，不仅能够为学生带来更为充实和愉悦的学习体验，更能激发他们的学习潜能和创造力，让他们在学习的道路上不断前行。

## ▶ 我的成长历程

外公与舅舅一直是我教育道路上的灯塔。作为乡村的优秀教师，他们用知识的光芒照亮了无数孩子的未来。也许是受他们的影响，中考时我坚定地选择报考了师范专业。1998年，我满载着对教育的热爱与憧憬，踏上了三尺讲台，至今已经度过了26个春秋。

### （一）边远山区：体验奋斗之趣

1998年8月26日，那是一个我永远铭记的日子。简单打包了行囊，穿上一双耐磨又防滑的解放鞋，我开始了漫长的跋涉。我的目的地是离湖南省株洲市炎陵县城60公里外的下村乡，一个位于湘赣交界、交通闭塞的贫困山区。当年的特大洪水冲毁了下村乡与外界相连的唯一公路，导致交通中断，我只能徒步前往。在崎岖险峻的山路上，我一边艰难前行一边思考着自己的未来，对即将开始的乡村教师生活感到莫名的茫然。

历经5个多小时的翻山越岭，我终于在日暮时分抵达了下村乡教育办。虽然这里生活条件简陋，窗户玻璃残缺不全，甚至有老鼠在楼板上探头探脑，但教育办刘主任的热情接待让我感到温暖。由于一位数学老师突然离职，我被临时安排接手初一两个班的数学。这对于一直热爱语文的我来说是一个巨大的挑战。我向主任委婉表达了内心的担忧，主任大手一挥："年轻人，没问题的。"就这样，我成了一名初中数学老师。

两天后，我与初一（36）班和初一（37）班的79个孩子相遇，教他们数学，同时兼任初一（36）班的班主任。清楚地记得第一节数学课，我做足了准备，早早地到了教室，认真地写好了板书——负数，忐忑而又故作镇定地开讲。几分钟后，我却发现，同学们都低着头，一脸茫然，我提的问题没有任何回应，教室里一片寂静。我开始有点发慌，不知道是我的原因还是别的。总之，对于当时满腔热血的我来说，这无疑是当头一棒。几经挣扎，我决定在两个班做一个调查，旨在了解同学们对学习、对数学课的一些想法。调查结果既在意料之中又在意料之外，既有"数学太难，学不会""不想学""不感兴趣""想快点毕业""基础差"之类的消极看法，又有"很想学习好，很想学好数学"这样的积极反馈。看到这样的调查结果，我陷入了沉思，内心久久不能平静。

他们是79个农村孩子，半数家庭非常困难，学费都要打欠条。在学校里，他们是学生。在家里，他们是主要的劳动力。喂猪看牛，上山下地，家务、农活一样都没少做。许多人对读书的认知仅仅只是为了完成九年义务教育任务。

学习没有目标，也没有学习压力，更谈不上任何兴趣。我与他们有着类似的生活背景，也曾经历过他们当时的迷茫。面对这些和我一般高的初一孩子，我深知学习对他们尤其重要。因为对于这些大山里的孩子而言，学习可以说是他们改变命运、走出大山的唯一途径。于是，我停下数学课，特地用一节课时间与孩子们分享了自己的求学经历，那段通过不懈努力考上师范学校，从而改变自己命运的学渣逆袭的故事。我告诉孩子们，就算学习艰难，但也没有理由放弃。就算现在的你对学习不感兴趣，但也一定要对将来走出大山充满期待。后来印证，当时我情真意切的"忽悠"点燃了很多人。多年后，那些孩子还一直对那一堂沉重而又特别的课念念不忘。

此后的日子，我便全天候和孩子们"纠缠"在一起，可谓竭尽全力。每天早上7点，我准时到教室督促他们早自习。中午，十几个成绩稍逊的学生会聚在我的宿舍，门后挂着一块小黑板，我们一起讲题、做练习、讨论。每天放学后，我会为成绩优异的学生"开小灶"。夜深人静了，我还在备课、批改作业，刻钢板印试卷是一项技术活也是体力活，我却能熟练操作，动作娴熟。

初一的日子匆匆而过，我可以肯定，他们是第一次经历如此高强度的学习，也从来没有像今天这样努力。尽管有些人基础薄弱，学习很吃力，但已然觉醒的他们从未退缩，也从未抱怨。农村孩子的坚韧和吃苦精神让我深受感动和鼓舞。

初二是初中阶段的转折点，有潜力的学生开始崭露头角，凸显超越同龄人的优势。同时随着知识难度的提升，一些学生逐渐感到力不从心，尽管他们已竭尽全力，但仍然困难重重。我给他们的建议是：就像我们平时上山背柴一样，累了大不了歇歇脚，然后咬咬牙继续前行，目的地就越来越近。我相信他们能理解我的话，因为这些学生信任他们的老师。

初三的来临意味着中考的临近，大部分学生将面临人生的第一个重大考验。然而，按照惯例，能考上中专或高中的学生寥寥无几。许多人早已做好了心理准备。但我仍然不断地为他们加油打气。我告诉他们：能吃苦、不服输才是我们大山里的孩子最宝贵的品格。

2001年的中考，76名学生（有3名学生中途辍学）取得了前所未有的优异成绩。31人考上了县城的高中（其中5人因家庭经济状况不佳而选择放弃读高中）。我所任教的数学科目也从多年的成绩垫底跃升至全县第一名。很长时间，那个偏僻山村还流传着我和那些孩子的故事，那些日夜奋斗的峥嵘岁月。

### （二）新兴县城：感受挑战之趣

2001年8月，带着调令，我离开了下村中学，来到了炎陵县城的城东中

学。那一刻,我心潮起伏,既有对下村中学的不舍,也有对未来的忐忑。但我知道,每一次的变迁都是一个新的开始,也是一次新的挑战。

城东中学,坐落于炎陵县城的心脏地带,以其优越的条件和声誉,成为当时全县瞩目的学府。我受命于此,肩负起初一两个班级数学教学的重任。在下村中学三年的扎实历练,使我在全县教师中脱颖而出,分数的桂冠赋予我满满的自信。然而,开学的晨曦刚刚洒落,我便被接连不断的困惑所笼罩:学生们对我的额外辅导不感兴趣,我的课堂似乎也未能点燃他们的热情……下村中学那些熟悉而亲切的面孔,在此刻变得格外令人怀念,我陷入了深深的苦恼之中。

一个周末的下午,我在办公室的角落里默默备课,恰逢学校的教导主任漫步经过。他走进办公室,与我闲聊起来。我趁机向他倾诉了我的困境。他的话语如同晨钟暮鼓,唤醒了我迷茫中的灵魂:"地域不同,家长与孩子便有所不同,你的教学方法也应当随之改变。"这番话如同一把钥匙,打开了我心中的锁。我意识到,下村中学的那套方法,在这里显得如此不合时宜。这里是相对繁华的县城,孩子们的思维更为活跃,他们的知识更为丰富,而且个性鲜明,不是很好管理。我必须重新审视自己的教育理念,调整自己的教学方法。以适应这片新的教育土壤和这些在我看来"顽劣"的孩子们。

于是,我为自己定下了三条工作方针:一是在日常沟通和交流中展现我幽默风趣的一面,让他们觉得老师很有趣;二是课堂教学中想方设法联系学生们的生活,让课堂生动有情趣;三是开放课堂,放手让学生做课堂的主角,让他们体验学习的乐趣。

在城东中学的三年里,我上过五花八门的数学课。有的是在操场上,有的是在菜市场,还有的是在汽车站……也曾和家长一起通宵达旦地做教具,和学生比赛第二天谁先到教室……学生们学习热情高涨,兴趣盎然,成绩蒸蒸日上。

如今,虽然我已经离开了城东中学,但那里的经历已成为我人生中宝贵的财富。每当我回想起那段时光,心中都充满了感激和怀念。

### (三)智造之都:探索创新之趣

2004年秋天,我踏入东莞长安这片充满生机与活力的教育热土。长安,这座冉冉升起的智造之都,坐落于珠江三角洲的怀抱,以其独特的地理位置和产业优势,成为东莞的经济心脏,引领着整个城市的繁荣与发展。

长安不仅孕育了世界级的制造业传奇,更是教育事业腾飞的摇篮。在这里,教育与经济携手共进,交相辉映,构成了一幅绚丽的画卷。前沿的教学理念、高端的教学设施、卓越的师资力量,以及政府对教育的坚定支持与投入,

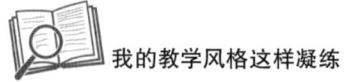
我的教学风格这样凝练

共同书写了长安教育事业的辉煌篇章。

我,作为一名数学老师,也在长安这片沃土上找到了施展才华的舞台。然而,新的挑战也随之而来。我经历了从中学老师到小学老师的角色转变,其中的适应过程漫长而艰难。数学课堂上,我曾遭遇学生的犀利质疑,一时语塞。这里的孩子们见识广博,知识储备丰富,思维敏捷,敢于表达,我深感自己在某些方面已跟不上他们的步伐。

在一次课堂失利后,我倍感失落,情不自禁地给远在家乡的舅舅拨去了电话,倾诉心中的困惑与烦恼。电话那头的舅舅听后,轻松地笑道:"没什么大不了的,有个方法很简单,就是多读书,从书中寻找答案。"他为我推荐了几本教育领域的经典之作。于是,我毫不犹豫地走进了图书馆,沉浸在书海中,寻找解答。

在书海中,我找到了答案,也找到了自我。我决心调整自己的教学方法和策略,与学生建立和谐互信的关系,引导他们主动探索、积极思考。课堂上的互动变得更加生动有趣,学生们的学习热情也被点燃。

让数学课堂更加有趣和有意义,让学生体验到数学的理趣和魅力。同时,激发学生对数学的兴趣和探索欲望,提高他们的学习动力和效果。这是我的教学追求,也逐渐形成了我的教学风格。时至今日,我一直在践行。

2007年,一次机缘巧合,让我与学校的科技教育领头人彭云老师结缘。自此,我与科技模型结下了不解之缘。一晃就是17年,年复一年,日复一日,无论是中午、放学后还是节假日,我都带领着学生们在校园的各个角落挥洒汗水。操场、模型室、水池边,阳光下的每一寸土地都见证了我们的辛勤努力。

有时,为了让学生掌握一个动作,提高一两秒的成绩,我们甘愿进行成千上万次的重复训练。当学生结束训练回家休息时,我还需对所有器材进行维修和保养,确保第二天的训练顺利进行。这么多年,我也练就了一身修理的本领,无论是何种问题,我都能手到擒来,常常一坐就是大半夜。家人常开玩笑说我走火入魔,但只有我自己明白那种沉浸其中的满足与快乐。

带学生参加比赛是高强度的考验。白天比赛,晚上维修器材,早出晚归,一天只睡五六个小时。我们经历过各种极端环境和挑战,沙漠的风、海边的烈日、草原的大蚊虫……每一次都是对身心的极限挑战。

天道酬勤!我们参加比赛的足迹遍布各地,累计收获了52个全国冠军,7次登上中央电视台,为全国观众带来精彩的科技节目。

## ▶ 我的教学实例

### 操作中外化思维，思考中理解本质
### ——"圆的认识"教学实例

**（一）巧设情景，激趣导入**

1. 出示摄影作品

师：这些是老师的摄影作品，请同学们认真观察，它们有什么共同点？

生1：每一幅作品都很美。

生2：每一幅作品都有圆。

师：是的，你们都有一双发现美的眼睛。

2. 从摄影作品中抽象出"圆"

师：生活中，大家还在哪儿见到过类似的圆形？

生1：摩天轮是圆形。

生2：钟面是圆形。

师：今天，让我们一起走进"圆"的世界。

3. 出示课题"圆的认识"

师：圆形和之前学过的正方形、长方形、三角形等图形有什么区别？

生1：圆形没有角。

生2：其他图形的边是直的，圆形的边是弯曲的。

【设计意图】创设生动有趣的情景，呈现摄影作品中美丽的圆。丰富的圆形图案，使学生感受到圆的美，同时感受到数学就在身边，激发良好、愉悦的学习情绪。

**（二）直观演示，引思探趣**

（1）实验演示。

师：老师手上有一个教具，一根细绳拴一个小球，老师手拽一端旋甩小球，请同学们观察，你们看到了什么现象？

（2）观察交流。

生1：小球随着老师的甩动，在空中形成了一个圆。

生2：老师把小球绕着手按一定的绳长旋转，小球运动的轨迹就是一个圆形。

师：老师想把小球运动的轨迹画下来，就用这个工具，怎样才能把小球运动的轨迹画下来？你能帮老师想想办法吗？

生：拉紧绳子，固定一端，小球旋转一周。

【设计意图】以"绳子旋甩小球运动成圆"的实验演示统领全课，是让学生理解圆的本质的核心素材，直观的演示能激发学生的学习兴趣，引发学生思考。在交流中初步感知圆的本质（定点、定长），为认识圆心和半径做铺垫。

（三）动手实践，初感趣味

（1）学生尝试用圆规画圆。

师：古话说"不以规矩，不成方圆"，课堂上我们都用专业画圆工具"圆规"来画圆。

师：下面我们拿出圆规，任意画一个圆。画完后同桌两人交流，说说自己是怎么画圆的。

（2）全班交流。

生1：把圆规两脚岔开，一只脚固定，另一只有笔芯的角旋转一周，可以画出一个圆。

生2：画圆时，固定的一只脚千万不能移动，否则，画的圆不规范。

生3：画圆时，两只脚岔得开一点，画的圆就大一点；两只脚收拢一点，画的圆就会小一点。

（3）老师示范用圆规画圆，师生概括总结用圆规画圆的基本方法：定点、定长、旋转。

（4）体会画圆的全过程，认识圆心、半径和直径。

师：画圆时，不动的一只脚所在的位置就是圆心。

（板书：圆心是圆中心一点）

师：圆心决定圆的位置。

师：甩小球时，连接老师手和小球的这条绳子就是……？

生：半径。

（板书：连接圆心和圆上任意一点的线段叫半径）

师：半径决定了圆的……？

生：半径决定圆的大小。

师：圆中除了半径，还有一条重要的线段，它就是直径。

（板书：两端都在圆上且经过圆心的线段叫直径）

（5）判断：在这个圆中，哪些是直径，哪些是半径。（课件出示图）

【设计意图】对比用绳子和圆规画圆，工具不同，但"画好圆"的关键点都是固定圆心、距离不变，在多次画圆的过程中逐步加深对圆心、半径、直径等概念的理解，将学生的实践操作提升到理论的层面。在观察、对比、操作等过程中提升技能，同时再次体会圆的本质属性。

（四）深化操作，解趣之本

师：请同学们利用手中的圆片、直尺、圆规等，动手折一折、量一量、比一比、画一画，看看会有什么新的发现？

师：请同学们拿出圆片折一折，找出圆心。

生：对折几次，几条折痕交叉的地方我认为就是圆心。

师：你的推断很有道理，能说一说你的理由吗？

生：每次我都是对折，无论对折几次，折痕的交点都是在中间。

师：请同学们在圆片上画出半径和直径并标上字母。

生1：对折时的折痕就可以看作直径，有很多条折痕，也就有很多条直径。

生2：一条折痕就可以看作两条半径相接。

师：接下来请同学们两人小组合作，测量半径和直径的长度，比较它们的长度，你有什么发现？填写下表。

| 同一个圆内 | 半径有_____条；直径有_____条。 |
| --- | --- |
| | 所有的半径都_____；所有的直径都_____。 |
| | 直径的长度是半径的_____；半径的长度是直径的_____。 |

分组汇报，内化同一个圆内直径和半径的特征、直径与半径的关系。突破教学难点。

【设计意图】学生在画、量、比等活动中合作探究圆的特征，经过动手操作、思维碰撞，内化圆的特征，理解同圆中直径与半径的关系。培养学生抽象概括、分析推理的能力，积累研究图形知识的方法经验，培养学生空间观念。理解圆的本质。

（五）文化融合，拓趣认知

师：早在2000多年前，我国古代就有了关于圆的精确记载。《墨经》中这样描述道："圆，一中同长也。"（课件出示）所谓一中，就是指一个中心，也就是圆心。同长，就是指从圆心到圆上各点都一样长。这一发现，比西方整整早1000多年。

【设计意图】总结圆的特征，数学史料介绍与"旋甩小球""圆规画圆"结合分析，使圆在学生心中的印象更形象、深刻，又将圆的本质再一次呈现。通过数学史料的介绍增强学生的民族自豪感，让学生体会中华文化的智慧与精深。

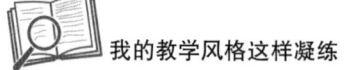

师：数学课堂上，圆是一种图形；生活舞台中，圆是美的使者。中秋月饼是圆形的，寓意万家团圆，合家欢乐；客家土楼是圆形的，抗震性强，也象征着客家人没有等级之分，围圈居住，和睦温馨；奥运五环是五个圆形的组合，象征着五大洲人民同住地球村，永远一家人……圆是中华民族传统文化的形态象征，"花好月圆""方圆之道""功德圆满"，这些远古时代农耕文化产生的哲学精神生生不息地滋养着中华儿女。老师希望你们能从不同方面去认识圆、探究圆，一定会有更多的收获！

【设计意图】从圆的本质到圆的文化，从数学返回生活，用数学的理性映照生活的感性，丰富了圆的外延，让学生体验到生活与数学的密切联系，体验到数学的价值，这是数学的理趣所向。

## ▶ 我的教学主张

建构主义认为，学习是学习者主动建构知识的过程，而情境学习理论则强调知识应在真实的情境中学习和应用，因此，我致力于创造一个富有情境和趣味的学习环境，让学生在实践中建构知识，发展思维。我深信，数学教学不应仅仅是知识的灌输，更应该是思维的启迪和情感的滋养。

### （一）妙趣，激活课堂

教学的首要任务是激发学生，激活课堂。老师通过设计富有趣味性的数学游戏、故事和实验，将数学知识融入生动有趣的情境中，让学生在轻松愉快的氛围中学习数学，学生从中感受思维之乐，萌生学习兴趣，体会学习的快乐，获得智慧的增长。

1. 激趣导入，引人入胜

好的课堂，如同好的文章，需要有一个吸引人的开头。精彩的导入，就像一块巨大的磁铁，能迅速吸引学生的注意。若我们在导入中巧妙地设置疑问，更能激发学生的好奇心和求知欲。这种"疑""奇""探""解"的过程，就像一条无形的线，引导学生深入课堂，全身心地投入学习。例如，在教学《年、月、日》的第二课时时，我考虑到这部分内容可能较为枯燥。为了激发学生的学习兴趣，我设计了一个有趣的问题："小华今年9岁，但她只过了2个生日。你们知道她的生日是哪一天吗？为什么她只过了2个生日？"这个问题立刻引起了学生的好奇心，他们纷纷猜测答案，积极参与课堂讨论。这样的导入方式，不仅成功地吸引了学生的注意力，还激发了他们的探索欲望。

2. 巧设情境，提升兴趣

贴近学生生活的教学情境，能够使学生更加积极地参与学习，增强他们的学习愿望。在真实的情境中，学生通过自主探究，能够更轻松地掌握教学难点，实现学习目标。对于枯燥的计算教学，我尝试为学生们创造相应的生活情境，使他们兴趣盎然地有效掌握新知识。例如，在教学了 1～6 的乘法口诀后，我配合多媒体创设了一个森林动物王国的情境。学生们需要通过解决一系列与乘法相关的问题，才能进入森林的各个景点。这种寓教于乐的方式，使学生们在愉快的游览中保持了浓厚的学习兴趣，达到了最佳的学习效果。

3. 角色扮演，促学增趣

角色扮演是一种非常有效的教学方法，能够激发学生的学习兴趣和参与度。在数学课堂上，通过角色扮演，学生可以更形象、直观地理解抽象的知识点，加深记忆。例如，在教学"认识人民币"这一单元时，我邀请一名学生扮演营业员，其他学生和我一起扮演顾客。通过模拟购物场景，学生们很容易地理解了人民币的具体用法。这种角色扮演的方式，不仅使课堂更加生动有趣，还帮助学生将所学知识应用到实际生活中。

总之，通过精心设计导入、巧妙创设情境、适当角色扮演以及精选趣味习题等方式，我们可以有效地激发学生的学习兴趣和动力。这样的教学策略不仅能够提升学生的学习效果，还能让他们在愉快的氛围中享受数学学习的乐趣，让数学课堂充满活力和趣味。

## （二）理趣，启迪思维

"理"代表了数学的抽象性、逻辑性和严密性等特性，"趣"则是指学生对学习的喜好和兴趣。在数学教学中，我既注重学科的特质，也关注学生的学习兴趣，寻找二者的交汇点和共生点，让学生的数学学习在情理思相长的过程中，构建起理趣相生的教学样态。

1. 探究规律，解析结构

数学的理趣在于发现其中的规律和结构。在教学中，可以通过引导学生观察、实践和推理，让他们主动发现数学规律和结构，从而增加他们对数学的理解和兴趣。例如：6 个点最多可以连多少条线段？8 个点呢？

| 点数 | | | | | |
|---|---|---|---|---|---|
| 增加条数 | | 2 | 3 | 4 | |
| 总条数 | 1 | 3 | 6 | 10 | |

3 个点连成线段的条数：1 + 2 = 3（条）
4 个点连成线段的条数：1 + 2 + 3 = 6（条）
5 个点连成线段的条数：1 + 2 + 3 + 4 = 10（条）
6 个点连成线段的条数：_____（条）

8个点连成线段的条数：_____（条）

根据规律，你知道12个点、20个点、N个点最多能连多少条线段吗？

对小学生来说，这是极具挑战性的问题，也是最能引发学生思考的问题。学生通过画图、类比、推理等复杂的学习活动，能找到其中蕴含的奥秘，发现其规律，体验用数学预知无限和未知的成就感。

2. 解决问题，体现应用

数学的魅力不仅在于其理论深度和逻辑严谨性，更在于其在实际生活中的应用价值。当数学知识能够解决实际问题时，它便焕发出无尽的生机与活力。

在"比例"这一课程的学习中，我们通过一个实际问题——如何测量学校里旗杆的高度，让学生深刻体会到了数学的应用性和实用性。面对这个看似棘手的问题，学生们的思维被充分激活，他们提出了各种富有创意的解决方案。虽然有些方法在实际操作中可能并不可行，但正是这种敢于尝试、勇于探索的精神，使得数学学习变得更加生动有趣。

在老师的引导下，学生们开始尝试运用刚刚学到的比例知识来解决问题。他们发现，通过测量木棍和旗杆在阳光下影子的长度，可以建立一个比例式，从而求解出旗杆的高度。这种方法不仅简单易行，而且准确度高，充分展示了数学在解决实际问题中的独特魅力。在这个过程中，学生们不仅学会了如何运用比例知识解决实际问题，还培养了观察能力、分析能力和解决问题的能力。他们意识到，数学并不是一门孤立的学科，而是与现实生活紧密相连的。通过数学的学习，他们可以更好地理解和解决生活中的各种问题。

可见，通过引入实际问题和应用场景，让学生在解决问题的过程中体验数学的乐趣和价值，是一种非常有效的教学方法。它不仅能够提高学生的数学素养和解决问题的能力，还能够培养他们的创新思维和实践能力。

3. 引入思想，拓宽视野

数学的理趣在于其独特的思想和方法。在教学中，可以引入一些数学思想和解题方法，如画图、列表、假设、归纳、推理等，让学生体验这些数学思想的奇妙和魅力，增加他们对数学的兴趣。例如，"鸡兔同笼"是一道非常经典的中国古代数学趣题。此题在解决"鸡兔同笼"问题时，先后呈现了多种不同的解决问题的策略。珍贵的是多种策略的背后都蕴涵着一些重要的数学思想和方法：画图、列表、假设、转化等。"鸡兔同笼"这一问题的解决过程充分体现了解决问题策略的多样性，这些策略的背后又蕴涵着一种或几种数学思想和方法。作为数学老师，我们应该有敏锐的眼光、独到的视角，在传授知识的同时，善于挖掘出教学内容中蕴涵着的数学思想和方法，用数学思想和方法引领对学生数学知识的教学，用数学思想和方法武装学生。现代数学教育论认为：数学知识本身是非常重要的，但是对学生后续的学习、生活和工作长期起作用，并使其终身受益的是数学思想和方法，这也是我的数学课堂重点关注的。

## （三）情趣，生动展现

在教育领域，建构主义与情感教育两大理论为我们提供了宝贵的视角和工具。建构主义强调学习是学习者主动建构知识的过程，而情感教育则注重学生的情感体验和心理健康。我想，当这两者相互融合时，我们可以为学生创造一个既富有知识又充满情感的学习环境。

### 1. 贴近童心，寓教于乐

在建构主义理论指导下，我深刻认识到学习是学习者主动建构知识的过程。因此，我尊重学生们的天真烂漫和成长节奏，致力于在轻松愉快的氛围中引导他们学习数学知识。比如设计富有童趣的"糖果分类"实践活动，学生们在品味甜蜜的同时，不仅锻炼了观察力和实践能力，还学会了根据形状、颜色和大小对物品进行分类，从而亲身体验到了数学学习的乐趣。我始终关注学生们的情感体验，运用富有童趣的教学手法激发他们的学习兴趣，因为我深知只有当学生们真正感受到数学的魅力时，他们才会主动投入到学习中去。

### 2. 转换视角，师生共融

借鉴情境学习理论，我倡导"把自己当孩子"的教学理念。我始终从学生们的角度和兴趣出发，设计教学活动，积极创造丰富多样的学习环境。在这样的环境中，学生们可以在探索和实践中自主建构知识，发展思维。同时，我尊重每个学生的个性和需求，为他们提供个性化的学习支持。我坚信每个学生都是独一无二的，拥有自己的优点和特长，只有充分了解并尊重他们，才能真正激发他们的学习潜力。

### 3. 关怀备至，如师如亲

在情感教育的框架下，我对学生们视如己出，关注他们的全面发展。在课堂上，我不仅传授知识，更注重培养他们的情感和心理素质。我倾听他们的声音，理解他们的困扰，给予他们关爱和支持。我以身作则，展示对知识的热爱和对学习的追求，以此激发学生们的学习动力。同时，我积极与家长沟通合作，共同为学生们的成长创造更好的条件。我深信，只有当学生们在一个充满关爱和尊重的环境中成长，他们才能真正感受到学习的乐趣，从而主动探索、积极学习，为未来的成长打下坚实的基础。

注重"妙趣""情趣"和"理趣"的结合，追求有趣的数学课堂，关注学生的学习体验和发展需求，真正激发学生的学习兴趣，提升他们的数学素养，为他们的未来发展打下坚实的基础,这就是我的教学主张。

### ▶ 他人眼中的我

初见叶老师,会让人不禁想起《诗经》里的诗句——"有匪君子,如切如磋,如琢如磨"。他身材修长,进了教室,教室里会莫名响起热烈的掌声,颇有明星登场的氛围感。他的板书苍劲有力,又如人一样俊美潇洒,让人以为他是一名书法老师,而他写的却是数学课的课题。而当他端来各种形状的容器,加上色泽亮丽的水,往讲台上一摆放,又会觉得他是个科学老师,他要教的却是"如何计算体积"。在他的课堂上,常看到学生在讲台前比画着、演示着,教室时常传来阵阵欢乐的笑声,又颇像精彩的故事课……叶老师的数学课就是如此妙趣横生,令人心生向往。

"古为今用""洋为今用""做中学""玩中学",叶老师的教学充满了智慧,各种教学方法、技巧信手拈来,运用自如,让学生不仅不畏惧数学,反而特别愿意思考,特别愿意表达。叶老师还常说:"正确的,可能只是模仿;错误的,可能是创新。"他将课堂教学中的差错化为一种教学资源,"化腐朽为神奇",变"事故"为"故事",温暖了课堂上的每一个学生。每一周,他都会写下一篇长长的美文,既告诉学生和家长这周数学课学习的内容,也对表现出色的学生不吝赞美之词,对存在的问题提出切实有效的解决办法……叶老师的数学课堂充满了智慧和趣味,也洋溢着浓浓的师生情谊。

**(东莞市长安镇第二小学语文副高级教师　吴小玲)**

叶老师教学的一个特点是生动形象,语言幽默风趣、机智诙谐。一个生动形象的举例,犹如画龙点睛,给学生打开解题之门;一种恰如其分的幽默,引起学生会心的微笑,如饮一杯清新的甘泉,给人以回味和留恋。他非常能调动课堂气氛,寓教于乐,激发学生无限潜能,能让学生在快乐中接受知识。

叶老师教学的另一个特点是精于教学的技巧,充满着机智,教学方法灵活多样。他会根据知识结构的特点,突出重点,层次分明,将理论和实际相结合,通过例题使知识条理化、清晰化。他总能以自己独到的见解和方法让学生获得知识,让学生少走弯路。

**(东莞市长安镇第二小学数学副高级教师　刘云吹)**

十一年前的那个夏天,叶瑞德老师走进了我们的数学课堂,成为我人生中的一位重要导师。虽然他只陪伴了我们一年,但那份教诲与影响,却如同烙印一般,深深地印在了我的心中。

叶老师,这位严慈相济的先生,让我又敬又畏。每当午读的铃声响起,我总是步履匆匆地走进教室,生怕错过他那严谨而规律的数学课堂。他的眼神,犀利而深邃,仿佛能看穿每一个学生的内心。每当我课上稍有分神,或是作业完成得有所懈怠，他总会用那严厉的目光提醒我：规则与纪律，是学习之路上不可或缺的基石。

但敬畏之余，我更深感他的慈祥与关爱。曾记得数学成绩单上的61分，那是一个让我尴尬却又无奈的数字。然而叶老师没有责备我，只是在深夜的灯下苦思与焦虑。为了帮我弥补薄弱环节，他不仅在课堂上给予我充分的自主权，还利用课余时间为我"量身定制"了一套又一套习题。他的认真负责，让我感受到了师恩的厚重。

而最让我难以忘怀的，是叶老师展现的课堂激情。那些公式与定理，在他的口中仿佛有了生命。每当讲到高潮处，他总会激动地赤脚在讲台上走来走去，手舞足蹈。黑板上的小洞，那是他激情的见证，也是我们全神贯注、心悦诚服的标志。在他的课堂上，我们不仅学到了数学知识，更收获了对生活的热爱与追求。

如今回想起来，叶老师那独特的授课风格和对学生真挚的关爱，在我的学生时代是独一无二的。十一年过去了，尽管岁月的河流带走了许多往事，但叶老师的教诲，始终如一盏明灯，照亮我前行的道路。在我心中，他永远是一位无可替代的好老师。

**（2012届学生　李夏玥）**

叶老师，在我眼中，既是严师，亦是挚友。

他对待海模的态度，一丝不苟，甚至到了斤斤计较的地步。每一条直线、每一个拐弯，他都严格要求。记得那时我们还小，手中的船总是不听话，频频撞向池边。叶老师为此大发雷霆，"再撞墙，下节课就别来了！"那时的我，听了这话，手都颤抖了。但不得不说，这招效果奇佳，至少我学会了如何让船走直线。

但当我们渐渐长大，开始有所成就时，叶老师变了。他放下了那副严肃的面孔，换上了和蔼的笑容，还为我们点了肯德基快餐。那突如其来的惊喜，令我们受宠若惊。我们欢快地坐在地上，喝着可乐，与叶老师畅谈人生。大家都知道，叶老师的字写得非常漂亮，声名远扬。每当有人夸赞他时，我心中都为他骄傲，因为他是我的朋友。

对我来说，叶老师亦师亦友。他那严谨的教学态度、风趣的言谈举止，以及与我们相处的点点滴滴，都深深地刻在我的记忆里。每每想起，心中都充满了对他的思念和感激。

**（2021届学生　向雅晴）**

【点评】

叶瑞德老师追求有趣的数学课堂。他认为，"有趣"的课堂，富有妙趣、理趣和情趣。妙趣，是借助教学策略的巧妙，引发学生学习的兴趣。理趣，是

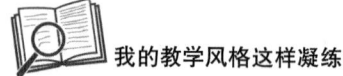

借助简约凝练的学科特性"理",提升学生学习的兴趣。情趣,是借助师生之间融洽的情感纽带,促进学生学习的兴趣。叶老师曾在边远山区体验奋斗之趣,也在新兴县城感受挑战之趣,还在智造之都探索创新之趣。无论是课堂教学还是学校管理,学生和同事都感受到了他对"有趣"的追求。

(广东第二师范学院教授　闫德明博士)

# 顺势而为，自然生长

东莞市长安镇中山小学　张颖（小学英语）

> **个人简介**
>
> 　　张颖，女，广东省东莞市长安镇中山小学副校长，小学英语高级教师。曾获东莞市优秀教师、东莞市第六批小学英语学科带头人、东莞市小学英语教学能手、东莞市小学英语教研中心组成员、长安镇优秀教育工作者、长安镇优秀教师等荣誉称号，并取得国际英语教师资格认证。
>
> 　　主持省强师工程课题1项，参与省、市级课题5项，均顺利结题。20多篇教育论文以及教学设计在省、市级评比中获奖。10余节微课、优课获省、市级奖励，其中课例"PEP Book 8 Unit 2 Last weekend Part B let's learn"被评为省级基础教育精品课。参与编写外语教学与研究出版社出版的《多维阅读第二级教学指南中文教师用书》、吉林出版集团有限公司出版的《小学英语三三四模式微课设计与应用教学实验》，执教的教学案例入选北京师范大学出版社出版的《跨学科主题学习实践指导　小学英语》。先后受邀于东莞市内、广东河源、浙江杭州、内蒙古鄂尔多斯、重庆等地授课或开展讲座20余场。

## ▶ 我的教学风格解读

　　作为一名有20年教龄的成熟型教师，我总是在思考：如何和我的孩子们一起，透过"英语学习"这扇窗认识自我、接受他人、关爱自然、拥抱世界，在充满不确定性的时代中健康成长，在探寻和发现的过程中焕发生命的价值？

　　在我心目中，最理想的教育样态是这样的：温暖、自由、充满生机和希望。为了实现这个理想，我尝试过很多教学方法。我带孩子们在教室里唱歌、看电影，分享我们彼此在世界中游走的见闻；在温暖的阳光下奔跑、游戏、找影子；在碧绿的草地上画画、找昆虫、讲故事。我顺应他们的天性，尊重他们的爱好，不会试图将他们塑造成我所期望的样子，而是鼓励他们发现自己，找到自己的梦想。与此同时，在教学相长的过程中，我的教学风格也逐渐形成：顺势而为，自然生长。

　　"顺势而为"这一观点可以追溯到中国古代的兵家和道家思想。它直接来源于兵家，强调要顺应客观条件和实际情况，灵活运用战略和战术，以达到克敌制胜的目的。于道家而言，"顺势而为"则强调人与自然、人与人以及人与

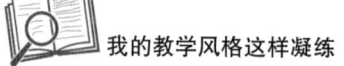

社会之间的和谐,即不要过多地干预自然和社会的发展,要顺应自然,让事物按照自身的规律发展。

"自然生长"是指生物体在自然环境中,在不受人工干预的情况下,按照其基因规定的路径进行的生长过程。这种生长过程是自然界的一种基本规律,是生命的一种表现形式。

我所追求的"顺势而为,自然生长",就是在教书育人的过程中,做到眼中有人,心中有人,尊重个体,因材施教。根据学生的具体情况和需求,运用不同的教学方法和策略,灵活变通。遵循学生的自然发展规律,不过度干预和过度开发,让他们在自由的环境中自然成长,进而更好地发挥个人的潜力。我认为只有这样,才能让不同成长背景和学习风格的学生在英语课堂上都得到个性化的发展。

## ▶ 我的成长历程

用"跌跌撞撞"来概括我的学生时代和20年的教师生涯,一点都不为过。因为从小到大,每一件貌似应该顺利的事,在我身上总会发生各种各样让人始料未及的"小插曲"。也正是这些经历,让我更加信奉为人处世应"顺势而为",不要过于强求。

小学时候我因为年龄不够,被学校"退货"的经历到现在还记忆犹新;中考体育考试时跑掉了的"一只鞋"直接把我从省重点高中的正取生"踢"进了省重点高中的自费班;高考的时候,我又因为视力不合格,与小时候想当警察的梦想失之交臂。

即使这样,我也从未放弃过努力前行。因为我还有一个梦想:做一名教师。这个梦想来自6岁时我的英语启蒙老师——侯老师。侯老师是一位曾经在加拿大留学过的大学老师。她微胖的身材给人温暖的感觉。她总会用硬纸卡和油性笔给我们写各种各样的卡片,教我们认单词、读句子。这种习惯也深深地影响着我,在信息技术尚未广泛应用的那几年,我也给我的学生们写过这样的卡片。直到现在,每每想起她,我仿佛还能闻到油性大头笔的味道。后来,我又遇到过很多优秀的老师:小学班主任叶彩娟老师,初中英语老师张晓梅、张凡老师,高中班主任权京淑老师、英语老师霍薇薇老师……她们都用自己的一言一行影响着我,让我更加笃定:长大要成为一名人民教师。但是不出所料,我"跌跌撞撞"的人生依旧会延续。因为高中学的是理科,所以高考的时候我和师范大学的英语系失之交臂,教师梦就暂时告一段落。

(一)蓄势待发:让孩子不感兴趣的英语课

2003年,我大学毕业了。从出生到大学毕业都没有离开过哈尔滨的我,只身来到东莞。一次偶然的机会，我听说锦厦小学招聘民办教师。于是，一个非师范类没有任何教学经验的毕业生，经过好友一个晚上的指导，匆匆地走上了教师岗位面试的讲台。

2个月的等待后，终于在5月份的一天，我接到了李瑞贞校长的电话。她告诉我："我们没有招聘过来自东北省份的毕业生，但我觉得你身上有一种特别的东西，很符合我们的岗位要求，所以我们还是决定聘用你。"虽然只是做没有编制的民办教师，但李校长的一席话给了我莫大的鼓励，自此我勇敢地踏上了讲台，实现了童年的梦想。

曾经以为教小学生是一件易如反掌的事，但是理想很丰满，现实很骨感。我全程用英语上课，学生没什么反应；我上课分析句子讲语法，学生木讷地点头回应；我不习惯夸张地在学生面前扮演各种角色，蹦蹦跳跳，拍手唱歌；当学生听写做不到全部正确时，我会很严厉地批评他们，还会罚他们抄单词。就这样，开学不到一个月，科组长就找我谈话了。他说："张颖，有家长跟校长投诉说你的课没意思，老师本人又严肃，让孩子对英语学习失去了兴趣。"这句话，让我心里一阵不服。学生们怎么就不喜欢我？严师出高徒的道理都不懂！接着我继续我行我素，直到被安排参加长安镇新教师课堂教学比赛。对于毕业于非师范类专业的我而言，参加这样的比赛真的是一件非常痛苦的事情。一次次默默地准备、推翻、再重来，我已经记不清偷偷地哭过多少次。但是参加比赛也有好处，它是一条快速成长的"捷径"。对比之下，我终于找到了学生对英语课不感兴趣的原因：我只关注自己的感受，而忽略了学生的体验。在教学方法和策略方面，也确实和优秀的老师们差距很大。于是我就开始找各种机会听课、看书、学简笔画、看光盘里面的课例，对于在不同班级讲授的同一个教学内容，我每次都会在前一次的基础上进行改进和优化；上课用学生能听懂的语言；自然而然地放下身段，和学生们一起模仿不同的人物进行表演和TPR练习（指通过肢体动作教授语言的沉浸式方法）；当孩子们犯错的时候，不再通过惩罚让他们改变，而是用一些更有趣的方式，帮助他们理解和记忆。就这样，我在不断的学习中积累了更多的方法，在一次次二等奖、三等奖中继续丰富自己的教学经验。直到2006年，我终于拿到了我的第一个教学比赛的一等奖。

### （二）借势而进：让孩子找到快乐的英语课

转眼到了2010年，幸运女神终于眷顾了一直努力的"后进生"。经过层层选拔，我获得了公派赴澳大利亚学习的机会。也是这一次学习，让我看到了教育本来和最美好的样子。

澳大利亚的教育给我带来了巨大的视觉和思想上的冲击，我就像一块干海绵，如饥似渴地学习和吸收。我第一次接触到了 project（也就是现在提倡和推广的项目化学习），感叹于可以用这样的小小课题贯穿整个单元的学习，让源于生活和问题的真实学习发生。我第一次看到孩子们人手一本的 portfolio（也就是我们现在提倡的文件袋式过程性评价），一本本整齐地摆在书架上，详细地记录着孩子们学习过程的点点滴滴；我第一次知道原来 school excursion（学校远足，也就是我们现在推行的校外研学）并不是简单的春游或秋游，而是一种有学习目标的、有计划的让孩子们回归自然、回归生活的教室以外的大课堂。除此之外，五颜六色的教室、源于生活又回归生活的学习活动、尊重个体差异又科学系统的评价都给我留下了非常深刻的印象。

学以致用，是最好的实践方式。string game（一边用绳子缠绕手指，一边进入英语口语表达的游戏）让孩子以一种放松的状态进行英语表达。用 jigsaw reading（拼图阅读）的形式进行阅读活动，学生为了找到缺失的信息，自然会进行有意义的问答。running dictation（移动听写），孩子们超级喜欢。他们在英语课堂上动了起来，既学知识，又学合作，还更加愉悦。我给每个孩子准备了一个文件袋，里面存放他们觉得有特别意义的作业、试卷、作品。毕业时，孩子翻看文件袋中一页页代表成果的纸张，那场景让人感动得不禁泪目。

终于，我的英语课不再是让孩子不感兴趣的英语课。我不再拘谨，学会了用教师和妈妈的双重身份去看待我的学生们。他们在我的课堂上很开心，这种开心不是简单的快乐，而是在英语学习中因获得了关注和成就感而带来的发自内心的愉悦。

（三）顺势而为：让孩子自然生长的英语课

如果说澳大利亚的学习让我增长了见识，学习到很多可以用在课堂中的教学方法和手段，那么四年后备战东莞市第一批小学英语教学能手比赛的过程，则让我深刻地感受到了专业提升的那种拔节生长的痛。这同时也是我从教十年后，从一个"小透明"成长为学科骨干的重要转折。

勤能补拙是良训，一分辛苦一分才。在备赛那段时间，我没日没夜地看参加国赛获奖的课例视频，一遍遍翻阅课标、背诵、做笔记。随意翻到一个教学内容就写教学设计，厚厚的一叠笔记记录着我思考观课的落脚点和评课的框架思路。那是一段难忘的经历。短短的半年时间，让我在专业上有了很大的提升。我以镇级最后一名入围片赛，以沿海片第一名进入终评，并最终获得东莞市小学第一批英语教学能手的称号。我也因为在备赛过程中的表现，被更多老师和东莞市英语教研员张凝老师"看见"。

有这样一种现象：当你能专注自身，实力得到提升，优质的资源自然会向你靠拢。在镇教研员谢文莉老师、卢妍博老师以及市教研员张凝老师的指导下，我成为东莞市小学英语教研中心组成员，多次作为核心成员协助伙伴参加省级和国家级的比赛，并受邀到市内外多地进行授课、开展讲座和发言。我还加入了教材、教师用书的编写团队，和国家级的著名英语专家和大咖们有了近距离的接触。在镇领导的关怀下，我两次作为领队带队参加了 CISV（Children's International Summer Villages）国际夏令营。在营地里，收获友谊的同时也让我更加了解中西文化和教育的异同，对教育又有了进一步的思考。

再后来，我有机会加入长安镇青年骨干教师核心能力提升班，在闫德明教授、蔡少霞主任的引领下，不惑之年的我——一个"不爱读书"的人，才真正开始了一段"读书"的故事。《儿童的人格教育》让我重新审视自己的教学行为，让我由衷地想对那些曾不被我理解的孩子们说一句：抱歉。《为什么学生不喜欢上学》让我明白解决那些有难度但看上去能解决的问题，才能让我们有愉悦感和满足感。生活和工作中不要急于追求结果，"慢慢来"，沉浸其中的时候，才能遇到更好的自己。《岛上学校》是我非常喜欢的一本书，李海林校长的经历告诉我，不论是对老师、对学生，还是对家长，首先都是从"人"出发。遵循人的发展规律，尊重人性，才能更好地开展工作。

专业方面的不断学习和在读书班的不断阅读，让我又重新思考了教育教学。难道我的课堂就停留到让学生感到"有趣"就可以了吗？我所追求的课堂，应该是让如一粒粒种子的孩子们，能自由生长，放肆长大的课堂。一切顺其自然，然后水到渠成。于是，站到讲台已有二十个年头的我，继续前行，向着"让孩子自然生长的英语课"这个目标努力前行。

## ▶ 我的教学实例

### PEP8 Unit 2 Last Weekend Part B Let's learn 课堂实例

### （一）教学内容

PEP8 Unit 2 Last Weekend 这个单元的话题是 Activity，应属于"人与自我"主题语境中的"生活与学习"主题群。本单元以 Last Weekend 这个话题为主线贯穿始终，学生在学习过程中初步学习一般过去时，理解一般过去时的用法及动词原形变过去式的规则。

Part B Let's learn 是本单元的第四课时，属于词汇教学板块。主要学习表示过去的活动以及用于表达过去的时间的短语。这些短语贴近学生的日常生活，符合学生的认知水平，简单且易于理解和掌握。学生已学习 A 部分以及 B 部分对话板块，有利于教师在课堂教学中设计多样化的教学活动，更能给学生

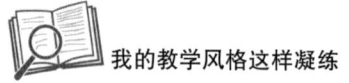

提供较大的运用和表达的平台。

本节课围绕"为什么 John 会生病"进行主题意义的探究。学生在探究过程中学习语言，操练语言，运用语言，并逐步完成主题意义的建构。因为是词汇教学，所以利用语篇推进词汇教学。学生阅读 John 的日记，了解 John 生病而不得不在家休息的原因。通过填表、分析、建议、判断等教学活动，使学生在学习中逐步建构本节课的主题意义：合理安排日常活动，收获健康生活。学生在"给周末活动分类"的活动中，归纳总结出动词原形变过去式的规则。设计真实任务，通过填写调查问卷的活动，让学生对新学语言进行巩固。最后通过观看视频，让学生了解不同国家儿童的课后活动，拓宽国际视野，了解异国文化。整节课聚焦语言的学习，关注思维的发展，重视方法的体验，感悟深层的内涵，实现了学科的育人价值。

（二）教学过程

1. Warming up

（1）Free talk and sing together.

【设计意图】以轻松的歌曲开始一节课的学习，唱歌的过程中复习 A 部分学习过的词汇和句型，再在歌曲内容的基础上进行问答，从回答歌曲中人物上周末的活动安排到谈论学生本身上周的活动安排。

（2）Watch and say.

观看一段真实的采访片段，师生就视频里面的内容进行问答活动。进一步复习 A 部分的句式：What did …do last weekend? He/ She …

【设计意图】真实的采访片段迅速将学生带到一个相对真实的语境当中。视频的内容是关于几位外国人对周末活动的安排。学生对真人的回答更加感兴趣，复习旧知的过程中，拓展了更多的词汇以及句子的表达方法。

2. Presentation

（1）Watch and learn.

观看课本 Let's learn 的视频，通过视频，初步感知本节课即将学习的单词和短语：read a book, saw a film, had a cold, slept, last weekend, last night, last Monday, yesterday, the day before yesterday，以及句式：Did you …? Yes, I did. / No, I didn't.

【设计意图】观看视频，直观地初步感知本节课要学习的短语和句式。

（2）Summary.

根据视频里面的内容，教师提问：What did Amy and John do last weekend? 引导讲出 Amy 和 John 上周末的活动安排：Amy read a book and saw a film. John had a cold. He stayed at home and slept.

【设计意图】可以让学生根据视频中的录音和 phonics 知识，将几个新的短语拼读出来。学生了解了 Amy 和 John 周末的活动安排，可以为下一个环节做好铺垫。

（3）Think and read.

教师提出问题引导学生思考：Why did John have a cold? 并引导学生用 Did he …进行提问和猜测。然后阅读 John 的日记，验证猜测。

【设计意图】通过引导学生进行提问，引发学生主动思考。尝试利用句式 Did he …？进行提问，同时激发学生对 John 病因的好奇，从而进行下一个环节的语篇阅读。

（4）Read and fill.

学生阅读 John 的日记，并且完成表格中的问题：What did John do last week？的填写。

【设计意图】John 的日记里记录着 John 一周的活动安排。通过读语篇填表格的活动，让学生在读和写的方面进一步学习语言和操练语言。表格刻意引导学生从 What/When/How 三个方面进行填写，为后面根据表格进行归纳的活动做好铺垫。

（5）Think and say.

个人填表后，小组讨论答案，然后师生共同核对答案。教师提问：Why did John have a cold? 以及 Can you give any suggestions to John？引导学生通过小组讨论，对语篇进行更深入的思考。讨论后，师生总结健康的生活是来自劳逸结合。

【设计意图】在听和说的方面，对新学词汇进行操练。教师再次提出问题：Why did John have a cold? 引导学生更深入地对 John 的活动安排进行思考。通过小组讨论，发现他生病的原因是不合理的活动安排。找到原因后，再次小组合作，讨论要给 John 的建议。达到语言学习目的的同时，完成主题意义建构的目标。

（6）Game：Is it good or bad?

学生分小组 PK，通过一个判断行为是否有益于身心健康的游戏活动，进一步学习语言。

【设计意图】学习了一段时间后，学生已经有点疲劳，通过 seewo 白板 5 的课堂活动，将要学习的语言编辑到游戏中，让学生在轻松的氛围中操练巩固语言。

（7）Think and classify.

学生观察表格中的词汇，并在举例示范后，让学生尝试根据动词原形变过去式的不同形式，给短语进行分类并阐述分类的原因，进而发现动词原形变过去式的规则。

【设计意图】学生在 A 部分学到关于动词原形变过去式规则的基础上，进一步观察和思考，并尝试分类。先直观地从形式上了解动词原形变过去式的规则，再抽象归纳出动词变过去式的规则。通过辨析、比对的方法，拓展学生的思维能力。

3. Practice

Make a survey.

学生先完成调查表中自己的周末活动的勾选，然后就问题 What did you do last weekend? 进行采访活动。

【设计意图】提供真实的语境，通过采访活动，让学生进一步操练和运用本节课新学的词语和句式。采访表单中提供了更多的表示活动的短语，拓展学生的词汇量，满足不同学习能力的学生的需求。

4. Production

（1） Make a report.

根据课堂上采访得到的内容进行汇报总结，发展学生的语言综合运用能力。

（2） Watch and compare.

学生观看视频并思考：What do children from other countries do after school?

【设计意图】让学生观看其他国家同龄孩子的课余生活视频，对比其与自己的不同，从而了解不同国家的文化，拓宽国际视野。

5. Homework

Finish the learning log.

【设计意图】作业以 learning log 的形式呈现，体现出作业布置的个性化、开放性和周期性。通过完成 learning log 中的任务，引导学生个性化地进行归纳、复习、整理、反思以及评价。另外，这份作业可以作为对学生学习的过程性评价资料进行保存，并且在方便学生进行更深层的学习后，再对本次作业内容进行修正和补充。

## ▶ 我的教学主张

随着时代的发展，社会对教育的期待越来越高。教师和家长被一种焦虑的心态所裹挟，形成了"内卷""鸡娃"等社会现象。孩子们逐渐失去了个性，缺乏独立思考和判断的能力，创造力也一点点被磨灭。随着年龄的增长以及角色的转变，我也一直在思索：小学阶段是孩子人格形成的重要阶段，到底应该如何经营课堂，才能让孩子既获得积极的学习体验，感受到学习的乐趣，又能健康、自信、阳光地成长？在不断的学习和实践的过程中，我确定了自己的教学主张：顺势而为，让孩子自然而然地学习，五育并举地成长。

"顺势而为"，强调尊重孩子的自然成长规律，让他们按照自己的兴趣、节奏和方式去探索和学习。"五育并举"是这个时代的育人目标，它强调在教育过程中，要关注孩子的德、智、体、美、劳全面发展，而不仅仅是注重学科知识的传授。

在这种教育理念下，课堂会变得既有深度又有广度还有温度。孩子们在被尊重的氛围中，和老师一起在知识的海洋中畅游。他们不用担心自己不如别人，只需要按照自己的节奏，安心地同伙伴们一起享受课堂和校园生活。在一个开放、包容、充满活力的环境中学习和成长，最终达到自我实现的目标。

## （一）顺势而为，让"尊重"帮助孩子自信地找到自己

李希贵校长说："找到孩子伟大的地方，帮助他们在通往伟大的道路上行走。"学生是发展中的人，每个人都有各自的优点和不足。如果我们总是习惯盯着孩子的不足，久而久之就让孩子没了自信。如果我们能换一个角度观察孩子，顺应他们的天性，尊重他们的个性，发现并无限放大他们的闪光点，那么就一定可以帮助孩子找到自己的价值和方向。

我曾教过一个可爱的小宝。他长得很可爱，为人非常善良和友善，只是学习习惯有些不太理想。因为动手能力弱一点，所以写字、画图时候都会慢一点。之前的老师会因为这些批评他，久而久之，"慢"也就成为别的同学"笑话"他的理由。但是孩子性格很好，从没有因为别人笑话他而起冲突，反倒是被欺负也不做任何反抗。

我对他的初印象就是慢和不专心，但是一本练习本改变了我对他的看法。他有一本练习本，上面工工整整地写了很多字母和单词。我很好奇，就问了他的妈妈。原来孩子对英语学习非常感兴趣，经常在家里读英语和写英语。我们讲第二单元的时候，他已经把整本书都自学完了！我知道机会来了，要顺势而为，帮助他找回自信。一天，我故意请他读第六单元的单词，他准确又流利地读出了所有。其他孩子都露出了惊讶的表情，情不自禁地为他鼓掌。那一刻，他高高地仰起了头，后来整个人也越来越开朗。在我调离学校去新的工作岗位的时候，他去办公室抱着我哭，还给我写了一封让我泪流满面的信。他说他永远都不会忘记我，这也成了我一生中最难忘的回忆之一。

同样的教学内容，每教一批孩子，我的教案和课件都要改。因为我要根据他们的爱好和性格特点，重新设计教学活动。如果孩子喜欢唱歌，那么每天英语课的第一件事，就是唱英文歌。如果孩子喜欢画画，那么艺术创作类作业就比较多。如果孩子喜欢跳舞，那么"舞力全开"就是他们最喜欢的课堂活动。

可能有人认为这样会耽误教学，但是恰恰相反，所有这些尊重孩子个性、顺应孩子喜好的做法，都能成为英语教学的"神助攻"。

### （二）顺势而为，让"小切口"激活孩子自然而然地学习

蔡元培先生说："我们教书，是要引起学生的读书兴趣，做教员的不可一句一句或一字一字地都讲给学生听，最好使学生自己去研究，教员不讲也可以，等到学生实在不能用自己的力量去了解功课时，才去帮助他。"所以在教学中，我主张不要过多讲授和告知。我们应该抓住教育教学中的每一个"小切口"，去唤醒孩子们尝试的勇气。让他们自己找到困惑的地方，再探寻解决的方法，最终体验到学习和成长的美好。

一群聪明、活泼但是爱打架的孩子该怎么教？如何能教会他们学会沟通，和谐相处呢？我在一节英语课上就遇到了一个很好的"小切口"。有一天，我要统计班里完成听写任务的孩子的人数。但由于我在开电脑，所以没空数，怎么办呢？在那个瞬间，我发现这是一个绝佳的让他们学习沟通和合作的机会。于是我一本正经地说："老师开电脑，你们来报数让我知道多少人完成听写了，希望你们能有默契，一次就报好。"很快，几个"显眼包"就说："从第七组开始，然后到你，再到你……"不出所料，他们数到5就失败了。因为第七组到第六组的时候，没有衔接好。这群孩子经历了三年的线上学习，英语方面的一些基础知识掌握得不好。我就趁着这个机会再"难为"一下跃跃欲试的他们。于是，我说："这次用英语报数，而且报数过程中不能提醒。"这群调皮鬼就主动要求我带着他们复习一遍数字。看，他们竟然主动要求学习了。复习后，我假装继续准备课件，其实暗中观察他们。孩子们先互相抱怨，接着总结失败的原因，然后继续想办法。第二次尝试比第一次有进步，数到了9，又卡住了。第三次尝试的时候，数到了12，他们意犹未尽还要继续。因为时间关系，我们的活动并没有继续下去。孩子们可能也没有发现我是"故意而为之"，但是他们一定在这个活动中亲身体验到了合作和沟通的重要性。课堂上的那些教育的"小切口"，给我们创造了"顺势而为"的好机会，让我们去唤醒孩子，共同体验教育的美好。

### （三）顺势而为，让"真实任务"帮助孩子五育并举地成长

除了在教学中抓住激发他们学习动机的"小切口"之外，把学习和生活进行连接也非常重要。当这些源于生活又回归生活的真实任务出现在学生学习过程中时，我们往往就会收到"无心插柳柳成荫"的效果。

五年级学习描述房间摆设时，孩子们总是避开使用核心句型"There is/are"，而是用"……is + 方位词 + 地点"进行描述。我一直在思考，怎么能让孩子自然而然地使用核心句型呢？偶然间，我听到孩子们在谈论和炫耀家里有

什么高科技的设备，一个绝佳的和生活连接的情境又被我发现了。孩子们既然这么愿意向别人介绍自己的家庭情况，那就顺着他们的喜好，布置一份"特别"的作业：用手机拍一段视频介绍自己的家，要求真人出镜，必须使用"there be"句型。孩子们马上"炸锅"了，这么有趣的作业，绝佳的"炫耀"机会。有的孩子要求自己拍摄，不用父母帮忙，这真是意外的惊喜，求之不得。有的问能否用照片编辑成视频。又一个惊喜，为什么不满足呢？还有的孩子询问能否介绍家里的卫生间。卫生间里的物品涉及那么多新单词，学生愿意主动学习，老师为什么会不允许呢？

终于到了"交差"的日子，孩子们都交了各自的作品。出乎我的意料，他们完成得相当好。对于五年级的孩子来说，英语发音的语音语调虽然差了点儿，但是能看得出他们都整理了房间，尽力把会的单词和语句都用上了。我们用抽签的方式决定每天播放哪些同学的作品，大家边看边听边复述，场面非常欢乐。

教育要五育并举，孩子要德、智、体、美、劳全面发展，谁又说英语课上只能学英语呢？带着一双会发现的眼睛去观察孩子的生活，把学习和他们的生活连接起来，通过真实的情境，让他们顺势而为地学习，就能够促进孩子们五育并举地成长。

在我的课堂上，孩子们可以唱歌、跳舞、绘画，甚至还可以奔跑。教室内外都是我们学习的空间，我们既可以安静地在教室里读书，也可以成群结队地跑到操场上享受阳光和清风。在我的课堂中，孩子们的座位和其他学科是不同的。即使每天都要挪动桌子，他们也并不厌烦。因为他们的天性就是喜欢新鲜的事物。我的孩子们用不同的节奏进行学习，一份创意作业可以当天完成，也可以三天内完成；可以用迷你书的形式，也可以用视频拍摄的形式。我的孩子们可以在课堂上畅所欲言，因为不论他们说什么，我都会用欣赏的目光和语言鼓励他们，孩子们彼此也会鼓掌加油。我的孩子们可以在生活中学英语，可以在英语学习中认识世界。我欣赏他们的与众不同，并愿意让这些与众不同去帮助他们更好地成长。这就是我的教学主张：顺势而为，让孩子自然而然地学习，五育并举地成长。

### ▶ 他人眼中的我

我眼中的张颖老师，不仅是一名出色的英语老师，还是一位有远见的教育管理者。准确地说，她是一位真正懂得教育意义的"靠谱"的人。

作为一名英语教师，她不仅注重知识的传授，更重视孩子们全面素质的培养。她深知每个孩子都是独特的，因此总是能够因材施教，让每个孩子在她的课堂中都能找到属于自己的位置。她不强求，不刻意，只是顺其自然，让孩子

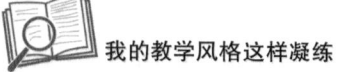

们在轻松愉快的氛围中自然而然地成长。这种看似简单的教学方式,实则蕴含着她对教育的深刻理解和无限热爱。

作为一名主管教学的副校长,她展现出了非凡的大局观。她深知教育对国家和社会的重要性,她不仅关注学校日常的教学管理,更从宏观的角度审视教育的发展趋势,她注重课程的建设和改革,努力从教师的角度出发,用通俗易懂的方式引领大家学习和探索新的教育教学方法,她执着且坚持地在做这些"难且正确的事"。

更加难能可贵的是,她始终拥有极强的求知欲望,对于她不懂的知识和领域始终保持"打破砂锅问到底"的态度。也是因为她的这种态度,让她有着极强的学习能力和过硬的专业能力。相信她的领导才能和教育理念能为长安镇中山小学的发展注入新的活力,助力学校取得更加辉煌的成就。

**(东莞市长安镇教育管理中心教研组长　卢妍博)**

说起颖姐,我总是能很自豪地说,她是我的师父!她有学识,有内涵,无论何时都是面带笑容,给人很安心的感觉。

她是循循善诱的引导者。在我从教的第三年,我非常荣幸地成为颖姐的徒弟。在我准备公开课、比赛课、考编时,颖姐都是我的强心针和定心丸。从教学设计的细节分析到教师的个人演绎,我迷茫困惑时,颖姐都毫无保留地对我进行精准指导,也会一步步引导我规划好自己的教学生涯。即使现在不在一个学校工作,我们也会一起讨论教学问题,她还会关心我的工作和生活状态。"一日为师,终身为师"的感觉,真好。

她也是敏于求知的学习者。颖姐平时工作繁忙,但一直保持着阅读的好习惯。她的博览群书、开阔眼界,通过她的分享传播,不仅能让更多和我一样的年轻教师了解那些乍一听晦涩难懂的英语教学理念,比如教学评一体化、逆向设计、跨学科等,也能让她所带的学生在课堂上启智润心,享受学习的乐趣,学有所得。

**(东莞市长安镇乌沙小学英语科组长　卢颖锋)**

初识张老师是在我读小学三年级的时候,她刚刚上班,我们是她的第一届学生。我特别喜欢这位从东北过来的老师,以至于到后来我感觉自己对所有东北籍老师都很有好感,可能这就是所谓的"爱屋及乌"吧。

她是张颖老师,是我们的 Miss Zhang,也是我的 Mi Mi Zhang。我总是喜欢这么亲切地称呼她,因为她就像是我们的大姐姐一样。我特别喜欢上她的英语课,她标准的发音让我觉得很舒服,有趣的课堂总是让我对英语课堂充满期待。我读书十几年,唯有英语单科成绩一直都位居前列,这多亏了张颖老师的教导,是她在我年纪尚小的时候助我种下了一颗热爱英语的种子。

张颖老师对教育有热情,对学生有耐心、有责任心。在我的记忆里,她真正做到了不抛弃、不放弃任何一个学生。我小学毕业已有十余年，有一些老师我甚至都已记不起他们的名字，但张颖老师是深深刻在我脑海里的恩师，我们至今仍有联系。何其有幸能在求学的道路上遇此良师，感恩遇见。

（曾就读于东莞市长安镇锦厦小学的学生　刘金莲）

**【点评】**

张颖老师教学风格的关键词是"顺势而为，自然生长"。她认为，教学要根据学生的实际情况，运用灵活的教学方法，让他们在自由的环境中自然成长，充分地激发每个人的潜能。这种教学风格和主张，是张老师在教学实践中持续地思考与行动的结果。从蓄势待发让孩子不感兴趣的英语课，到借势而进让孩子找到快乐的英语课，再到顺势而为让孩子自然生长的英语课，张老师在20年的教师生涯里"跌跌撞撞"，不忘初心，砥砺前行。

（广东第二师范学院教授　闫德明博士）